M&Aを成功に導くBSC活用モデル

西山 茂 [著]

Applying the BSC Model
in Successful Mergers and Acquisitions

Shigeru NISHIYAMA

東京 白桃書房 神田

はしがき

　私がMergers & Acquisitions（以下M&A）と本格的な接点をもったのは，1988年から1990年にかけての米国留学の時期である。当時日本はバブル景気に沸いていたのに対し，米国は景気低迷が継続しており，その中で事業の再構築などを目的として数多くのM&Aが行われていた。そのような中で，私の留学先の大学院においても財務や戦略のコースの中で，M&Aをテーマにしたケーススタディがかなり取り上げられていた。
　大学院修了後に監査法人に復帰し，M&Aの際の買収金額評価やデューデリジェンスに従事する機会が増え，その中で実行後に順調な成果を生み出しているM&Aとなかなか成果が出てこないM&Aとに直面する中で，

・M&Aを成功させている企業はそれをどのように実行しているのであろうか
・M&Aの成功確率を高めるような仕組みはないのであろうか

といった問題意識を持つことになった。
　その後，縁あって大学院の教員となり，本格的にM&Aの研究を始めることになった。
　当初は，さまざまなM&Aの成功要因に関する先行研究の調査からはじめ，その後M&Aを数多く実行している企業やそれを成功させていると考えられる企業に対する調査を行っていった。その中で，業績評価や戦略的マネジメントシステムとして活用されているBalanced Scorecard（以下BSC）と重なり合う仕組みをM&Aのステップの中で部分的に活用し，それが成功確率の上昇につながっていると考えられる事例をいくつか見出すことができた。そのような事例とBSCの活用目的とを結びつけながら，BSCを活用してM&Aの成功確率を高めていくためのモデルの構築を試みたのである。買い手側の企業がM&Aを成功させることは，なかなか難しいといわれている。しかし，本書で提言し

たモデルを M&A のステップの中で活用することによって，その成功確率を高められるものと考えている．

　本書は早稲田大学への論文博士学位論文をベースにしている．公認会計士としての実務の先輩であり，また研究者としてのきっかけを作っていただきさまざまなご指導をいただいた松田修一先生，さまざまなご指導をいただいた櫻井通晴先生，研究を進める中でさまざまなアドバイスや励ましをいただいた早稲田大学大学院の花堂靖仁教授，柏木重秋元教授に深く感謝申し上げる．

　また，本研究は，M&A の実務に従事しているさまざまな皆様のご協力なしには進めることはできなかった．ご協力，ご助言をいただいた皆様のお名前を以下にご紹介させていただくとともに，改めて御礼を申し上げたい．なお，調査にご協力いただいたり，モデル構築の過程で貴重な御意見やアドバイスを頂きながら，機密保持の関係でお名前を記載していない方もいる．このような皆様にもこころより御礼申し上げる．

所属はいずれも調査時点（敬称略）
　上山茂（花王），中尾浩治，橋本雅弘，新宅祐太郎（以上，テルモ），リュックビラム，神谷雅行，藤崎哲也（以上，旭硝子），リチャードフォルソム（アドバンテッジパートナーズ），山口公明，斎藤貴茂，田中剣洋，伊地知剛（以上，GE），村上勝，近藤嘉剛，八木幸司（以上，中央青山監査法人），桐明幸弘，西浩明，今泉順理（以上，監査法人トーマツおよびそのグループ企業），岡俊子（アビームコンサルティング），畠山直子（税理士法人トーマツ）

　さらに，調査にあたっては，一部早稲田大学大学院の私のゼミナールに所属する学生にも書記として同行してもらい手助けしていただいた．また，本書の出版に際しては，白桃書房の平千枝子さんに手間のかかる編集業務をご担当いただいた．

　監査法人トーマツに勤務していた時代から問題意識を持っていたテーマであるため，長い間多くの皆様のご協力を得て本書を出版することができた．

最後に，お世話になった皆様と，この研究を温かく見守ってくれた妻と二人の娘に，改めて感謝したい。

　2007年3月

西　山　　茂

目　次

はしがき

第1章　研究の背景と方法 …………………………………………1

第1節　問題意識と研究課題の提起 ……………………………1

第2節　研究方法 ………………………………………………2

第3節　本書の構成 ……………………………………………4

第2章　M&Aの定義と歴史 ………………………………………9

第1節　M&Aとその成功についての定義 ……………………9
1．M&Aの定義 ………………………………………………9
2．M&Aの「成功」の定義 …………………………………11

第2節　M&Aのステップ ……………………………………13
1．M&Aの一般的なステップ ………………………………13
2．入札方式の一般的なステップ ……………………………18

第3節　M&Aの歴史 …………………………………………19
1．米国におけるM&Aの歴史 ………………………………20
2．日本におけるM&Aの歴史 ………………………………25

第4節　日本のM&Aの現状と増加理由 …………………………28
1．企業環境の激変 …………………………………………28
2．バブル経済崩壊に端を発した日本経済の低迷 …………29
3．持ち合い解消に伴う株主構成の変化 ……………………29
4．制度の整備 ………………………………………………31
5．M&Aに対するイメージの変化 …………………………33

第3章　M&Aの成功要因についての先行研究 ……………………37

第1節　M&Aの成功要因についての一般的な研究及び調査 ………37
1．キッチングの研究 ………………………………………37
2．ドラッカーの主張 ………………………………………37
3．メレルの研究 ……………………………………………38
4．ポーターの研究とそれに対する批判 ……………………39
5．バーソールドの研究 ……………………………………40
6．アンスリンガーとコープランドの研究 …………………40
7．アイエロとワトキンスの研究 ……………………………41
8．デロイトコンサルティングの調査 ………………………43

第2節　IN-OUT M&Aの成功要因についての研究 …………………44
1．全世界の企業を対象とした研究 …………………………44
2．日本企業のIN-OUT M&Aに関する研究 ………………44

第3節　複数の先行研究に共通するM&Aの成功要因 ………………49
1．全段階を通して ……………………………………………50
2．M&A実行前の段階 ………………………………………50
3．M&A実行段階 ……………………………………………50
4．M&A実行後の段階 ………………………………………51

第4章 日本企業のM&A実施状況の現状と課題 ……………………53

第1節 日本企業のM&A実施状況についての先行調査 ……………53
1. デロイトコンサルティングの調査 ………………………………54
2. ㈱野村総合研究所の調査 …………………………………………55
3. 中央青山監査法人の調査 …………………………………………56
4. 3つの先行調査による日本企業のM&Aの課題と第3章の成功要因との関連 …………………………………………………57

第2節 日本企業のM&A実施状況についての独自調査 ……………58
1. 調査対象企業の選択基準 …………………………………………59
2. 調査内容 ……………………………………………………………60
3. 3社のM&A実施状況についての調査結果 ……………………60
4. 調査結果からみた日本企業のM&A実施状況と課題 …………69

第3節 日本企業のM&A実施状況における課題の明確化 …………75

第5章 バランスト・スコアカード（BSC）の意義とM&Aにおける活用可能性 ……………………81

第1節 BSCの意義と活用状況 …………………………………………81
1. BSCの意義とその発展の経緯 ……………………………………81
2. BSCの活用状況 ……………………………………………………95

第2節 BSCに対する批判 ………………………………………………97

第3節 BSCの発展と課題 ………………………………………………99
1. BSCとスコアカード ………………………………………………99
2. 4つの視点以外の視点の追加 ……………………………………100

3．評価指標の数 ……………………………………………… 102
　　　4．BSC 導入の課題 …………………………………………… 103

　第4節　BSC の活用目的 ………………………………………………… 104
　　　1．第1バージョン（1992年発表）における活用目的と事例 ……… 105
　　　2．第2バージョン（1993年発表）における活用目的と事例 ……… 105
　　　3．第3バージョン A（1996年発表）における活用目的と事例 …… 106
　　　4．第3バージョン B（2000年発表）における活用目的と事例 …… 107
　　　5．第3バージョン C（2004年発表）における活用目的　 ………… 109
　　　6．活用目的の整理 …………………………………………………… 110

　第5節　「BSC 戦略マネジメントシステム」の定義と，その活用
　　　　　目的の日本企業の M&A における課題解消への貢献に関す
　　　　　る仮説の設定 ……………………………………………………… 112
　　　1．活用の基礎とする BSC のバージョンとその活用法の明確化及び
　　　　　BSC 戦略マネジメントシステムの定義 ………………………… 113
　　　2．BSC 戦略マネジメントシステムの活用目的の，日本企業の M&A
　　　　　における課題解消への貢献に関する仮説の設定 ……………… 114

第6章　日本企業と投資ファンド運営会社の M&A 事例研究
―BSC 戦略マネジメントシステム活用との関連で― ……… 121

　第1節　日本企業の M&A 事例研究の概要 …………………………… 121
　　　1．対象事例の選択基準 ……………………………………………… 121
　　　2．対象事例を選択する際の M&A の成功についての定義 ……… 122
　　　3．選択した M&A 事例 ……………………………………………… 123
　　　4．調査内容 …………………………………………………………… 124

　第2節　日本企業の M&A 事例研究の結果 …………………………… 125
　　　1．花王によるキュレル事業の M&A ……………………………… 125

2．テルモによる3Mの人工心肺事業のM&A ……………………134
　　3．旭硝子によるPPGの欧州ガラス部門のM&A ……………………142

　第3節　投資ファンド運営会社のM&A事例研究 ………………………153
　　1．対象企業の選択基準 ……………………………………………154
　　2．調査内容 …………………………………………………………155
　　3．調査結果 …………………………………………………………155
　　4．調査結果の検討とBSC戦略マネジメントシステムの活用状況 …160

　第4節　M&A事例研究の結果とBSC戦略マネジメントシステムの
　　　　　活用状況 …………………………………………………………162

第7章　GEのM&A実施状況の事例研究
　　　　　―BSC戦略マネジメントシステム活用との関連で― ……………171

　第1節　事例研究の概要 …………………………………………………171
　　1．調査対象企業の選択基準 ………………………………………171
　　2．調査内容 …………………………………………………………172

　第2節　事例研究の結果 …………………………………………………173
　　1．GE Consumer Financeセグメントとその日本法人の概要 ………173
　　2．GEコンシューマー・ファイナンス㈱のM&A実施状況 ……………174

　第3節　調査結果の検討とBSC戦略マネジメントシステムの
　　　　　活用状況 …………………………………………………………181
　　1．実質的にBSC戦略マネジメントシステムと考えられるものを活
　　　　用し，それがM&Aの成功に貢献していると考えられるポイント
　　　　　…………………………………………………………………181
　　2．前項の効果を高める支援システム ………………………………183
　　3．GEの評価指標について …………………………………………186

第8章 M&Aにおけるビジネス面での外部専門家の支援状況の事例研究
―BSC戦略マネジメントシステム活用との関連で― ……191

第1節 事例研究の概要 ……191
1. 対象企業の選択基準 ……191
2. 調査内容 ……192

第2節 事例研究の結果 ……193
1. 中央青山監査法人 ……193
2. 監査法人トーマツ Financial Advisory Service（FAS） ……201
3. アビームコンサルティングの岡氏 ……204
4. 税理士法人トーマツの畠山氏 ……207

第3節 調査結果の検討とBSC戦略マネジメントシステムの活用状況 ……210

第9章 M&Aを成功に導くBSC活用モデル ……219

第1節 第6章から第8章の事例による，第5章の仮説の検証結果 ……220
1. 第5章において設定した仮説のうち一定の検証を行うことができたもの ……220
2. 第5章で挙げたBSC活用目的とは関連しない活用事例：「評価指標を買収金額の評価において活用する」事例 ……225

第2節 M&Aを成功に導くBSC活用モデル ……226
1. M&A実行前の段階での活用 ……227
2. M&A実行段階での活用 ……229
3. M&A実行後の段階での活用 ……232

4．M&A 実行後の段階において設定する評価指標について ………235

第3節　BSC 活用モデル導入の効果と前提………………………………237
　　1．BSC 活用モデル導入の効果 ……………………………………237
　　2．BSC 活用モデル導入の前提 ……………………………………243

第4節　BSC 活用モデルの効果を高めるための支援システム………245
　　1．ターゲット企業の選択基準の設定とリストの作成 …………245
　　2．本社主導でのデューデリジェンスチームの編成と，
　　　　ビジネス・デューデリジェンスのリード ……………………246
　　3．買収金額の評価に対する規律の設定 …………………………247
　　4．インテグレーションマネジャーと100日プランの採用 ………248
　　5．強力なリーダーによる案件の一貫した担当 …………………251
　　6．支援システムにより期待される効果 …………………………251

第10章　本研究の成果・限界と今後の課題 ……………………………255

第1節　本研究の成果 ………………………………………………………255

第2節　本研究の限界と今後の課題 ………………………………………257
　　1．本研究の研究方法についての限界 ……………………………258
　　2．BSC 活用モデルについての限界 ………………………………259

おわりに
参考文献
索　引

第1章
研究の背景と方法

第1節 問題意識と研究課題の提起

　日本企業が当事者となるM&Aが増加している。M&A専門誌である『マール』の統計によると，日本企業が売り手あるいは買い手となったM&A[1]は，1999年から2006年まで8年間連続して1年間で1,000件を超え，2006年は『マール』が統計データの集計を開始した1985年以降最高の2,775件を記録している。

　このように数多く行われているM&Aの目的は，既存事業の強化，周辺分野への進出，事業再構築など，案件によってさまざまである。しかし，M&Aが増加している背景には，企業を取り巻く環境変化の激化，バブル経済崩壊後の日本経済の低迷とその後の回復，株式持ち合い解消に伴う株主の変化，M&Aに関連する諸制度の整備，M&Aに対するイメージの変化といった理由があると考えられる。中でも，事業に関連した理由である環境変化の激化によって，さまざまな業界の多くの企業が変化への素早い対応を迫られるようになってきている。その対応策の1つがM&Aであり，そのような状況がM&Aの増加の背景にあると考えられる。

　ただ，M&Aの成功確率はあまり高くはないという研究報告もある。例えば，ポーター（Porter, 1987）は，多角化を目的とした新分野への参入や新規事業への進出のためのM&Aについて，その撤退率が50％を超えていることを根拠に，成功確率が低いと結論づけている。またデロイトコンサルティング（Deloitte Consulting, 2000）は，M&Aを実行したことのある企業について，予定された期間内にM&Aの明文化された目標が達成された度合いに対する評

価をもとに，成功確率は3分の1程度であるとしている。このような，M&Aの成功確率があまり高くないという研究報告の背景には，M&A実行前の段階におけるターゲットとする企業の選択，実行段階でのデューデリジェンス（due diligence）や評価，実行後の統合など，M&Aのステップの中にあるさまざまなハードルの存在があると考えられる。つまり，そもそもM&Aには時間を買うという側面があり，自ら時間をかけて立ち上げていく場合に比較して，素早く成果を出すという面から多くの無理があり，それがさまざまなハードルとして表れてくると考えられるのである。

このような中で，M&Aの成功確率を高めていくためにはどうしたらよいのであろうか。その方策は，さまざまな視点から考えることができる。本研究では，その中で企業がシステムとしても確立しやすく能動的に対応しやすいと考えられる企業内部の経営管理のシステムに注目し，M&Aの過程をどうマネジメントしていくと成功する可能性が高まるのかという観点から，企業のM&Aを成功に導く経営管理システムのあり方について検討し，そのモデルを構築していく。

第2節 研究方法

本研究の目的は，日本企業のM&Aの成功確率を高めるような経営管理のモデルを構築することである。そのために，まずM&Aの定義と歴史などについて整理した上で，過去のM&Aの成功要因についての研究結果をまとめ，その上で，日本企業のM&Aの実施状況についての先行調査とM&Aを数多く実施してきている日本企業へのインタビューをもとに，日本企業のM&Aにおける課題をまとめることからはじめていく。

その上で，1992年にキャプランとノートン（Kaplan and Norton, 1992）によって業績評価システムとして提唱され，その後，戦略的マネジメントシステムへと発展してきたBSC（バランスト・スコアカード：Balanced Scorecard）と，その中の因果関係を視覚化した戦略マップが，戦略的マネジメントシステムとして一体となったものをBSC戦略マネジメントシステムと定義し，その

全部または一部を，M&Aのステップの中で，その活用目的に合わせて活用していくことが，日本企業のM&Aの課題を解消しM&Aの成功に貢献する，という仮説を設定している。

さらに，その仮説の検証を目的として，M&Aの実務の中で，BSC戦略マネジメントシステムの全部または一部を活用し，それがM&Aの成功に貢献していると考えられる事例の抽出を試みた。具体的には，成功したと考えられる日本企業のM&A案件に対するインタビューを中心とした検証，投資ファンド運営会社に対するインタビューをもとにした検証，過去に数多くのM&Aを成功させてきていると考えられるGeneral Electric社に対するインタビューを中心とした検証，多くの企業のM&Aを支援することによってベストプラクティスを蓄積してきている可能性が高い監査法人などの外部専門家に対するインタビューを中心とした検証を実施し，その中から実質的にBSC戦略マネジメントシステムの全部または一部と考えられるものを活用している事例を抽出した。

そのような事例をもとに，設定した仮説が検証可能であることを確認し，その結果をもとに，BSCと戦略マップからなるBSC戦略マネジメントシステムを，M&Aのステップの中で活用し成功確率を高めていくモデルを，M&Aを成功に導くBSC活用モデルとして構築し提示した。さらに，そのモデルの効果を高めると考えられる支援システムについても，検討し提示している。

本研究においては，主にインタビューを中心とする質的なアプローチを採用している。これは，統計的な手法が仮説の検証の場合には有効性が高いこともあるが，現時点のM&Aの実務の中ではまだ一般的ではないBSC戦略マネジメントシステムの活用事例を抽出し，それをもとに設定した仮説の検証を行い，それによってM&Aの成功に貢献するモデルを構築していくことを最終的な目的とする本研究の趣旨からすると，統計データとしての意味をもたせるために回答を定型化することになる統計的な手法よりも，できうる限り現実の実例をありのままで入手し，それをもとに検討を加えていくことができるインタビューを採用する方が望ましいと考えたからである。

実際のインタビューは，対象として抽出した企業のM&A担当者とM&Aの中でビジネス面からの支援業務を行っている外部専門家に対して行っている。しかし，この調査方法については，いくつかの留保点を指摘しておく必要があ

る。第一には、多くのケースで複数の担当者に対してインタビューを実施したが、その回答はインタビューに協力してくれた各個人の認識であり、各企業のM&Aの担当者全員に共通した認識であるのかどうかは必ずしも明らかではない、という点である。ただ、本研究で取り上げたインタビューの内容については、できるだけ正確なものとなるように、インタビューの回答者に本書の最終原稿の内容を確認してもらっている。第二には、インタビューは大まかな質問事項をまとめた上でオープン・エンドの形で行ったため、前述のようにその結果を数値化するなどの統計的な手法による検証は行っていない、ということである。第三には、インタビューを依頼した企業の中には、機密情報であり情報公開ができないという理由で、調査への協力を辞退したケースもあったこと、さらには、インタビューの対象となった企業や外部専門家の母集団の特定と選択はできる限り慎重に行ったが、その選択基準の設定などに難しい面もあったことである。結果として、インタビューの対象が限定されたため、仮説の検証という面からは標本の数が必ずしも十分なものとはなっていない。

　しかし、このような留保点はあるものの、設定した仮説をある程度検証し、それをもとに、BSC戦略マネジメントシステムをM&Aのステップの中で活用し成功に導いていくモデルの構築を行うことができたという意味では、一定の成果は生み出せたものと考えている。

第3節　本書の構成

　本書は10章から構成され、全体は大きく4つに区分することができる。
　まず、第1章から第3章までは、本研究の本題に入る前の前提として、研究の背景や研究方法、M&Aの定義や歴史、先行研究についてまとめている。
　次の第4章と第5章では、本研究の出発点として、先行調査や自らのインタビュー調査をもとに、日本企業のM&Aの現状と課題を整理し、さらにBSCの意義についてもまとめた上で、BSCと戦略マップからなるBSC戦略マネジメントシステムを活用することが、M&Aの課題を解消しM&Aの成功に貢献する、という仮説を提示している。

さらに，第6章から第8章は，第5章において提示した仮説を検証するために，企業や外部専門家に対するインタビュー調査や文献研究をもとに，実質的にM&Aの中で，BSC戦略マネジメントシステムの全部または一部と考えられるものを活用し，それがM&Aの成功に貢献していると考えられる事例を抽出しまとめている。具体的には，日本企業の中から花王，テルモ，旭硝子のM&A事例，投資ファンド運営会社であるアドバンテッジパートナーズの事例，GEの事例，外部専門家の中から中央青山監査法人，監査法人トーマツ，アビームコンサルティング，税理士法人トーマツの事例を取り上げている。

　最後に第9章と第10章では，本研究のまとめとして，第6章から第8章において抽出した事例によって第5章で設定した仮説が検証できることを確認した上で，M&Aのステップの中でBSC戦略マネジメントシステムを活用し成功に導いていくモデルを構築し提示している。さらにそのモデルの効果を高めると考えられる支援システムを提示するとともに，本研究の成果と限界にも言及している。

　このような各章の関係を図にまとめると，図1-1のようになる。

　各章で記載している内容の概要は以下のとおりである。

　まず第1章では，「研究の背景と方法」と題して，本研究の背景にある問題意識と研究方法さらには本書の構成についてまとめている。

　次に第2章では，「M&Aの定義と歴史」と題して，M&Aに関連する用語の定義と米国と日本におけるM&Aの歴史についてまとめている。

　さらに第3章では，「M&Aの成功要因についての先行研究」と題して，過去M&Aに関してさまざまな研究者やコンサルタントなどの実務家あるいはシンクタンクなどの組織が行った研究や調査などのうち，定性的な成功要因をまとめたものを中心にその概要をまとめている。

　また第4章では，「日本企業のM&A実施状況の現状と課題」と題して，日本企業のM&Aの実施状況に関する複数のアンケート調査とM&Aを数多く実施している日本企業のM&Aの実施状況についてのインタビューによる独自調査をもとに，日本企業のM&Aの実施状況とその課題についてまとめている。

　次に第5章では，「バランスト・スコアカード（BSC）の意義とM&Aにおける活用可能性」と題して，BSCの概要をまとめた上で，BSCと戦略マップ

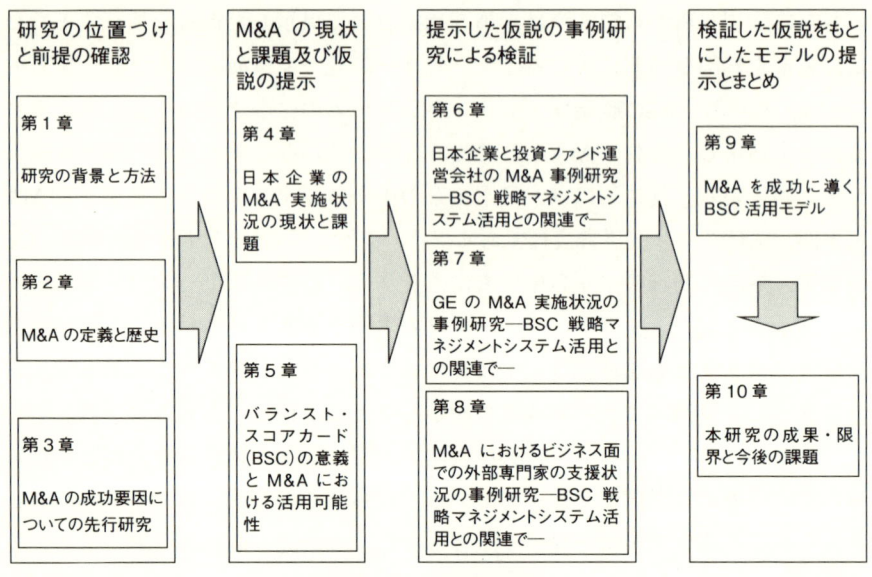

図1-1　本書の構造

が戦略的マネジメントシステムとして一体となったものを，「BSC戦略マネジメントシステム」と定義し，その全部または一部をその活用目的に合わせて活用することが，第4章において抽出した日本企業のM&Aにおける6つの課題を解消しM&Aの成功に貢献する，という仮説の構築を行っている。

さらに第6章では，「日本企業と投資ファンド運営会社のM&A事例研究—BSC戦略マネジメントシステム活用との関連で—」と題して，まず日本企業が実行したM&A案件の中から成功したと考えられる案件を一定の基準にしたがって抽出し，その具体的な実施状況をインタビュー調査を中心にまとめている。

さらに第7章では，「GEのM&A実施状況の事例研究—BSC戦略マネジメントシステム活用との関連で—」と題して，米国企業の中で過去M&Aを数多く行いその多くを成功させてきているGeneral Electric社のグループ企業の中から，日本においてM&Aを比較的数多く行い成功させてきているConsumer Financeセグメントの日本法人を選択し，そのインタビュー調査の結果をまとめている。

また第8章では，「M&Aにおけるビジネス面での外部専門家の支援状況の事例研究―BSC戦略マネジメントシステム活用との関連で―」と題して，外部の専門家としてM&Aを支援しているコンサルタントを一定の基準で選択し，そのインタビュー調査の結果をまとめている。

　また第9章では，「M&Aを成功に導くBSC活用モデル」と題して，第6章から第8章での事例研究の結果をもとに，第5章において設定した仮説が検証可能であることを確認した上で，その結果をもとに，BSCと戦略マップからなる「BSC戦略マネジメントシステム」をM&Aのステップの中で活用し成功に導いていくモデルを構築し提示している。

　最後に第10章では，「本研究の成果・限界と今後の課題」と題して，本研究のまとめと成果及び限界さらに今後の課題についてまとめている。

注

1）『マール』では，合併，50％を超える株式取得である買収，営業譲渡，50％以下の株式取得である株式取得，既に所有している株式の追加取得である出資拡大の5つを，M&Aとして扱っている。

第2章
M&Aの定義と歴史

第1節　M&Aとその成功についての定義

1．M&Aの定義

　M&Aは，Mergers & Acquisitionsの略語である。直訳すると合併（merger）と買収（acquisition）のことである。この定義については，過去からいろいろな考え方が提示されてきている。

　例えば山本（1997，p.3）は，M&Aという言葉をもとにして，「M&AとはMerger & Acquisitionの略語であり，ある企業（グループ）による他の企業（グループ）の合併買収を指す。つまり，既存の企業が消滅し新たな企業が創出されること（合併）と，企業そのものまたはその一部が売買されること（買収）を意味している」と定義している。

　また，M&Aを会社支配権の譲渡と定義することもある。この場合，会社支配権は「会社の経営資源の使用に影響を及ぼす一般的な力」のことであり，狭く捉えると，「取締役会で多数派メンバーを決定する権限」という意味になる（山本，1997，p.41）。株式会社が発展し，その株式が広く分散して所有され「所有と経営の分離」が進んでいくと，M&Aは「会社支配権市場」（market for corporate control）における支配権の取引と考えられるようになる。このような見解の1つが，マン（Manne, 1965）によるものである。彼は，会社支配権はそれ自体が「価値のある資産」と考えることができ，その支配権の取引を行う活発な市場が存在し，その市場における支配権の取引の結果がM&Aという活動である，と述べている。

さらに1980年代以降，不採算部門からの撤退などによって事業の統廃合や構造転換を図ることを意味するダイベストメント（divestment）が増加してきたことを受けて，その重要性を強調し，松村・宮本（1999，p.(2)）のように，M&Aにダイベストメントを加えてM&A&Dとして広義に定義する例もある。

　また松田（1975，p.46）は，M&Aに類似した「企業買収」という用語について，使用する者によってその概念が若干異なり社会一般に定着していないと述べた上で，その当時の共通の概念をもとに，「既存のある企業が，既存の他の企業の経営支配権を取得し，利益共同体としての企業集団の一員に組み込む行為」と定義している。

　一方で，日本を代表するM&A情報誌である『マール』（㈱レコフ，2004，p.176）は，取り上げるM&A取引を「企業の既存経営資源を活用することを目的に，経営権を移転したり経営に参加したりする取引をいう」と定義し，「資本，資産等の取引を伴わない業務提携などは除くもの」としている。さらに，M&Aの形態を，2社以上の会社が契約によって1社に合同する「合併」，株式取得・増資引受・株式交換等による50％を超える株式の取得でMBO[1]も含む「買収」，会社の資産・従業員・商権等が一体となった営業の譲渡・譲受と既存事業の統合も含んだ「営業譲渡」，買収と同様の形態で50％を超えない株式の取得を意味する「資本参加」，既に株式を保有している当事者の50％以下の追加取得を意味する「出資拡大」の5つに区分して整理している。また，当事者の企業が国内にあるのか，海外にあるのかによって，日本企業同士のM&Aを意味する「IN-IN」，日本企業の外国企業に対するM&Aを意味する「IN－OUT」，外国企業の日本企業に対するM&Aを意味する「OUT-IN」，海外にある日本の現地法人などが買い手あるいは売り手となり，双方とも外国にある企業によるM&Aを意味する「OUT-OUT」の4つに分類している。

　このように，M&Aは過去からさまざまに定義されてきているが，まだ社会共通の概念が明確に定まっているとはいえないものと考えられる。しかし，本研究の目的は，上場公開企業をはじめとする一定規模以上の企業を前提として，金融的な投資目的ではなく，事業に関連するM&Aを成功させるための経営管理のモデルを構築していくことである。したがって，M&Aによって本来の意味での価値を生み出すためには戦略上の意義を明確にする必要があるこ

と，単なる事業の寄せ集めではなく既存事業とM&Aの対象となった事業の間で何らかの相乗効果（シナジー）を生み出す必要があること，また上場公開企業を前提とすると客観的な成果として株主価値や企業価値を高める必要があること，という3点を前提として議論をしていく必要があると考えている。

このような観点を踏まえ，本研究では，M&Aを，「策定した戦略を実現するために，経営資源の入れ替えと経営革新によって，企業の持てる可能性を引き出し，あるいはシナジー効果を生み出して，企業価値ひいては株主価値を高めることを目的とする，企業同士の結合あるいは分離による企業再編のこと」と定義していく。

2．M&Aの「成功」の定義

前項において「M&A」という言葉そのものの定義を行った。次に，M&Aの「成功」の定義について考えていく。

上場公開企業が行ったM&Aに関する研究の中には，ファイナンスあるいは会計分野で比較的一般的なイベント・スタディという調査方法を採用しているものが数多くある[2]。

例えば，米国において1963年から1986年にかけて実行されたM&Aを調査し，ターゲット企業（526社）のCAR（累積異常収益率）[3]は28.99％を超えるが，買収側企業（462社）のCARはわずか1.29％であることを明らかにしたジャレルとポールセンの調査（Jarrell and Paulsen, 1989），日本企業が1977年から1984年にかけて実行した50件の合併についてのCARを調査したピットウェイと山田の調査（Pettway and Yamada, 1986）などが挙げられる。

これらは，M&Aの実行というニュースの公表に対して資本市場がどのように反応するのかを調査することによって，企業のM&Aの成否を判断しようというものである。具体的には，ニュース公表後の一定期間における対象企業の株価収益率と市場全体の動きを代表する指数の収益率とを比較して，前者が後者をどの程度上回るあるいは下回っているかを基準に，ニュースの意義を評価していく。つまり，この方法は，資本市場の反応，つまり時価総額の動きによって，M&Aの成功不成功を判断していこうという考え方に立脚しているものである。

一方で，定性的な評価と定量的な評価の2つによって成功を定義することもある。キッチング（Kitching, 1967）は，M&Aの成功要因についての調査研究において，M&Aを実行する前に立案した戦略がどの程度実現しているかという戦略面の評価と，M&Aを実行する前の財務的な業績予想に比較して実際の業績がどの程度の水準にあるのかという財務面の評価の2つを，成功の判断基準としている。これは1つの考え方ではあるが，戦略面の評価にはどうしても主観が入る可能性があること，また企業内部の情報をもとにしているので外部からの検証が難しいこと，といった2つの面から若干問題を含んだ定義と考えられる。

　また，資本コストを上回る投資リターンが生み出されているかどうかをもってM&Aの「成功」を定義している例もある。アンスリンガーとコープランド（Anslinger and Copeland, 1996）は，多角化している事業会社のM&Aについての調査において，資本コストと同等以上のリターンをもたらしているかどうかを成功の判断基準としている。また，マッキンゼー社のイソノら（MF, 1990）も，米国，欧州，日本の大手企業50社の海外でのM&Aに関する調査において，買収側企業の市場価値の20%を上回るM&Aについては，買収側企業の株主資本利益率と総資産利益率を中心とした業績が維持ないし改善されたことをもって成功と定義し，それよりも小さめのM&Aについては，M&Aからのリターンが買収側企業の資本コスト以上となったことを成功と定義している。

　このように，M&Aの「成功」についての財務面からの判断基準としては，時価総額をもとにした市場での評価が高まっているかどうか，あるいはその評価の前提となる資本コストを上回るリターンの確保ができているかどうか，という考え方が一般的である。一方で，定性的な戦略面での評価は，前述のように客観性や情報の入手という面で若干問題がある。また，戦略的な成功は理論的には結果として業績に反映され，長期的な市場での評価や資本コストを上回るリターンの確保につながるはずである。そのように考えると，戦略面での評価は財務的な評価に含めて考えることもできる。

　したがって，本研究では，財務的な面における成功を中心にすえてM&Aの成功を定義していく。しかし，財務的な評価のうち時価総額は，市場の動向に

よって一時的に適切な判断基準とはならないことも考えられる。そのため，より安定した判断基準として，理論的な時価総額を意味する企業価値あるいは株主価値の上昇の前提となる資本コストを上回るリターンの確保に着目し，その状態が継続していることをM&Aの成功の判断基準としていくことにする。

このような観点を踏まえ，本研究では，M&Aの「成功」とは，M&Aを実行することによって，「資本コストを上回る儲けを継続して生み出し，企業価値ひいては株主価値が高まること」と定義していく。

第2節 M&Aのステップ

M&Aは，いろいろなステップを経て実行されていく。M&Aのステップは，M&Aの全体像を把握し，その過程で行われる具体的な手続きや注意すべき点を網羅的に理解・確認するために，重要な枠組みである。M&Aのステップについては，過去実務家などによってまとめられてきたものがいくつかあるが，ここではそれらを概観した上で一般的なM&Aのステップを提示していく。

1．M&Aの一般的なステップ

鈴木（1993，pp.5-7）は，M&Aに関する研究者としての立場から，企業買収（M&A）の目的は株主価値の創造とした上で，そのための価値創造過程という面から，企業買収（M&A）の戦略を明確にする過程，被買収企業（ターゲット企業）の価格を決定する過程，被買収企業（ターゲット企業）を統合し経営していく過程の3つに区分している。

横山・本田（1998，pp.58-60）は，戦略コンサルティングの経験をもとに，買収側企業の立場から，M&Aを大きく，事業戦略立案，エグゼキューション，合従連衡後の経営の3段階に区分し，さらにそれを14のステップに細分化している。それらは，買収戦略立案，買収候補の選択とコンタクト，秘密保持契約の締結，分析，買収形態の決定，価格などの条件提示，1次交渉，レター・オブ・インテント（Letter of Intent：基本合意書）の締結，2次交渉，

デューデリジェンス（due diligence），契約書のドラフト，ファイナンス案の準備，契約調印，クロージングの14ステップである。

北地・鳥野（1999）は，監査法人における公認会計士としての経験などをもとにして，M&Aのステップを，M&A戦略の策定，ターゲットの絞込みとアプローチ，買収基本合意，デューデリジェンス，価格設定，M&Aの契約とクロージング，インテグレーションの7段階に区分している。

また，渡辺（2001, pp.7-12）は，大手都市銀行の投資銀行部門での経験をもとに，M&Aのプロセスを6段階に分けて整理している。第1段階は，買収側企業がターゲット企業に対して関心を示すイニシャルインタレストの段階である。第2段階は，買収側企業がターゲット企業の事業内容を検討する段階である。第3段階は，買収側企業が，価格・買収方法・その他の条件について限られた情報をもとに検討する段階である。第4段階は，秘密保持契約を締結し，双方の非公開情報を開示し，買収側企業とターゲット企業が交渉のテーブルにつくことを意味する基本合意書を締結する段階である。第5段階は，買収側企業がターゲット企業に対して，法務・財務・事業などの面からデューデリジェンスを行う段階である。第6段階は，第5段階までの結果を受けて，最終契約の交渉をする段階である。

著者は過去，M&Aに関連するコンサルティング業務に，公認会計士という専門家あるいはアドバイザーという立場で関わってきた。その経験からすると，実際のM&Aのステップは案件ごとに異なっており，1つのモデルに収斂させることは難しい。しかし，ここでは，上記のような実務家などによってまとめられたM&Aのステップをもとに，著者の過去の経験も踏まえて，M&Aの案件の一般的なステップを提示していく。具体的には，M&Aのステップを，M&Aの本格的な手続きの実行前の段階，実行段階，実行後の段階の3つに分けて整理していく。

まず，実行前の段階は，1つにまとめることができる。

この段階では，企業がM&Aを戦略実現のための選択肢の1つとして位置づけ，ターゲット企業の選択と事前調査を行っていく。具体的には，M&Aのアドバイザーからの紹介や社内の事業部門及び経営者のネットワークをもとに，M&Aのターゲットとなる企業の候補をリストしていく。それらについて，す

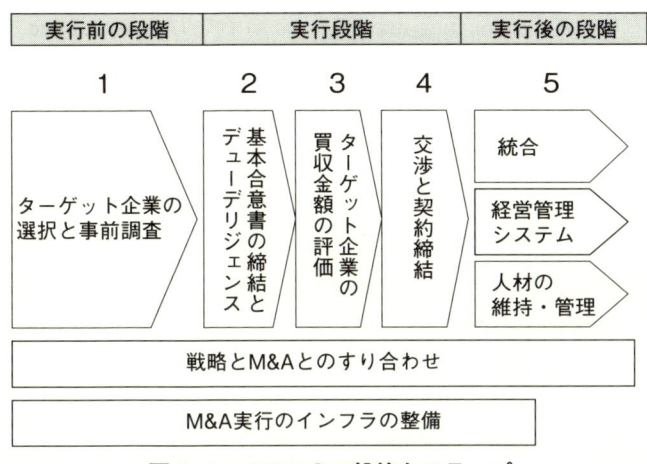

図2-1　M&Aの一般的なステップ

でに公表されている情報やアドバイザーの情報などをもとに，M&Aの対象として魅力があるのか，買収金額はどの程度になりそうか，買収の方法はどうするのか，といった点に関する簡単な調査を行っていく。この段階で，非公式に，ターゲット企業と直接，あるいは投資銀行などのアドバイザーを通じて間接的に接触し，相手側の意向をある程度確認していく。

次の実行段階は，3つに区分できる。

実行段階の最初となる第2段階は，買い手となる買収側企業と売り手となるターゲット企業が正式に接触し，双方が本格的な交渉に入るかどうか検討して基本合意書を締結し，デューデリジェンスを行う段階である。基本合意書は，英語でLetter of Intent（LOI：エルオーアイ）と呼ばれている。具体的には，買収側企業とターゲット企業が一定期間独占的にM&Aの交渉をすることを宣言する契約である。この契約と同時に通常は秘密保持契約を締結し，非公開の詳細な情報を交換し，ターゲット企業に対する本格的な調査を開始していく。この段階での調査がデューデリジェンスである。デューデリジェンスは，佐藤ら（2000, p.iii）[4]によると，「ビジネスチャンスを研究，調査，そして評価する際に取るべき手順のこと」と定義されている。M&Aの場合には，通常はビジネスの状況を対象とするビジネス・デューデリジェンス（business due diligence），財務諸表の粉飾の有無や税務上の問題などを対象とする財務面のデ

ューデリジェンス（accounting due diligence あるいは financial due diligence），法律上の問題の有無を対象とする法務面のデューデリジェンス（legal due diligence）という少なくとも3つの観点から行われる[5]。

第3段階は，第2段階でのデューデリジェンスの結果を受けて，ターゲット企業の買収金額の評価を行う段階である。実務上は，類似会社比準法[6]と DCF 法（Discounted Cash Flow 法：割引キャッシュフロー法）が使われることが多い（松村, 2001, pp.155-156）[7]。このうち，類似会社比準法は，事業の内容が類似する企業の EBITDA（earnings before interest tax depreciation amortization）[8]や PER（price earning ratio；株価収益倍率）[9]などをもとに評価する方法であり，DCF 法は，将来事業から生み出すと予想されるキャッシュフローを現在価値に割り引いたものをもとに評価する方法である。

なお，ターゲット企業に対する買収金額の評価を行う場合には，M&A から得られるシナジーの評価がポイントになる。このシナジーについて，エクレスら（Eccles et al., 1999, pp.136-146）は，以下のように述べている。

シナジーの源泉には，コスト削減，売上の増加，業務プロセスの改善，金融工学，節税の5つがあり，それぞれ以下のような特徴がある。

① コスト削減

重複点をなくすことや，大量購入などによって生み出される。同一の国で同一の業界の企業を対象とする M&A を行ったとき，特に大きな金額となる。これは最も一般的であり，最も予測しやすいシナジーである。

② 売上の増加

流通チャネルの共有や M&A による規模の拡大などによって生み出される。これは，顧客の動きや競合企業の動きといった外部要因に左右されるため予測が難しく，一部の企業では評価に反映させていないこともある。

③ 業務プロセスの改善

ベストプラクティスやコアコンピタンスを移転させることによって生み出される。買収側企業とターゲット企業の双方から発生することがあり，具体的には売上の増加やコスト削減として表れることになる。

④ 金融工学

有利子負債を使った資本コストの引き下げなどによって生み出される。
⑤　節税
　　取得税や取引税といった一時的な課税をできるだけ避けることなどによって生み出される。

　このうち，①②③の概念は理解しやすいが，M&Aにおける買収金額の評価は，時間や情報が限られ秘密保持も要求されているという過酷な状況下で行われるため，これらを正しく評価することは非常に難しい。また，④⑤は株主に価値を提供するが，企業の競争優位性を強めてはいないので，このシナジーだけを目的としたM&Aは行うべきではない。

　一方で，カリナンら（Cullinan et al., 2004, pp.102-103）は，代表的なシナジーとして①重複している機能の統合，②共通の業務の統合，③施設設備の共有，④新しいチャネルでの既存製品の販売，⑤新しいチャネルでの新製品の販売の5つを挙げ，時間的にはこの順で成果が出てくると考えられるので，それに合わせて割引率を高めるべきであると述べている。

　このように，シナジーはM&Aの成果として重要なものであるが，その実現可能性も内容によって異なり，それを適切に評価することは一般に非常に難しいと考えられる。シナジーの内容をよく吟味して，買収金額の評価に反映していくことが必要である。

　第4段階は契約交渉から締結に至るまでの段階である。第2段階，第3段階でのデューデリジェンスや買収金額の評価の結果をもとに，買収金額，M&Aの形態，役員や従業員の処遇などについて交渉していく。その上で，合意に達した段階で契約書を締結し，M&Aの手続きが完了する。

　最後の実行後の段階は，第5段階として1つにまとめることができる。この段階では，ビジネスプロセスの統合といったビジネス面での統合と同時に，戦略の再設定とそれにあわせた業績評価の仕組みといった経営管理システムの構築，さらに人材の維持・管理に関するさまざまな施策が行われていく。M&Aの成果を生み出すためには，この段階が非常に重要である。

　さらに，M&Aの全段階を通じて，企業戦略や事業戦略とM&Aのすり合わせをしっかりと行っておくことが重要である。また，M&Aをスムーズに進めていくためには，M&A手続き全般のコーディネートなどを担当する部門・担

当者の明確化やそのための専門部門の設置といった，M&Aを実行するためのインフラの整備も重要である。

2．入札方式の一般的なステップ

　最近はオープンオークションという，入札によって買収側企業の候補を広く募る方式がかなり採用されている。服部（1999）によると，その一般的なステップは以下のとおりである。

　まず全体のプロセスは，準備期間に最低1～2ヶ月，買収側企業候補に対するマーケティングと予備的入札に最低1～2ヶ月，予備的入札に基づいて絞り込まれた買収側企業候補数社によるデューデリジェンスに最低1～2ヶ月，最終入札と交渉に最低1～2ヶ月，というのが一般的であり，全体として少なくとも半年以上の期間を要す場合が標準的である。

　入札の場合には，まず，弁護士，会計士，財務アドバイザーの選定が行われる。次に，アドバイザーがデューデリジェンスを行い，予備的な価値評価を行っていく。その上で，予備的な買収側企業候補リストの作成とマーケティング戦略を決定し，売却ストラクチャーの検討に入る。さらに，マーケティング資料，守秘義務契約，ビットレター，M&Aの契約のひな型を準備する。

　その上でマーケティングを開始する。まず，ターゲット企業との間で合意した買収側企業候補のリストにしたがって，各候補企業にM&A実行の意志の有無を確認していく。その中で興味を示した候補企業に対して，守秘義務契約を締結し，秘密情報資料を配布する。そして，秘密情報資料を入手した候補企業に対して，ある時点までに，法的拘束力のない予備的な入札価格の提示を求める。これがプレリミナリー・ビットである。これが集まったら，これをアドバイザーとターゲット企業とで検討して，候補企業を2～3社程度に絞り込んでいく。その絞り込まれた候補企業を本格的なデューデリジェンスに招待することになる。

　デューデリジェンス終了後，買収側の候補企業から，入札価格とともに契約書案に対するコメントも提出してもらう。これをもとに，ターゲット企業とそのアドバイザーが協議して，最終的に候補企業を1社に絞り込んで契約の詳細な交渉に入っていく。その上で，最終契約に調印して，独占禁止法などの必要

な官公庁の許認可などを取得し，クロージングとなるのである。

また，横山・本田（1998, p.153）は，特定の1社だけと売却交渉をすることが少なくなり入札が増加している最近の傾向の理由について，「経営者は株主のために，最高の条件を出す買い手を探す義務があり，それを果たすためには多くの相手に呼びかける必要がある」という点を挙げている。さらに，「1件の案件について，入札を一度だけでなく二度行うことも多く，こういった入札に応じてもらうためには売り手側は情報を開示する必要がある。また，理論的にシナジーの大きいところが高値をつけるはずだが，そういうところは競合である場合が多いため開示する資料は絞りたい。こういった背景から，限られた情報で一度目の入札で条件を出してもらい，そこから数社を選んでさらに情報を提供し二度目の入札で最終条件を提示してもらう，というところが増えてきたわけである」と述べている。

一方で，入札方式におけるデューデリジェンスは，時間や資料あるいは調査対象が限定されることが多く，一般的にやりにくいという意見もある。

このように入札方式は，買収側企業にとっては，十分な情報入手ができない可能性があることをはじめやや不利な方式であり，一方でターゲット企業にとっては，買収側の候補企業を広く募ることができることをはじめやや有利な方式である，と考えることができる。

第3節 M&Aの歴史

ここで，米国と日本のM&Aの歴史についてまとめておく。

米国では，19世紀末から現在に至るまで，M&Aが数多く行われた時期が5回存在し，日本では，1960年代から現在に至るまで，同じくM&Aが数多く行われた時期が3回存在する。それらをM&Aブームの時期としてまとめているケースが多いが，ここではこのような分け方にしたがって，それぞれのブームの背景と具体的な状況についてまとめていく。

1. 米国における M&A の歴史
(1) 第1次ブーム

　米国における M&A の第1次ブームは19世紀末のことである。この時期には，鉄鋼，鉄道，石油，電機，製糖，醸造といった基幹産業において，同業界の企業同士の M&A である水平統合が数多く行われ，独占的な企業が誕生している。

　この時期に誕生した代表的な企業には，デュポン，ゼネラル・エレクトリック，ウエスティング・ハウス，イーストマン・コダック，スタンダードオイルなどがある。さらに，このような M&A に関与したモルガン，ロックフェラー，メロンといった投資銀行が一大財閥を形成し，金融業界や産業界に一大勢力をを築いたのである（山本，1997；通商産業省産業政策局，1991）。

　また，この時期の M&A には，株式と引き換えにトラスト証券を発行して同じ業界の企業を傘下におさめるというトラスト方式[10]が数多く利用された。

　その後，この方式を利用した市場の独占化が問題となり，1890年に米国の独占禁止法を意味する反トラスト法（Anti-Trust Law）の最初の法律であるシャーマン法が成立し，不当な取引制限が禁止される。さらに，1914年には，現在の反トラスト法を構成する3つの法律のうちの残り2つである，クレイトン法と連邦取引委員会法が制定され，独占禁止法が強化されるのである（根岸・舟田，2000；田村，1999）。

(2) 第2次ブーム

　M&A の第2次ブームは1920年代のことである。この時期，米国は第1次世界大戦の戦勝国として世界最大の債権国となり，世界経済の中心となった。そのような黄金の20年代ともいわれる経済繁栄期の中で，自動車，エレクトロニクス，化学，住宅などの産業が生み出された。またこの時期は，司法省の反トラスト局が反トラスト法をもとに市場シェアの独占に対して厳しく対応した。そのため，第1次ブームにあったような同じ業界の企業同士の規模の大きな M&A は行われなかったが，ガス，電気，水道などの公益事業や，化学，食品加工，鉱山業といった業界などで M&A が行われた。

　この時期に誕生した代表的な企業には，カネコット，フィリップス，アライ

表 2-1　米国における M&A の歴史

```
第 1 次ブーム（19世紀末）
　　　　水平統合を目的とした M&A が中心……独占的企業の出現

第 2 次ブーム（1920年代）
　　　　反トラスト法（独占禁止法）の規制と好景気の中で水平統合を目的とし
　　　　た M&A が中心……寡占化の進展

第 3 次ブーム（1960年代半ば～1970年代前半）
　　　　好景気と株高の中で，海外進出と多角化を目的とした M&A が中心

第 4 次ブーム（1980年代）
　　　　規制緩和と効率重視の中でのリストラクチャリングを目的とした M&A
　　　　が中心……敵対的買収の増加

第 5 次ブーム（1990年代後半～）
　　　　選択と集中とグローバルでの競争力強化を目的とした M&A が中心
```

ドケミカル，ゼネラルフーズ，クラフトなどがある。また，この時期の M&A によって，主要産業における強力な第 2 位企業が数多く誕生したので，第 2 次ブームのことを寡占への波と呼ぶこともある。

一方で，この時期に，独占禁止法の適用によって，第 1 次ブームで誕生したスタンダード・オイルがエクソン，モービル，ソーカルの 3 社に分割されている。

しかし，この空前の消費ブームと過剰な設備投資は1929年の大恐慌を招くことになり，その結果第 2 次ブームは終焉するのである（山本，1997）。

(3) 第 3 次ブーム

　M&A の第 3 次ブームは1960年代後半から1970年代前半のことである。第 2 次世界大戦後，米国企業の海外進出が活発になり，巨大企業の多国籍化が進んでいく。その成長が一段落すると，重厚長大の基幹・装置企業が成熟期を迎え，米国経済のインフレ，好景気，株式ブームを背景に生み出した豊富なキャッシュフローをもとに，多国籍化と多角化（コングロマリット化）によって企業規模を拡大していくのである。その結果，異業種の企業に対する M&A が

次々と行われコングロマリットを形成する企業が数多く生み出されている（山本，1997）。

この時期に誕生した代表的な企業には，ITT，ガルフウェスターン，リットン，テキストロンなどがある。

当時は，高株価収益率の企業が低株価収益率の企業に対するM&Aを行うことによってP/E（株価収益率）を押し上げるという，P/Eゲーム[11]が数多く行われ，また当時の合併課税の不備を狙った無税での合併も行われている。またM&Aの手法としては，株式交換が多く採用されている（松村，1995；松村・宮本，1999）。

また，当時は多角化による企業規模拡大は，すべての利害関係者にとって利害が一致していた。まず，経営者と従業員にとっては，雇用の安定と金銭的，非金銭的な報酬の拡大につながる。次に，債権者にとってもリスクの低下がもたらされる。さらに，当時の株主の中心であった個人投資家[12]にとっても，企業が多角化を進めていくと企業自体が一種の投資信託のようになるため，多角化した企業の株式を購入することによって，結果として分散投資をして投資のリスクを低下させたことと同じ結果になる。したがって，投資額の少ない個人投資家にとっては，投資リスクの回避という面から歓迎されたのである（渡辺・山本，1992，p.13）。

しかし，1970年代に入り，株式ブームの終了とともにM&Aは急速に下火になり，その後多角化したコングロマリット企業に対する評価は厳しくなっていくのである。

(4) 第4次ブーム

M&Aの第4次ブームは1980年代のことである。この時期は，米国経済の弱体化が叫ばれ，レーガン大統領のもとで強い米国復活の期待が高まった時期である。その中で，資源の効率的な配分によって企業を活性化することが要求され，陸上，航空，テレコム，エネルギー，金融サービスといった業界で，大幅な規制緩和が行われている。その結果，このような業界と食品，電子機器，サービス，卸売業などで活発にM&Aが行われたのである（松村・宮本，1999）。

また，この時期には，第3次ブームの中で出来上がったコングロマリットが，産業の成熟化と過剰な設備投資に直面し，減量経営，効率経営を目指して積極的にリストラクチャリングを行っている。その結果，比較的狭い事業範囲の関連性の強い分野に経営資源を集中したり，低効率で多額のキャッシュを必要とする部門子会社を売却することがよく行われた。このように，第4次ブームの特徴の1つは，企業のダイベストメントの活動が活発になったことである（松村・宮本，1999）。

　さらにこの時期には，M&Aの取引そのものは現金によって行われることが多かったが，同時に信用度の低い社債であるジャンクボンド[13]を使ったLBO[14]といった新しい金融手法も生み出されている（松村，1995）。代表的なLBO専門企業にはKKR（コールバーグ・クラビス・ロバーツ）があるが，KKRは1988年に米国タバコ食品大手，全米19位の売上規模を誇るRJRナビスコを250億ドルで敵対的M&Aによって傘下に収めている（渡辺・山本，1992, pp. 13-17）。ただ，数多くのLBOが行われた結果，米国企業の株主資本比率が全体として大きく低下することとなった。

　また，買収金額の大型化が進み，経済のグローバル化にともなって日本をはじめとする外国企業による米国企業に対するM&Aも増加した。さらに，投資銀行，商業銀行などの金融機関が，アドバイザーとしてM&Aの各局面で活躍するようになった。

　この時期に，株主の中の機関投資家の存在感が急速に高まってきた[15]。米国株式全体の時価総額に占める機関投資家が所有する株式時価総額の比率は，1970年には30％，1979年に35％といった程度であったものが，1990年には60％近くまで上昇している。機関投資家は，個人投資家とは違って豊富な資金を保有して投資を行うため，自らポートフォリオを組んでリスク分散を行うことができる。したがって，企業にはそれぞれ強い分野に経営資源を集中して効率を高めてもらい，そのような企業の中から投資対象企業を選択してポートフォリオを組んでいくことを望むようになったのである。一方で，巨大化したコングロマリットに対しては，無用のリスク分散や規模拡大によって資本を浪費していると考えるようになり，リストラクチャリングを求めるようになったのである。このような流れは，従業員退職所得保障法（ERISA法）で定められ

たプルーデントマン・ルール[16]，つまり年金の運用受託者は専門家としての忠実義務や注意義務をもって運用に当たらなければならない，というルールの影響が大きいといわれている。さらにこの時期，企業の経営陣に対して株主が積極的に発言し始めたが，この動きについても，年金受託者が株主権を積極的に行使することをある意味で政府が奨励したエイボンレター[17]の影響が大きい，といわれている（大楠・川北，1998，pp.50-52）。

そのような動きの中で，資本効率の上昇を目的として敵対的M&Aも行われるようになった。1980年代にその動きが加速され，敵対的M&Aの成功確率は，1980年代には50％強に上昇した。一方で，ポイゾンピル[18]やESOP[19]といった敵対的M&Aに対する防衛策も生み出され，実行に移される例もでてきた（渡辺・山本，1992）。

また，この時期のM&Aの買収プレミアムは平均で30〜40％に達し，ターゲット企業の株主は大きな利益を得る一方で，年金基金を中心とする機関投資家もリストラクチャリングを中心としたM&Aブームを歓迎した。しかし，第4次ブームは1990年代に入って急速に終息することとなる（松村，1995）。

(5) 第5次ブーム

M&Aの第5次ブームは1990年代の後半のことである。この時期は，1990年代初めからの米国経済の回復によって好景気が継続する中で，さらなる成長を求めてM&Aが行われている。具体的には，第4次ブームから継続して多角化部門を整理するとともに戦略部門を買収しコア事業の強化をすすめていく事業の選択と集中や，グローバルでの競争力強化を目的としたM&Aが，数多く行われている。業種的には金融・情報通信などの分野の案件が多く，かつ大型化していることが1つの特徴である。具体的には，1998年の米国大手銀行持ち株会社シティコープと米国保険大手トラベラーズ・グループの合併，同年のダイムラー・ベンツとクライスラーの合併，1999年のエクソンとモービルの合併などが挙げられる（高宇知，1999）。

この時期は，第4次ブームの背景にあった機関投資家の持ち株比率の上昇がさらに進む中で，株主の意向を反映したM&Aが数多く行われている。その結果，第4次と比較すると，LBOも少なくゲーム的要素が減っていることが1

つの傾向である。

このような流れも，2000年のIT業界のドットコムバブルの崩壊，2001年9月のニューヨークのワールドトレードセンターにおけるテロに端を発したイラク戦争などによる米国経済の先行きへの不安感，さらにはエンロンやワールドコムの粉飾決算に端を発した会計情報に対する信頼性の低下の影響で，やや減少している傾向にある。

2．日本におけるM&Aの歴史
(1) 第1次ブーム

日本におけるM&Aの第1次ブームは1960年代後半のことである。この時期には，いざなぎ景気（1965〜70年）という好景気の中で，外為法改正によって海外資本による日本企業への株式投資が自由化されている。その中で，日本企業の国際競争力の強化が必要になり，スケールメリットを求める大型合併が相次いだのである。

このような傾向は，第2次大戦後の昭和22年に米国の反トラスト法をもとに非常に厳格に制定された独占禁止法が，日本企業の強化を目的として，昭和24年，28年，33年の3回にわたって規制緩和の方向で改正されたことにも関係している（根岸・舟田，2000；奥島，1999）。

この時期の代表的なM&A案件としては，1966年の日産自動車とプリンスの

表2-2　日本におけるM&Aの歴史

第1次ブーム（1960年代後半）
　　　海外から日本への投資の自由化に対抗するために，規模拡大による国際競争力の強化を目的とした，同業界の企業に対するM&Aが中心

第2次ブーム（1980年代後半〜1990年代初め）
　　　バブル経済を背景にした，海外企業に対するM&Aが中心

第3次ブーム（1990年代後半〜）
　　　業界再編，多角化の整理，選択と集中といったリストラクチャリングを目的とするM&Aが中心

合併による日産自動車の誕生，1968年の東洋高圧と三井化学の合併による三井東圧化学の誕生，1970年の八幡製鉄と富士製鉄の合併による新日本製鉄の誕生，1971年の第一銀行と勧業銀行の合併による第一勧業銀行の誕生などがある（松村，1995）。

またこの時期あたりから，独占禁止法による株式保有規制がゆるやかになったので，海外資本の日本企業への投資自由化を契機とした外資による企業支配を防止するため，日本の公開企業の間で，金融機関を安定株主とするメインバンク制度と銀行や総合商社を中心とした本格的な株式持合いがはじまったといわれている（橋本，2001，pp.257-260；根岸・舟田，2000，p.13）。

(2) 第2次ブーム

日本におけるM&Aの第2次ブームは1980年代後半のことである。この時期は，いわゆるバブル経済の中で株式や土地の担保価値が上昇したことを背景に，新規分野への多角化と既存分野での業容拡大の両面で，事業拡大を目的としたM&Aが行われている。この第2次ブームは米国の第4次ブームとほぼ時期が一致しており，世界的な過剰流動性と規制緩和の流れの中で，日本企業による米国と欧州をはじめとした海外でのM&Aもかなり増加している。表2-3にある『マール』のM&Aデータによると，1988年から1990年の3年間は日本企業が当事者となったM&Aの50％超がIn-Outであり，その件数も3年連続して200件を超えている。特に欧州地域では，1992年のEC統合へ向けて現地の拠点をもつためのM&Aも行われている。この背景には，日本の貿易摩擦と円高，さらには国内の成熟化といった要因があったと考えられている（松村，1995；松田，1992）。

この時期に行われたM&Aには，1988年のブリヂストンによるファイアストンのM&A，1989年のソニーによるコロンビアピクチャーのM&A，1990年の松下電器による米国MCAのM&Aなどがある。

なおこの時期から，大企業だけでなく中堅以下の企業でも，後継者難やリストラクチャリングを理由としてM&Aが行われるようになった。また，この第2次ブームから，もともと乗っ取りといったネガティブなイメージで見られることの多かったM&Aが企業の1つの戦略として認知されはじめ，一度でも実

表2-3　1985年以降のマーケット別 M&A 件数の推移

	IN-IN		IN-OUT		OUT-IN		OUT-OUT		合計
	件数	構成比	件数	構成比	件数	構成比	件数	構成比	
1985年	161	61.9%	77	29.6%	21	8.1%	1	0.4%	260
1986年	223	53.3%	178	42.6%	14	3.3%	3	0.7%	418
1987年	206	53.9%	156	40.8%	18	4.7%	2	0.5%	382
1988年	218	41.7%	285	54.5%	14	2.7%	6	1.1%	523
1989年	245	38.0%	380	58.9%	12	1.9%	8	1.2%	645
1990年	268	35.5%	459	60.9%	19	2.5%	8	1.1%	754
1991年	309	48.4%	292	45.8%	19	3.0%	18	2.8%	638
1992年	254	52.6%	179	37.1%	29	6.0%	21	4.3%	483
1993年	234	58.9%	108	27.2%	26	6.5%	29	7.3%	397
1994年	250	49.5%	187	37.0%	33	6.5%	35	6.9%	505
1995年	255	48.0%	208	39.2%	33	6.2%	35	6.6%	531
1996年	320	51.5%	227	36.6%	31	5.0%	43	6.9%	621
1997年	452	60.0%	215	28.6%	53	7.0%	33	4.4%	753
1998年	488	58.5%	213	25.5%	85	10.2%	48	5.8%	834
1999年	719	61.5%	247	21.2%	129	11.0%	74	6.3%	1,169
2000年	1,066	65.2%	361	22.1%	175	10.7%	33	2.0%	1,635
2001年	1,189	71.9%	282	17.1%	159	9.6%	23	1.4%	1,653
2002年	1,352	77.2%	258	14.7%	131	7.5%	11	0.6%	1,752
2003年	1,352	78.2%	211	12.2%	158	9.1%	7	0.4%	1,728
2004年	1,681	76.0%	315	14.2%	206	9.3%	9	0.4%	2,211
2005年	2,130	78.2%	399	14.6%	179	6.6%	17	0.6%	2,725
2006年	2,175	78.4%	412	14.8%	171	6.2%	17	0.6%	2,775

出典：㈱レコフ（2007, p.12）をもとに著者作成。

行したことのある企業を中心に抵抗感がなくなっていったのである（通商産業省産業政策局，1991）。

(3) 第3次ブーム

　日本における M&A の第3次ブームは1990年代後半からである。この時期は，バブル経済崩壊の後遺症から脱却するために，生き残りをかけた業界再編や第2次ブームの中で実行した多角化の整理，さらに事業の選択と集中を行う

ためのリストラクチャリングを目的とした M&A が行われている。

具体的には，金融，輸送用機器，電機，サービス，卸流通といった業界において数多くの M&A が行われている。たとえば，2001年にはさくら銀行と住友銀行が合併して三井住友銀行が誕生し，2002年には日本興業銀行，富士銀行，第一勧業銀行の3社が統合されてみずほ銀行が発足している。また，業績不振に陥った日本企業に対して外資系企業が M&A を行うケースも増加した。例えば，1998年の GE キャピタルによる東邦生命の M&A（その後 AIG グループへ売却）や，1999年のルノーによる日産自動車への資本参加などである。

また，M&A のデータをまとめた雑誌『マール』（㈱レコフ，2007，p.12，18，20）によると，表2-3にあるように，国内企業同士の M&A である In-In 案件の件数が1996年以降全 M&A 案件の50％に達し，徐々に増加する傾向にある。特に1999年以降の増加は大きく，2006年には2,175件に達している。また海外企業による日本企業の M&A である Out-In 案件も，1999～2006年にかけては毎年100件を超え，全 M&A 案件の約10％を占めている。

さらに，M&A の形態としては，MBO と TOB が1999年から2006年にかけて7年連続で10件を超えており，M&A の多様化も進んでいる。また，中堅中小企業による M&A も増加しており，第2次ブームにおいて徐々に進んだ M&A のネガティブなイメージの払拭はさらに進んできている。

第4節　日本の M&A の現状と増加理由

それではここで，1990年代後半から続いている日本の第3次 M&A ブームの背景について考えてみる。

第3次ブームの中で M&A が活発に行われている理由としては，以下の5つが考えられる。

1．企業環境の激変

まず最初は，企業環境の変化が激しくなり，従来の業界の枠を超えた競争がかなり頻繁に発生するようになったため，それに素早く対応することを目的と

して企業がM&Aを活用するようになっていることである。

　具体的には，まずIT技術の発展によって，情報が素早くまた広範囲に行き渡りやすくなった結果，企業を取り巻く環境の変化が激しくなってきている。また，さまざまな業界で技術革新のスピードが早まることによって，競合企業が必ずしも現在の同じ業界の企業に限られなくなってきている。そのような中で環境変化に柔軟に対応していくために，時間を買うという面から，事業投資の1つの手段としてM&Aを採用する傾向が強まっていると考えられるのである。

2．バブル経済崩壊に端を発した日本経済の低迷

　2つめは，1990年代を通じた日本経済の低迷とその中で現れてきた日本企業の業績の2極化によって，それぞれの企業がM&Aを生き残りあるいは成長の手段として位置づけるようになったことである。

　1990年代前半からの十数年は失われた時代ともいわれており，1980年代後半のバブル経済の崩壊によって不良債権問題が発生し，2003年初頭までは日本経済全体として非常に厳しい状態が続いてきた。また，日本の戦後の高度経済成長が1980年代で完全に終了して経済が成熟化する中で，各業界で業績の良い企業と悪い企業の違いが明確になってきた。また，金融業界を始めいろいろな業界で規制緩和が進み，競争が発生してきている。

　このような環境の中で，いろいろな業界で業績の2極化が進み，業績の良くない企業は生き残りのために事業売却や，身売り，合併を考えざるを得なくなり，一方で業績の良い企業はそれをさらに伸ばすために，買い手として積極的なM&Aを実行する例が出てきたのである。また，バブル崩壊後の株価低迷によって，日本企業自体の価値が過去に比較すると全体的に低くなり，M&Aを実行しようとする企業からすると投資額が少なくても済む状態が継続したこともある。しかし，これは2005年夏以降の株価の上昇により状況が変化しつつある。

3．持ち合い解消に伴う株主構成の変化

　3つめは，株主構成の変化によって企業に対する投資効率上昇への要求が強

表 2-4　株式保有比率の推移（％）

	金融機関	事業法人	投資信託	年金信託	外国人	個人その他	合計
1989年	40.9	29.5	3.7	0.9	4.2	20.8	100.0
1990年	39.9	30.1	3.7	0.9	4.7	20.7	100.0
1991年	40.0	29.0	3.4	1.0	6.0	20.6	100.0
1992年	39.8	28.5	3.2	1.2	6.3	21.0	100.0
1993年	39.4	28.3	2.9	1.4	7.7	20.3	100.0
1994年	39.8	27.7	2.6	1.6	8.1	20.2	100.0
1995年	38.5	27.2	2.2	1.8	10.5	19.8	100.0
1996年	38.5	25.6	2.0	2.4	11.9	19.6	100.0
1997年	37.4	24.6	1.6	3.8	13.4	19.2	100.0
1998年	35.5	25.2	1.4	4.7	14.1	19.1	100.0
1999年	30.1	26.0	2.2	5.0	18.6	18.1	100.0
2000年	31.5	21.8	2.8	5.5	18.8	19.6	100.0
2001年	30.7	21.8	3.3	6.0	18.3	19.9	100.0
2002年	30.2	21.5	4.0	5.8	17.7	20.8	100.0
2003年	27.5	21.8	3.7	4.5	21.8	20.7	100.0
2004年	26.0	21.9	3.9	4.0	23.7	20.5	100.0
2005年	24.9	21.1	4.4	3.6	26.7	19.3	100.0

注：区分は著者の考えにより一部変更している。
出典：全国証券取引所，平成16年度株式分布状況調査，資5をもとに，著者作成。

まり，事業選別が求められるようになったことである。

　1989年以降の約15年間で，日本の上場企業の株主構成がどのように変化してきたのかをみてみると，表2-4にあるように金融機関や事業法人の持株比率が低下する中で，年金信託，外国人投資家などの持株比率が上昇してきている。これには2つの原因が考えられる。1つは，日本企業が機関投資家からの圧力を少しずつ意識しはじめた結果，資産に対する投資効率を高めるために，金融業を本業とする場合を除き，本業に関係ない株式投資は解消していくという株式持ち合い解消の流れを継続させていることである。もう1つは，投資利益を求める外国人投資家や年金信託の運用担当者をはじめとする投資家が，運用のポートフォリオの中に一定の比率で日本企業の株式を組み入れてきたことである。

このように，持ち合い株主の存在感が弱まり，本来の投資家の存在感が強まってきているため，日本企業は安定した資金調達のために本来の投資家の利益を以前よりもより強く意識することが求められている（西山，2002e）。
　また，1990年代後半からは，金融ビッグバンによって資本の論理が以前よりもより強く株式市場に現れてきている。特に，1997年の山一証券や大手銀行などの破綻前後から，企業のネガティブ情報を株式市場が瞬時に反映するようになってきている（橋本，2001，pp. 257-260）。そうなると，資金提供者である投資家が企業に投下した資金に対して期待しているリターンである資本コストをベースにして，それ以上儲かるか否かで事業を選別する必要性が出てくる。そのような資本コストを使って事業業績を評価するための業績評価指標の1つが，EVA™（Economic Value Added：経済的付加価値）[20]である。このEVA™などを使って事業を評価することは，期待に見合うリターンが確保できているかどうかによって事業の選択と集中をすることにつながっていく。その結果，一部の事業を売却してもいいと判断する企業が出てきたことも，M&Aが増加している理由の1つと考えられる。
　さらに，日本では，M&Aの第2次ブーム以降事業の選択と集中が叫ばれ，特に1990年代後半以降は，多角化している企業は過小評価されるというコングロマリット・ディスカウント[21]という考え方が日本でも浸透しはじめ，その面から企業が事業を選別しはじめていることも関連している。

4．制度の整備

　4つめは，M&Aを取り巻く法制度の整備が進み，かなりM&Aがしやすくなったことである。
　例えば，1997年には，合併手続きの迅速化や簡素化に関連する法律改正があり，1999年には，公正取引委員会の審査基準の緩和が行われている。さらに，1997年には純粋持株会社が解禁されている。さらに，M&Aの手法に関しては，1999年に株式交換と株式移転が利用できるようになり，2000年には企業分割制度が導入された。このような制度改革にともなって，M&Aの手続きが格段に実行しやすくなったのである。実際『マール』のデータによると，株式交換と株式移転の件数は，1999年から2006年にかけて，グループ内部のM&Aまで含める

と21件から88件へとかなり増加してきており，企業分割制度を利用したM&Aも2006年には302件に達するなど，いずれもかなり利用されてきている（㈱レコフ，2007, p.22）。

一方で，会計ルールの変更によって企業業績の透明度が上昇し，海外の企業と比較しやすくなったことも，M&Aの増加に関係していると考えられる。

具体的には，2000年に連結財務諸表を中心としたディスクロージャー制度の導入やキャッシュフロー計算書の作成などが義務づけられ，2001年には金融商品の時価評価や退職給付会計などのルールが導入されるなど，表2-5にあるように，日本の会計ルールは2000年を境に大きく変更されている。これは，会計ルールを全世界的に調和させていくという大きな流れの中で，日本の会計ルールを会計ルールの世界標準モデルとでもいうべき国際財務報告基準（IFRS：International Financial Reporting Standards）とほぼ一致させていくという流れにそったものである。このような会計基準の世界的な統合の目的は，2001年1月25日に発表された，IFRSの原型であるIASの設定団体である国際会計基準委員会（IASC：International Accounting Standards Committee）の代表者のコメントの中にもあるように，「国際的な資本投資を促進し，世界的な資本コストを低減させる」ことである[22]。

表2-5　日本における主な国際財務報告基準の導入経緯

新連結会計ルール	──	2000年3月期より適用
連結キャッシュフロー計算書導入	──	同　上
税効果会計ルール	──	同　上
新研究開発費ルール	──	同　上
金融商品の時価評価	──	2001年3月期より適用
退職給付会計のルール	──	同　上
外貨換算のルール	──	同　上

つまり，市場を経由して一般投資家から直接資金を調達する仕組みの比重が高くなる中で，企業に対しては，会計ルールをある程度統一することによって財務諸表の作成コストを低減するというメリットを与え，投資家に対しても，財務諸表の比較検討を行いやすくするというメリットを与えることを目的としている（西山，2002e）。

このような会計ルールの変更の結果，日本企業の海外の会計ルールに対する理解が進み，さらに海外企業が日本企業に対するM&Aを行う際に状況を把握しやすくなった，と考えられる。特に，退職給付会計をはじめとして企業の情報公開の水準が高まったため，買収側企業によるターゲット企業に対する事前調査やデューデリジェンスが行いやすくなったことは，M&Aの増加の間接的な理由の1つになっていると考えられる。

5．M&Aに対するイメージの変化

5つめは，M&Aや事業売却に対するイメージが変化し抵抗感が払拭されたことである。

まずM&Aについて，90年代前半まで多くの日本企業は，M&Aイコール乗っ取りといったイメージを強くもっていた。また，従業員や役員も所属する企業（グループ）に対する思い入れが強く，結果として他の企業（グループ）の傘下に入ることに対する抵抗感が強くなり，一般的にM&Aについては否定的な傾向が強かった。しかし90年代後半に入り，多くの日本企業がM&Aを戦略の1つとして肯定的に考え出してきている[23]。

また，事業売却についても，日本企業の財務面の目標はもともと売上高の増加が多く，また高度成長期の名残もあり，規模の拡大に対する要求が非常に強かった。しかし，その後3で述べたように資本コストの考え方などが普及してきた結果，単に規模が大きいだけではあまり評価されず，それよりも，投下した資本を効率よく利用して期待以上のリターンを確保しその価値を高めていくことが理想的な経営である，という考え方が徐々に強まってきている。その結果，事業売却に対するイメージも悪いものばかりではなくなってきており，リストラの発表をすると株価が上昇するといったことが起こるなど事業売却に対する抵抗感もなくなってきている。

このようなイメージの変化も，M&Aの増加につながっていると考えられる。

注

1）MBO（マネジメント・バイアウト：management buyout）は，ターゲット企業の経営陣が中心となって，株主から株式を購入して自社の所有権を手に入れるようなM&Aのことである。
2）ジェンセンとルーバック（Jensen and Ruback, 1983）は，過去のM&Aに関するさまざまな実証研究を調査し，M&Aは基本的にプラスの便益をもたらすことと，ターゲット企業の株主は通常便益を得るが買収側企業は損失を計上しない程度となることが多い，という結論を導き出しているが，その中で取り上げた実証研究の多くも，株価の異常収益率をもとにしたものである。
3）CARはcumulative abnormal returnの略で，イベント・スタディにおいて市場の反応を分析する代表的な指標の1つである。
4）これはBing, G.(1996) の訳書の中で佐藤ほかが述べているものの引用である。佐藤ほか (2000, p. iii) は，デューデリジェンスの意味について，「企業価値精査と訳されていることが多い。投資対象となる企業の価値を適正に評価することがデューデリジェンスの主目的であるということで，この訳語があてられたものと考えられる。デューは『当然，行うべき～』という意，デリジェンスは『努力』という意である。合わせてみると『当然行うべき努力』となる。M&Aを成功に導くために『当然に行うべき努力』がとりもなおさず，『企業価値精査』なのである」と述べている。さらに，デューデリジェンスの語源について，「デューデリジェンスという言葉は，1980年代にビジネス用語として使われるようになった。元々，この言葉は企業間のM&Aの可能性を調査するときに使われていたものであったが，その後，公募・私募証券の発行，不動産販売・鑑定，民間向け融資等々，ほとんどすべてのビジネス領域での調査をさすようになった」と述べている。
5）これ以外に化学メーカーのM&Aなどの場合には，工場の土地が化学物質の流出などによって汚染されている可能性もあるため，土壌汚染調査などの環境面のデューデリジェンスを行ったり，ビジネスの中でコンピュータシステムの重要性が高い場合には，システム面のデューデリジェンスを行うことがある。
6）類似会社比準法では，評価対象企業の事業と類似した事業を行っている上場公開企業を選択し，その企業の利益や売上高あるいはキャッシュフローと株価との比率を計算し，事業が類似している企業であれば同じような比率になるであろうという前提をもとに，評価対象企業の利益や売上高，キャッシュフローにその比率を掛け合わせることによって株価を評価していく。
7）買収金額の算定方法には時価純資産法という方法もある。これは，貸借対照表を時価評価した場合の資本の金額をもとに評価する方法である。この方法は，相続税の計算をする際の株価の評価などに使われるものであり，M&Aの実務ではあまり使われていな

い。
8) EBITDA とは，Earning Before Interest Tax Depreciation Amortization の頭文字である。具体的には，営業利益に近い金利税金差引前利益（EBIT：earnings before interest & tax）に，減価償却費（depreciation）無形資産の償却費（amortization）を加えたものであり，営業利益をキャッシュフローベースで表したものともいえる。キャッシュフロー計算書の営業活動からのキャッシュフローとかなり類似したものでもある。
9) PER は Price Earning Ratio の略称であり，株価の評価方法である類似会社比準法に含まれる方法の1つである。この方法では，EPS（earnings per share：1株当たり利益）と株価との比率が同業界の企業同士ではほぼ同じになるのではないかという前提をもとに，評価を行っていく。
10) トラスト方式とは，業界の中心的な企業が，同じ業界の企業の株式を受託者ボード(Board of Trustee) に委託させ，そのボードが株式と引き換えにトラスト証券（Trust certificate）を交付するという信託契約を結び，業界の中心的な企業が参加企業全体の支配権を獲得する方式のことである（山本，1997, p.8）。
11) 当時は，「成長株」理論，つまり1株当たりの収益の伸びが相対的に大きい株式の株価や株価収益率は相対的に高くなるという理論に基づいて，1株当たりの収益拡大のために M&A が行われた（通商産業省産業政策局，1991）。
12) 米国では，1950年時点で株式時価総額の92%，1960年で70%を個人投資家が所有しており，現在よりもかなり個人投資家の保有比率が高かった（渡辺・山本，1992, p.13）。
13) ジャンクボンドは信用度が比較的低い社債のことであるが，これを利用した M&A がこの時期数多く行われた。ジャンクボンドの発行は，投資銀行の1つであるドレクセル・バーナム（Drexel Burnham）のマイケル・ミルケン（M. Milken）によって活発になった。彼は，過去10年間のジャンク債の発行状況を研究し，デフォルト（債務不履行）リスクが低い代わりに，米国債（利回り換算で年平均約0.7%）とのスプレッド（利回り格差）が大きい（年率+3.5〜3.9%）ことを発見し，これをハイ・イールド・ボンドとして宣伝した（山本，1997）。
14) LBO（レバレッジド・バイアウト：leveraged buyout）は，買収資金のほとんどを借入金や社債によって賄った M&A のことである。LBO を行う場合は，まずダミー会社を設立し，その会社が銀行借入またはジャンクボンドの発行によって買収資金を調達する。M&A 完了後に，ダミー会社を被買収企業（ターゲット企業）と合併させて新会社として発足させる。その結果，借入金や社債はすべて新会社の負債として引き継がれ，被買収企業（ターゲット企業）の事業利益および資産売却代金によって返済されるのである（岩村・日本債券信用銀行金融技法研究会，2000, pp.269-270）。
15) 機関投資家は，当初は，経営や業績に不満があったり株価が低迷している場合には売却して株主としての地位を去れば良いという，従来の投資手法（Wall Street Rule：ウォール・ストリート・ルール）を守っていた。しかし，投資残高が増加するにしたがって，売却し他の株式に乗り換えることが難しくなったために，株主としての権利を行使することを考えるようになった（橋本，2001）。この流れが，1990年代にかけてのコーポレートガバナンスの問題につながってきていると考えられる。
16) ERISA 法（Employee Retirement Income Security Act.：従業員退職所得保障法）は，1974

年に制定された年金受給者保護を目的としたアメリカの連邦法である（大楠・川北，1998, p.50）。具体的には，運用を担当する受託者に対して，運用の専門家としての注意深さ，思慮深さ，勤勉さを用いて委託を受けた資産の運用に関する判断と行動を行わなければならないという，プルーデントマン・ルール（prudent man rule）や，分散投資義務，利益相反取引の禁止，母体企業への投資の制限などの受託者責任が規定されている（川北，1997, pp.197-198）。

17) エイボン・レターは，エイボン社の企業年金からの質問に対して米国の労働省が文書で回答したものである。その中で「議決権を含めた株主権の誠実な履行も（機関投資家を含む）年金運用受託者の義務である」という見解が述べられている（大楠・川北，1998, p.52）。

18) ポイゾンピルとは，優先株を買取ることができる権利やワラントを現在の株主に与え，敵対的M&Aが行われた場合に，株主がそれらの権利を現金化したり普通株式に転換することによってターゲット企業の魅力を薄めることを目的とした，敵対的M&Aに対する対抗手段である（渡辺・山本，1992）。

19) ESOP（Employee Stock Ownership Plan：従業員持株制度）は，従業員に株式を所有してもらう制度であり，これも敵対的M&Aの対抗手段として利用された（渡辺・山本，1992）。

20) EVA™は，米国のスタンスチュワートというコンサルティング会社が商標登録している財務指標である。具体的には，企業の事業の業績を，企業に資金を提供している投資家の要求する儲けと比較して，十分かどうかを毎年チェックしていくための業績評価指標である。EVA™は，それに類似した資本コストの概念を取り入れた財務指標まで含めると，2005年末時点でソニー，花王，HOYA，キリンビール，大日本インキなど，日本を代表する上場公開企業を中心に数十社が導入している。

21) コングロマリット・ディスカウント（conglomerate discount）は，多角化している企業が実力よりも過小評価される傾向があることを意味している。これが起こる理由としては，一般にコングロマリット企業のもつ「不透明性」が挙げられる。つまり，多角化している企業では，それぞれの事業の将来見込みが異なることをはじめとしてその経営内容が外部からは分かりにくいため，企業情報の利用可能性に問題があると考えられることを意味している。

22) IASCの2001年1月25日のPress ReleaseにあるTrusteeの発表コメントから抜粋している。なおIASCは，2001年に会計ルールの世界的な統合をより積極的に押し進めるために，IASB（International Accounting Standards Board）として改組されている。

23) 日本のM&A専門の大手コンサルティング会社の幹部は，「90年代前半までは，同社独自のM&Aの提案に対して多くの大手日本企業の経営者が門前払いといった対応をしていたが，90年代後半以降は逆にほとんどの企業経営者が耳を傾けるようになってきている」と述べている。

第3章
M&Aの成功要因についての先行研究

第1節　M&Aの成功要因についての一般的な研究及び調査

1．キッチングの研究

　キッチング（Kitching, 1967）は，売上高が25百万ドルから2,000百万ドルまでの企業22社の経営幹部に対して，1960～1965年の間に実行された69件のM&Aに関するインタビューを行い，その結果に基づいて以下のような6つのM&Aの成功失敗に関連する要因をまとめている。
　① 戦略上必要な案件だけを実行し，持ち込まれた案件などに気を取られていないか。
　② 戦略をもとにしてM&Aの条件を決め，それを厳格に適用しているか。
　③ ターゲット企業をM&Aするための必要資金額や，監視に必要な時間を過小評価していないか。
　④ 統合プロセスの触媒として活動できるような，変革のマネジャーがいるかどうか。
　⑤ ターゲット企業をマネジメントするために十分な経営能力を，経営陣がもっているかどうか。
　⑥ M&A実行後の経営管理の体制がしっかり出来上がっているか。

2．ドラッカーの主張

　ドラッカー（Drucker, 1981）は，『ウォール・ストリート・ジャーナル』へ

の寄稿の中で，M&Aを成功させるための5つのポイントを挙げている。

まず1つめは，どのような魅力的なシナジー効果が期待できる場合でも，買収側企業は，ターゲット企業からどのような貢献を受けるかではなく，ターゲット企業に対してどのような貢献ができるかを考えるべきである，という点である。

2つめは，M&Aによって多角化を成功させるためには，統合のための共通となる市場ないしは技術といったコアが必要であるという点である。

3つめは，買収側企業はターゲット企業の製品，顧客，市場を尊重する必要がある，という点である。さらに，双方の気が合うことも重要であると述べている。

4つめは，買収側企業はM&Aの実行から1年程度で，ターゲット企業の経営陣を決めなければならないという点である。経営陣を買収できるというのは初歩的な間違いであり，買収側企業はターゲット企業の経営陣がいなくなることに備えておく必要がある，と述べている。

最後は，M&Aの実行から1年以内に，双方の企業において経営グループメンバーの多くが，いろいろなラインで大きく昇進していくことが重要である，という点である。双方の経営陣に，M&Aが個人的にもチャンスにつながるものであることを納得させることが必要である，と述べている。

3．メレルの研究

メレル（Merrel, 1985）は，40件のM&Aを対象とした調査に基づいて，M&Aを実行した企業の65%がその結果を落胆あるいは失敗と考えている，と指摘している。

また，M&Aの主要な失敗原因として以下の6つの点を挙げている。

① M&Aの実行そのものを目的としてしまい，それを手段と考えないこと。目的達成をあまりに短期的に考えてしまうこと。

② M&A実行後の見通しについて楽観的になりすぎ，買収側企業が傲慢になること。

③ 統合が不適切であること。ただ，統合をどのように行うのかは，企業の多角化の程度によって異なってくる。

④　変化に対応できないこと。
⑤　組織の発展段階というライフサイクルの問題を認識せず，それに対する対応ができないこと。
⑥　M&Aの交渉に成功した後のフォローアップをあまりしないこと。

さらに，メレルは，このような失敗を回避するために，問題を検討し方向性を決めていくことと M&A 実行後の計画検討チームを共同で作ることが重要である，と述べている。

4．ポーターの研究とそれに対する批判

ポーター（Porter, 1987）は，米国企業のうち，多角化をしているさまざまな業界の33社を対象として1950〜1986年に行われた多角化について調査し，その結果をまとめている。まず，対象企業がこの時期に行ったM&A，ジョイントベンチャーの設立，新会社設立をすべて集計し，それらを，全く新しいセクターあるいは新分野への参入（以下新分野参入とする），既存の業界での新規事業（以下新規事業とする），現在手がけている製品またはサービスの地理的拡大の3つに区分している。その上で，新分野参入と新規事業について，その後撤退あるいは閉鎖したかどうか，またその時点はいつか，さらに何年間事業として維持したのかについて調査している。

その結果によると，全くの新分野参入と新規事業のための M&A を合計すると50％以上が撤退しており，新分野参入のための M&A では60％以上が撤退しており，そのうち現在の事業とは関係のない新分野参入のための M&A では74％が撤退している。その上で，全体として撤退が多いことを根拠に，多角化の成功確率は低いと結論づけている。

さらに，M&A 発表の直前と直後の株価の動きをもとに M&A の成功と失敗を評価するような研究方法について，短期的な市場の反応は多角化の長期的な成功を測るには全く不完全な尺度である，と強く批判している。

上記のポーターによる研究結果に対して，いくつかの批判が行われている。
シン（Singh, 1993, p.156）は，ポーターのデータにはダイベストされた事業部門の営業パフォーマンスに関する情報が入っていない，と批判している。
次に，ウエストン（Weston, 1994, pp.274-277）は，まず研究結果につい

て，①買収後に行われたターゲットではないセグメントの売却を，撤退していることを理由に不成功と判断してよいのか，②撤退した事業の業績を考慮しなくてよいのか，という2つの批判を行っている。さらに，株主価値への影響の測定は意味がないという見解に対しても，株式市場は将来を反映し基本的に企業の実態を反映するものであり，長期の株主収益の測定はそれなりに意味があると述べ，ポーターの主張は企業財務の分野での多くの研究成果を否定するものである，と批判している。

　このようなポーターの研究についての批判は論理的には納得のいくものであり，著者もポーターの主張は論拠がやや弱いという点については賛同する。しかし，多角化が撤退につながっているケースが多いことを理由に多角化の成功確率が低い，とする彼の主張は，全く意味がないとまではいえないと考える。

5．バーソールドの研究

　バーソールド（Berthold, 1987）は，多くの公開企業を対象にしたマッキンゼー社の調査をもとにして，M&Aの20％以上のケースで，買収された事業のリターンがM&Aのために要した資本コストを上回っておらず，さらに親会社の株主価値を高めていない，と指摘している。また，そのような問題の原因として，①戦略が環境に適合していないことと，②戦略の実行が上手でないことの2点を挙げている。さらにそれらに対する戦略面からの解決策として，戦略を企業戦略（corporate strategy），事業戦略（business strategy），機能戦略（functional strategy）の3段階に区分して立案することと，戦略の立案と実行を統合して同じ組織が行うようにすることの2つを挙げている。

6．アンスリンガーとコープランドの研究

　アンスリンガーとコープランド（Anslinger and Copeland, 1996）は，1984～1994年までの長期間にわたる調査に基づき，企業はシナジーのない戦略で収益をあげることができるとし，多角化を肯定する結果を導き出している。具体的には，LBOファーム21社が実施した829件のM&Aを調査対象に，21社のうち80％（611件のM&Aを実施した企業）が資本コストを上回るリターンを獲得していると回答し，また，米国のビジネスバイヤーが10年間平均で年18％を上

回るリターンを獲得しているのに対して、ファイナンシャルバイヤーは彼らの見積もりではあるものの平均で年率35％のリターンを獲得している、という調査結果をまとめている。その上でLBOファームのM&Aは非常に成功している、と結論づけている。

さらに、成功している企業の共通項として、以下の２つを挙げている。

A）　M&Aに成功している企業は、企業再生や特定の業界などM&Aについて共通のテーマをもち、それにそってM&Aを行っている。

B）　成功しているビジネスバイヤーとファイナンシャルバイヤーは、以下のような７つの運営指針をもち、すべてのM&Aのプロセスにおいてそれらの指針にそって行動している。

① 革新的な事業戦略にこだわること。
② リーダー（経営者）が見つけられなければM&Aを行わないこと。
③ トップレベルの経営者に対して大きなインセンティブを提供すること。
④ キャッシュフローの変動と報酬をリンクさせること。
⑤ 変化の進み方を早めること。
⑥ 株主と経営者と取締役の活発な関係を構築すること。
⑦ 最高の買収の専門家を雇うこと。

7．アイエロとワトキンスの研究

アイエロとワトキンス（Aiello and Watkins, 2000）は、6のアンスリンガーとコープランド（Anslinger and Copeland, 1996）の調査によって提示された、「LBO企業のおよそ80％が、ファンドの投資家に対して資本コストと同等以上のリターンをもたらしている」という結論に基づいて、概して一般企業が手がけた案件よりもはるかに高い成果を上げているLBO企業のM&Aの方法をもとに、M&Aを成功させるためのポイントを５つのフェーズごとに以下のようにまとめている。

① ターゲット企業の選定の段階：広い候補探索と戦略適合性の確認
　　買収金額の相場観をもつために、より広くターゲット企業の候補を考えることが望ましい。また、戦略との適合度合いに応じて、案件の選択と集中を心がけることが重要である。

② 基本合意の段階：条件の整理と友好関係の構築

　譲れない条件を整理しておくことが必要である。また，その後の交渉やM&A実行後のことを考えて，相手先企業との友好的な雰囲気を保つことも重要である。さらに，この段階では，買収金額についての合意は行わないことが望ましい。

③ デューデリジェンス：徹底した実行と経営者評価・事業計画への結び付け

　徹底的な調査によって，買うべきでない企業を見抜ける可能性が高い。また，デューデリジェンスを，単なる調査ではなく，経営陣の資質やチームワーク及びM&Aに対するスタンスを知る機会，あるいは双方の経営陣同士の絆を深める機会として活かすことが望ましい。またその結果を，事業計画に反映することも重要である。

④ 最終合意：M&Aチームの編成と他の選択肢の保持

　課題を並行して処理し，駆け引きをしやすくするために，M&Aのチームをいくつかに分けて交渉にあたることが望ましい。また，取引の重要性を相対的に判断し，相手とのパワーバランスをコントロールするために，他の選択肢をもつことも重要である。

⑤ クロージング

　株主をはじめとするステークホルダーに買い手側の強い意思を知らせるという面から，合意条件やM&Aの意義を，広報あるいはIR活動を通じてしっかりと伝えることが望ましい。また，従業員や顧客などのステークホルダーはM&Aについて不安をもつので，合意からクロージングまでの手続きを3ヶ月程度のできるだけ短期間で終えることが望ましい。

さらにアイエロとワトキンス（Aiello and Watkins, 2000）は，M&Aチームの重要性についても指摘している。具体的には，M&Aを得意とする企業では，過去に一緒に仕事をした経験をもった数人の固定メンバーに社内外の専門家たちが加わったM&Aチームを編成し，彼らを中心にM&Aを実行している。また，お手本となる企業では，毎日1回は，全体の進捗状況，課題，他のメンバーの懸案を共有するためにミーティングを行い，チーム全体の綿密なコミュニケーションを取っている，と述べている。

8．デロイトコンサルティングの調査

デロイトコンサルティング（Deloitte Consulting, 2000）は，M&Aで成功を収めた企業と，M&Aのメリットが得られず苦労している企業との主要な相違点と類似点をまとめることを目的として，M&Aについての調査を実施し，その結果を2000年11月に発表している。調査対象は，全世界のM&Aを活発に行っているさまざまな業界に属する企業540社である。調査内容は，企業プロフィール，M&A履歴，M&A戦略，ターゲット企業の選定，M&Aの交渉の進展，交渉プランニングと統合という6分野にわたる50項目である。

その結果によると，対象企業が1995～1999年までの5年間に実施したM&Aの件数は数十件から1～2件程度までと，企業によってかなり幅が出ている。また，予定された期間内に，M&Aの明文化された目標が達成された度合を10段階評価で8以上と評価した企業の割合は，26％となっている。さらに，M&Aを積極的に行っている企業の中で同じく8以上の評価をした企業の割合は，32％となっている。このような結果をもとに，M&Aに成功している企業の割合は約1/3と結論づけている。

さらに，M&Aの成功の手がかりとして，以下のような10のポイントを挙げている。

① 価値の源泉に注目したM&A戦略を確立すること

　代表的な価値創出の源泉として，コストを下げる「効率」，ブランド評価を高めて専門知識を確保する「マーケットパワー」，産業全体を変化させる「再創造」の3つを挙げている。

② 戦略に忠実であること

　全般的なM&A戦略を文書化し，その戦略を組織全体に明確に伝達し，また，その戦略をデューデリジェンスや統合といった具体的なM&Aの活動と結びつけ，戦略の成否を監視し，必要に応じて調整を加える必要がある。

③ シナジー効果に注目すること

　シナジーの源泉であるコストの節約と収入の増大に関して，デューデリジェンスの段階でよく見極め，ライフサイクルを通して構造的に対応し，責任者を決め，追跡調査をすることが望ましい。

④　デューデリジェンスを徹底し，他の M&A の活動とリンクさせること
　　法務財務面だけでなくビジネス面での調査も行うべきであり，その中で M&A 対象企業の統合についても考えはじめることが望ましい。
⑤　統合に向けた計画，構造を早めに用意して，スピードを重視すること
⑥　明確に定義された価値要因を柱として統合を進めること
⑦　人材流失の問題に早くからこまめに取り組むこと
⑧　組織上の役割と責任を整理すること
⑨　M&A のライフサイクル全体を通じてコミュニケーションをとること
⑩　企業文化の重要性を忘れないこと

第2節　IN-OUT M&A の成功要因についての研究

1．全世界の企業を対象とした研究

　マッキンゼー社のイソノら（MF，1990）は，1981年から1987年までに行われた，米国，欧州，日本の大手企業50社の海外における M&A について調査を行い，クロスボーダー案件の成功確率は57％であった，と結論づけている。彼らは，M&A の成功の定義を案件の規模に応じて使い分けている。まず，買収側企業の市場価値の20％を上回る M&A については，買収側企業の株主資本利益率と総資産利益率を中心とした業績が維持ないし改善されたことを成功と定義し，それよりも小さめの M&A については，そのリターンが買収側企業の資本コスト以上となったことを成功と定義している。

　調査結果から，クロスボーダー案件で成功するためには，買収側企業と同じ事業を行っている企業を対象とすること，業績の良い企業を対象とすること，競争優位性に関連するビジネスシステムの重要な要素に集中的に注意を払うこと，という3つが重要であると述べている。

2．日本企業の IN-OUT M&A に関する研究
（1）松田の研究

　松田（1992，pp.84-86）は，日本企業が米国企業に対して行った M&A に関

する調査をもとに，M&Aの実行にあたって注意すべき点として以下の2点を挙げている。
① 目的の明確化
　　実行するM&Aの戦略の中での位置づけを明確にすることが重要であり，それによってターゲット企業の発掘や日常的な情報収集が可能になる。
② ターゲット企業に対する十分な調査
　　調査すべきポイントとしては，人材とその再配分の可能性を意味する人的経営資源，設備や研究開発体制及び販売チャネルを意味する物的経営資源，グループ企業まで含めた情報管理体制等を意味する情報経営資源などを挙げている。

(2) 大前の研究
　大前は，海外でのM&A案件の成功要因について，いくつかの研究発表をしている。
1) 1981年に発表した，日本企業の米国企業に対するM&Aについての研究
　粟野・大前（1981）は，米国企業に対するM&Aを行った日本企業約100社に対する実態調査に基づいて，約70%の企業が業績不振であると指摘している。その上で，米国企業のM&Aの状況をもとに，M&Aの進め方に関連する以下のようなポイントを挙げている。
① ターゲット企業の分析
　　内部資料の入手や業界関係者へのインタビューなどによる「財務上の分析」，ブランド・品質・販売力・設備の状況・経営者の能力などに関する「非財務上の分析」，過去のM&Aの経緯を参考にしてM&Aの実現可能性を検討する「成長の過程」という3点について分析を実施することが必要である。
② ターゲット企業の評価
　　当初の評価については投資銀行に相談し，詳細な評価については内部情報に基づいて公認会計士に依頼することが望ましく，評価方法については，DCF法を中心に感度分析も行うことが重要である。

③　外部機関の活用

　　M&Aに経験のある専門家を動員することが重要であり，具体的には資金調達面では公認会計士，買収金額の交渉や取引条件の設定には投資銀行，また法律問題は弁護士といったチームで進めていくことが望ましい。

④　M&Aのための6段階アプローチ
- a)　M&Aの目的を明確にして，M&Aの対象企業の条件を決定する。
- b)　a)で挙げた定性的定量的な条件をもとに，候補となる企業を選択する。
- c)　候補企業を5～10社程度に絞り込むために，公開情報やインタビューなどの定性的なデータをもとに企業分析を行う。
- d)　相手企業とのコンタクトと交渉の戦略を練る。
- e)　実際の取引を開始する。

　　　投資銀行，弁護士，公認会計士，自社のM&Aスタッフの4者が密接に連絡をとり，交渉と価格設定を行うことが望ましい。M&A作業，交渉のロードマップを作成し，複雑な法律的な文書は事前に準備しておくことが望ましい。

- f)　M&A実行後は，相互共働関係確立のために，必要な場合は経営者の交代を含む組織変更を行う。

　　　優秀な経営者がいる企業を選び，できるだけ現地のトップをそのまま雇用することが望ましい。

⑤　M&Aのための本社組織体制

　　迅速な意思決定機構が必要であり，その意味では，オーナー経営者がいる企業の方がM&Aを実行しやすい。オーナーがいない日本の大企業では，M&A実行のための組織体制を確立することとトップマネジメントのコミットメントを強めておくことが重要である。

２）生産会社のM&Aについての見解

　大前（1981）は，上記の論文（粟野・大前，1981）で取り上げた調査をもとに，別の論文の中で，輸出代替を目的とした生産会社のM&Aを成功させるのはきわめて難しいと結論づけ，成功している企業の共通項として以下の6つのポイントを挙げている。

① グリーンフィールドに建てている。
　新鋭設備は自ら建設している。
② 工場のフィロソフィーが本国と類似している。
　工場の操業の理念や手順を日本とできるだけ同じにしておき，トラブルが起きても対応できるようにしている。
③ 直統合が進んでいる。
　最終組み立てだけでは相手とコスト構造上差別化ができず，持続的に業績を挙げられない。
④ 非価格競争力をもっている。
　ブランドや設計力などによる商品力やユニークさをもっている。
⑤ よその国での経験が豊かである。
　異文化の中で，自社の理念や経営のスタイルがどの程度通用するのかが重要である。
⑥ 海外担当者が長続きする。
　魅力のある個人がいれば，優秀な現地人が長く保持される。

また，これらのポイントは製造業を想定したものであるが，①は新規の設備投資全般にあてはまり，④～⑥は現地販売会社の運営や商社，銀行，あるいはサービス業のM&Aにもあてはまるものである。

さらに，大前は，M&Aを成功させるためのポイントとして，以下のような点を挙げている。

① M&Aのノウハウを研究し，修得する。
② M&Aの目的を明確にして，自分で候補企業を選定する。
③ 代替案をよく比較検討する。
③ 企業の中で，あまり特殊部落化した部門に検討を任せない。
④ いざとなったときには，救済に乗りこめるだけの人材は確保しておく。
⑤ 適正価格でM&Aを行う（また，不要な付帯設備は買わない）。
⑦ 優秀な現地人材が逃げ出さないように価値観や報酬制度に注意する。
⑧ 本国とのインターフェースを明確にし，どの部門が究極的に経営責任をもつのかをはっきりさせる。
⑨ 現地販売組織との関係を明確にし，できれば製造から販売，サービスに

至るまで，スルーした形でものが見えるようにする。
⑩　トラブルが発生したときに電話とテレックスで解決しようとしない。
⑪　現地競争相手とコスト構成上必ず差別化できていることを常に確認しておく（すなわち，真の戦略思考をしていく）。
⑫　現地に徐々に生産技術や設計などの機能を移していく。

3）1990年に発表した日本企業の海外でのM&Aについての研究

　大前（1990）は，上記の論文から約10年経過した1990年に，マッキンゼー社の調査に基づき，日本企業の海外でのM&Aの成功確率はわずか5％に過ぎない，と指摘している。その中で，成功する確率が低い理由として，①ターゲット企業の選定方法がずさんであり，持ち込まれた案件を受け身の姿勢で買わされることが多いこと，②ターゲット企業の評価システムがしっかりしておらず，M&A技術が拙劣であり，相手の言い値で買ってしまうことも多いこと，という2つを挙げている。

　また，M&A実行後の問題として，3年間ほど現地にマネジメントを任せきってしまい，必要な改善策をとるタイミングを失ってしまうことを挙げている。それを避けるためには，M&A実行後のマネジメントのプログラムを作り，5年間ほどは当初の方針を変更せず，必要ならば人材の派遣などさまざまなサポートをすることが重要であるとし，信賞必罰の業績評価制度を導入して公平な人事評価を行い，能力のある人材を登用することが望ましい，としている。さらに，M&A経験の共有化があまりなされていない，という問題も指摘している。

　さらに大前は，M&Aの成功要因として，実行前におけるM&Aの方針の明確化，徹底した調査，M&A実行後のフォローの3つを特に重要だとしている。1）や2）で取り上げた10年前の論文に比較すると，M&Aのステップの全般にわたるポイントを挙げている。

4）1992年のEC統合を前提としたM&Aの特徴についての研究

　大前（1990）は，1980年後半に行われた，92年のEC統合を前提としたM&Aの特徴についてもまとめている。

　彼が挙げている点は，①自分の弱い地域，より大きな地域で大きな市場シェアをもつ企業を対象にすることによって，93年以降単一市場が出現したときに

自社を防御しようとする動きが顕著であったこと，②非EC加盟国の企業が，92年の統合で市場から排除されることを恐れて，積極的なM&A攻勢をかけていたこと，③巨大企業同士の合併が行われたこと[1]，④1つの企業を巡る激烈なM&A合戦が行われたこと，という4つである。大前は，このような経済活動に国境がなくなってくる状態をボーダーレスワールドと呼び，その中で生き残っていくためには，自らが積極的に海外に進出し外で力をつけることが要求される，と述べている。

また，マッキンゼー社の調査報告をもとにして，クロスボーダー案件の成功の鍵として6つの点を挙げている。

① 自分の本業の企業を買うこと
② 地域の有力企業を買うこと
③ ターゲット企業の運営システムの決定的部分に集中すること
　すべてを一度に変えようとはせず，代わりに競争力の維持に決定的な影響を与える部分のみに注力する。
④ スキルを双方に移転すること
⑤ 鍵となるシステムはつぎはぎでいくこと
　システムの統合は大変なので，当初は運営上必要な中心部分だけにする。
⑥ ノウハウをためこむために，繰り返しM&Aを行うこと

内容的には，海外案件はリスクが高いので，本業に関連する優良企業を対象とし，競争優位に関連する部分に注力することが望ましいという，堅実なM&Aを推奨する主張となっている。

第3節　複数の先行研究に共通するM&Aの成功要因

本章では，企業の経営管理と関連が深いM&Aの成功要因を抽出した先行研究を取り上げ，その内容について考察してきた。しかし，抽出された成功要因はかなり幅広く，また研究方法や対象が異なるため，単純に比較あるいはまとめることによって一定の結論を導き出すことは難しい。しかし，複数以上の研

究において成功要因として挙げられているポイントは，相対的に重要性が高いと考えることはできる。したがって本節では，2つ以上の先行研究において共通して挙げられている成功要因を，M&Aの各ステップごとに抽出しまとめていく。

1．全段階を通して

　M&Aの全ステップに関連するもので，2つ以上の先行研究において指摘されていた点は，以下の3点である。

　①　戦略にそって，目的を明確にして実行すべきである。
　　（Kitching, 1967；Porter, 1987；MF, 1990；Anslinger and Copeland, 1996；Aiello and Watkins, 2000；Deloitte Consulting, 2000；松田，1992；粟野・大前，1981；大前，1981；大前，1990）
　②　M&A専門チームを組織すべきである。
　　（Aiello and Watkins, 2000；粟野・大前，1981）
　③　優秀な外部専門家を活用すべきである。
　　（Anslinger and Copeland, 1996；粟野・大前，1981）

2．M&A実行前の段階

　M&A実行前の段階で，2つ以上の先行研究において指摘されていた点は，以下の1点である。

　①　ターゲット企業の選択を厳密に行うべきである。
　　（Kitching, 1967；Anslinger and Copeland, 1996；Aiello and Watkins, 2000；粟野・大前，1981；大前，1990）

3．M&A実行段階

　M&Aの実行段階において，2つ以上の先行研究において指摘されていた点は，以下の2点である。

　①　ビジネス面を中心に十分なデューデリジェンスを行うべきである。
　　（Deloitte Consulting, 2000；粟野・大前，1981；松田，1992）
　②　買収金額の評価を適切に行うべきである。（大前，1981；大前，1990）

4．M&A実行後の段階

M&Aの実行後の段階で，2つ以上の先行研究において指摘されていた点は，以下の4点である。

① 統合を適切に行うべきである。
（統合計画の設定，適度なスピード，企業文化）
（Merrel, 1985；Deloitte Consulting, 2000；大前，1990）

② 適切な経営管理システムを構築すべきである。
（Kitching, 1967；Deloitte Consulting, 2000）

③ 適切な人材の維持・管理を行うべきである。
（インセンティブ，人材流失への対応）
（Drucker, 1981；Anslinger and Copeland, 1996；大前，1981；大前，1990）

④ 適切な経営者に経営させるべきである。
（Kitching, 1967；Anslinger and Copeland, 1996；粟野・大前，1981）

このような結果から，M&Aにおいて重要な点は，全段階を通して，戦略や目的を明確にして実行し，M&A専門チームを組織するとともに，優秀な外部専門家を活用すること，実行前の段階では，ターゲット企業の選択を厳密に行うこと，実行段階では，ビジネス面を中心としたデューデリジェンスと買収金額の評価をしっかり行うこと，実行後の段階では，統合，経営管理システムの構築，また人材の維持・管理を適切に行い，優秀な経営者に経営させること，といった点が挙げられる。

また，一方で各先行研究において指摘された成功のための要因をM&Aの各段階の中で位置づけてみると，実行後の段階に関連するポイントを最も多く挙げていたものが，キッチング（Kitching, 1967），ドラッカー（Drucker, 1981），メレル（Merrel, 1985），デロイトコンサルティング（Deloitte Consulting, 2000），大前（1981；1990）と比較的多くなっている。これから考えると，相対的には実行後の段階の重要性が高いと考えられる。

また，海外企業を対象とするM&Aに特有な成功要因としては，企業文化や地域の違いから成功のためのハードルが高くなるため，より強く競争優位性に着目することと業績の良い企業を対象にすること（MF, 1990；大前，1990）の2つが挙げられる。

注

1) EC統合に備えたM&Aの中の代表的な例としては，スウェーデン最大の重電メーカーであるアセアとスイスのブラウンボベリとの合併による，ABBの誕生が挙げられる。

第4章
日本企業のM&A実施状況の現状と課題

　第3章では，M&Aの成功要因を検討した先行研究の中から，企業の経営管理と関係が深いものについて，その概要をまとめ，複数の研究において共通して挙げられている成功要因の抽出を行った。ただ，取り上げた先行研究の多くは，海外企業のM&Aを対象としたものであった。しかし本研究は，日本企業が行うM&Aを前提として，それを成功させるための経営管理のモデルを構築することを目的としている。そのためには，日本企業のM&Aの実施状況をもとに検討を加えていく必要がある。

　したがって，本章では，いくつかの機関が行った日本企業に対するアンケート調査と，M&Aを数多く実施している日本企業に対する独自のインタビュー調査をもとに，日本企業のM&Aの実施状況と課題についてまとめていく。その上で，第3章の複数の先行研究に共通する成功要因との関連についてまとめ，一般的な成功要因の中で，日本企業にとって特に重要と考えられる成功要因を特定していく。

第1節　日本企業のM&A実施状況についての先行調査

　2000年以降，日本企業のM&Aの実施状況に関する調査が，いくつかの機関によって行われている。ここでは，その中から，2000年に発表されたデロイトコンサルティングの調査，2001年に発表された野村総合研究所の調査，2003年に発表された中央青山監査法人の調査，という3つの調査をもとに，日本企業

のM&A実施状況と課題をまとめ，その上で第3章において抽出した複数の先行研究に共通する成功要因との関連についてまとめていく。

1．デロイトコンサルティングの調査

監査法人トーマツ・コーポレートファイナンスとデロイトトーマツコンサルティング株式会社は，第3章で取り上げたデロイトコンサルティングの調査（Deloitte Consulting, 2000）をもとに，その対象企業のうち約10%を占める日本企業56社の状況を，調査対象となった全世界の企業540社の状況と比較し，その特徴として，ⓐM&A専門部門をもっていない企業が多いこと，ⓑ統合計画がない企業が多いこと，という2点を挙げている。

その上で，成功への手がかりとして全世界の企業を前提に指摘した10のポイントの中から，日本企業にとって特に重要なものとして，以下の6つを挙げている。それらは，①戦略に忠実であること，②シナジー効果に注目すること，③デューデリジェンスを徹底し他のM&A活動とリンクさせること，④統合に向けた計画や構造を早めに用意してスピードを重視すること，⑤人材流失の問題に早くからこまめに取り組むこと　⑥M&Aのライフサイクル全体を通じてコミュニケーションをとること，という6つである（監査法人トーマツコーポレートファイナンス，デロイトトーマツコンサルティング，2001）。

この調査で指摘されている点を，第3章において抽出した共通する成功要因と関連づけてみる。

まず①と②は，M&Aの戦略や方針に関するものであり，「戦略にそって目的を明確にして実行すべきである」という点と重なり合うものと考えられる。次に，日本企業の特徴として指摘されたⓐのポイントは，「M&A専門チームを組織すべきである」という点と重なり合っている。さらに③は，デューデリジェンスに関連するポイントであり，「ビジネス面を中心に十分なデューデリジェンスを行うべきである」という点と重なり合うものと考えられる。またⓑと④は「統合を適切に行うべきである」と，⑤は「適切な人材の維持・管理を行うべきである」と，それぞれ重なり合っていると考えられる。このように，全体を通してのポイントである⑥を除いて，いずれも第3章の共通する成功要因のうちの5つと重なり合っていると考えられる。

2．㈱野村総合研究所の調査

㈱野村総合研究所（2001）は，日本企業におけるM&Aの実態を客観的に把握するとともに，我が国におけるM&Aの成功要因を明らかにすることを目的として，「日本企業のM&Aに関する調査」と題した調査を実施し，2001年10月にその結果を発表している。

調査対象企業は，調査時点である2001年8月に東証や大証をはじめ日本の証券取引所に上場している3,508社である。それらの企業に対して，各企業の経営企画担当役員及び経営企画部長などを対象に調査を行っている。なお，調査の回収件数は668件で，回収率は19%であった。

主な調査内容は，M&Aの実施状況，実施したM&Aの目的達成度，実施したM&Aの発端，M&Aの目的，M&Aの各プロセスの重要度，M&Aの成否のポイント，M&Aの各プロセスの満足度，M&Aのノウハウ，M&Aの進捗管理，M&Aの判断基準などであった。

この調査結果をもとに，日本企業のM&Aの課題に関連する点を抽出すると以下のようになる。

まず，M&Aの各プロセスの満足度について，M&AのステップをM&A実行前の事業戦略立案から実行後の段階における統合結果の評価までの23の段階に分け，それぞれの段階についての満足度を評価した結果をまとめている。それによると，比較的満足度が低いプロセスとしては，「戦略面と財務面のデューデリジェンス」「バリュエーション」といったM&Aの実行段階のプロセスと，「情報システムの設計・統合」「企業文化・風土の統合」「業績評価システム・管理会計制度の設計・統合」「人事制度設計・統合」といった，M&Aの実行後の段階のプロセスが挙げられている。

また，M&Aについての意思決定に際して明確な基準をもっているか，という質問に対しては，M&Aを実施したことのある企業の中で，72.2%が明確な基準をもっていないと答えている。

上記の結果のうち，M&Aのプロセスの中で比較的満足度が低くなっていたプロセスを，第3章において抽出した共通する成功要因と関連づけてみる。

まず，「戦略面と財務面のデューデリジェンス」は，「ビジネス面を中心に十分なデューデリジェンスを行うべきである」という点と重なり合っており，

「バリュエーション」は「買収金額の評価を適切に行うべきである」という点と重なり合っている。さらに,「情報システムの設計・統合」「企業文化・風土の統合」の2つは,「統合を適切に行うべきである」という点に重なり合っている。また,「業績評価システム・管理会計制度の設計・統合」は「適切な経営管理システムを構築すべきである」という点と,一方で「人事制度設計・統合」は,「適切な人材の維持・管理を行うべきである」という点と,それぞれ重なり合っている。

さらに,比較的多くの企業がM&Aについての意思決定に際して明確な基準をもっていないという点は,M&Aの目的の明確化やターゲット企業の選択の方針に関連する課題と考えられ,「戦略にそって,目的を明確にして実行すべきである」「ターゲット企業の選択を厳密に行うべきである」という2点と重なり合っている[1]。

3. 中央青山監査法人の調査

中央青山監査法人トランザクションサービス部(2003)は,日本の大手企業が直近5年間に行ったM&Aの実態把握とM&Aにおいて必要とされる各種プロセスの実施状況の把握を目的として,M&Aの実態についての調査を行い,その結果を2003年10月に発表している。

調査時点は2003年7月から8月であり,調査対象企業は,全上場企業と生命保険会社(相互会社を含む)及び売上高1,000億円以上の未上場企業の計3,928社である。なお,調査結果の回収件数は415件で,回収率は10.6%となっている。

主要な調査内容は,直近5年間におけるM&Aの実施回数,直近5年間に行われたM&Aの特徴,立案から案件成立までと案件成立後の統合再編状況における満足度,M&Aの各プロセスの実施状況,及び外部機関の活用状況などである。

この調査結果をもとに,日本企業のM&Aの課題に関連する点を抽出すると以下のようになる。

まず,立案から案件成立までと案件成立後の統合再編状況における満足度については,立案から案件成立までのフェーズの満足度よりも案件成立から統

合・再編のフェーズにおける満足度が顕著に低くなっており，このフェーズにおける課題が多いことがうかがわれる。

次に，M&Aの各プロセスの実施状況については，実施したプロセス，重視したプロセス，実施すれば良かったプロセスのそれぞれについて，調査した結果をまとめている。

その中で実施しておけば良かったプロセスとして挙げられたもののうち，実施したプロセス，重視したプロセスよりも高く数値が出たものとしては，「案件の実施／取りやめ判断の基準決定」，「IT・システムのデューデリジェンス」，「企業文化の浸透」，「IT・システムの統合再編」，「業績評価制度の統合再編」，「モニタリング」などが挙げられている。これらは，日本企業がM&A実行後に，実施しなかったために後悔しているプロセスと考えられる。

これらを，第3章の共通する成功要因と関連づけてみる。まず，「案件の実施／取りやめ判断の基準決定」は，「ターゲット企業の選択を厳密に行うべきである」という点と重なり合っていると考えられる。また「企業文化の浸透」「IT・システムの統合再編」の2つは，「統合を適切に行うべきである」という点と重なり合っている。さらに，「モニタリング」「業績評価制度の統合再編」の2つは，「適切な経営管理システムを構築すべきである」という点と重なり合っている[2]。

4．3つの先行調査による日本企業のM&Aの課題と第3章の成功要因との関連

これまで取り上げてきた3つの先行調査の結果をもとに，抽出した日本企業のM&Aにおける課題を，第3章の複数の先行研究において共通する成功要因と関連づけた結果をまとめてみると，表4-1のようになる。

この表から分かるように，第3章の共通する成功要因のうち，3つの先行調査においていずれも共通して課題として指摘されているものは「統合を適切に行うべきである」という点である。さらに，2つの調査において共通して指摘された点は「戦略にそって，目的を明確にして実行すべきである」「ターゲット企業の選択を厳密に行うべきである」「ビジネス面を中心に十分なデューデリジェンスを行うべきである」「適切な経営管理システムを構築すべきである」「適切な人材の維持・管理を行うべきである」という5点である。

表 4-1 複数の先行研究に共通する成功要因と3つの先行調査による
日本企業の課題との関連

複数の先行研究に共通する成功要因	日本企業に対する先行調査		
	デロイトコンサルティング	野村総合研究所	中央青山監査法人
全段階を通して			
戦略にそって、目的を明確にして実行すべきである	＊	＊	
M&A専門チームを組織すべきである	＊		
優秀な外部の専門家を活用すべきである			
M&A実行前の段階			
ターゲット企業の選択を厳密に行うべきである		＊	＊
M&A実行段階			
ビジネス面を中心に十分なデューデリジェンスを行うべきである	＊	＊	
買収金額の評価を適切に行うべきである		＊	
M&A実行後の段階			
統合を適切に行うべきである	＊	＊	＊
適切な経営管理システムを構築すべきである		＊	＊
適切な人材の維持・管理を行うべきである	＊	＊	
適切な経営者に経営させるべきである			

注：＊先行調査の結果によると、十分に行われていないと考えられる項目。

　このように、3つの先行調査をもとに考えると、上記の6点が、M&Aの一般的な成功要因の中で日本企業にとって比較的重要性が高いポイントと考えられる。

第2節　日本企業のM&A実施状況についての独自調査

　第1節で取り上げた3つの機関による日本企業のM&Aに関する先行調査の結果は、基本的には納得できるものである。しかし、調査は他の機関が行ったものであり、さらにそれぞれの調査は、調査項目の選択肢に対して回答する形式を採用しているため、具体的な状況を十分に反映しきれていない可能性もあ

る。そこで，3つの調査結果を自ら検証することと日本企業のより具体的な M&A 実施状況を調査することを目的として，個別企業に対するインタビュー調査を実施した。本節ではその結果をまとめ，それをもとに日本企業の M&A の課題についてまとめていく。

1．調査対象企業の選択基準

インタビュー調査の対象企業の選択は以下の方針で行った。

まず母集団は，M&A 専門誌である『マール』に記載された2000年及び2001年の M&A 活用ランキング（㈱レコフ，2002, p.12）の中で，2年とも上位20社に位置づけられている企業とする。

このように，M&A の実施件数が多い企業を母集団とした理由は，実施件数が少ない企業を選択しても M&A の実施状況に関する情報が得られない可能性が高く，一方で実施件数が多い企業は先進的な仕組みを採用している可能性が高く，結果として日本企業全体の状況を類推できまたその課題も抽出できる可能性が高い，と考えたからである。

さらに，選択された企業のうち M&A の実施状況に特徴がある可能性が高いベンチャー企業とベンチャーキャピタルは除き，さらに財務状況が良好な企業を選択するために，2000年度と2001年度の2事業年度とも経常利益が黒字で，かつどちらかの年度の ROE が5％を上回っており[3]，かつ2002年11月29日時点におけるムーディーズないしはスタンダード＆プアーズの格付けが BBB マイナス以上の企業を対象とすることにした。

このような選択基準を加えた理由は，M&A を数多く実行しながら一定水準の ROE と格付けを維持しているいうことは，過去に実行した M&A が投資効率や財務状況をそれほど悪化させておらず，逆に一定の成果を生み出している可能性が高く，そのような企業の M&A の実施状況を調査することが，M&A を成功させるための経営管理のモデルを構築するという本研究の目的と合致すると考えたためである。

このような母集団と選択基準によって5社が抽出されたが，さらにその中から大型案件の実施状況などを鑑み，比較的大型の M&A 案件を手掛けている総合商社 A 社，総合商社 B 社，製造業 C 社の3社を調査対象として選択した。

2．調査内容

　第2章でまとめた M&A のステップに基づいて，M&A 実行前の段階，M&A 実行段階，M&A 実行後の段階という3つの区分にしたがい，また，各ステップにまたがるポイントについては全段階をまとめて，M&A の実施状況についてインタビューを行うこととした。具体的には，第3章第3節でまとめた複数の先行研究に共通する M&A の成功要因を参考にして，以下のような点について調査を行った。

① 全段階を通して
　戦略と M&A 方針のすりあわせの状況
　M&A 実行のインフラの状況
② M&A 実行前の段階
　ターゲット企業の選択の状況
③ M&A 実行段階
　デューデリジェンスの実施状況
　買収金額の評価の実施状況
　交渉と契約締結の状況
④ M&A 実行後の段階
　統合の状況
　経営管理システムの状況
　人材の維持・管理の状況

3．3社の M&A 実施状況についての調査結果

　3社の M&A 実施状況に関するインタビュー調査の結果は以下のとおりである。なお，インタビューは M&A 専門部門の方に対して行っている。その理由は，3社のような大企業においては，全社における M&A の状況についてはその全体のコーディネートを担当している M&A 専門部門の方が全体の状況を把握している可能性が高い，と考えたからである。

(1) 総合商社 A 社の M&A 実施状況

　以下の内容は，2002年6月に A 社の M&A 専門部門のマネジャーである a

氏とアシスタントマネジャーである aa 氏に対して行ったインタビューをもとにしている[4]。

1）全段階を通して

a）戦略と M&A 方針のすりあわせの状況

戦略との整合性は基本的に重視しているが，戦略にそっていなくても事業として魅力のある案件であれば対象とする方針をとっている。

b）M&A 実行のインフラの状況

M&A の専門部門を2001年の4月に発足させた。メンバーは5名で，その中には M&A アドバイザリー業務の経験のある転職者2名を含め，財務，金融，営業などの経験があるメンバーが含まれている。また，各事業部にも通常の業務との兼務で M&A 業務を担当するメンバーが存在する。

また，M&A 専門部門は，M&A 案件の発掘から，外部のアドバイザー・法律事務所・会計事務所などのコーディネートとデューデリジェンスのとりまとめを中心とした業務を行っている。また，社内の M&A アドバイザー的な位置づけにもなっており，取引先の M&A の相談にものることもある。

さらに，ノウハウの共有化のために，2001年末に M&A のマニュアルを作成している。内容は，基本的な M&A の進め方，デューデリジェンスの実施方針や注意事項，買収金額の算定方法，M&A ストラクチャーの選択[5]，法務・税務の注意事項などである。

2）実行前の段階

a）ターゲット企業の選択の状況

案件の情報の入手先としては，社内の経営陣や事業部のネットワーク，投資銀行や金融機関の紹介，事業で関連のある顧客や供給業者の紹介をはじめ，さまざまなルートを使っている。しかし，実際に実を結ぶ確率が高いものは，社内の経営陣や事業部のネットワークをもとにしたものと，付き合いの長い取引先や同業者から直接もちこまれた案件である。また，社外からの紹介案件は入札になるケースが多い。

また，M&A のターゲットの選択について全社的な基準は特に設定していない。あえて挙げると，カントリーリスク程度である。

3）実行段階

a）デューデリジェンスの実施状況

デューデリジェンスは，リスクを確認しそれを契約書に盛り込んでいくことを目的として実施している。

具体的には，法律・会計面についてのデューデリジェンスは，法律上のリスクの回避，特許などの知的財産の確保状況の確認，財務状況の確認，税務上のリスクの回避と状況の把握，M&Aの形態の選択や買収金額算定の参考情報の入手を目的として，法律事務所や会計事務所に依頼し，必ず実施している。さらに，環境面やシステム面については，案件に応じて実施している。

ビジネス・デューデリジェンスは，現状の把握という観点を中心に，社内メンバーで行っている。

また，デューデリジェンスを実施する際には，キックオフミーティングや必要に応じたミーティングによって情報を共有するようにしている。

b）買収金額の評価の実施状況

買収金額の評価は，DCF法，類似会社比準法，時価純資産法[6]の3つの方法を案件に応じて併用して行っている。ただ，時価純資産法を使うケースは少ない。

また，DCF法については，地域あるいは事業分野ごとに設定しているWACC[7]をもとに，シナリオ分析[8]を行っている。具体的にはシナリオと割引率[9]でそれぞれ3×3のマトリックス[10]を作成している。その際シナジー効果については，売上の増加とコストダウンなどを考慮している。

また，類似会社比準法では，主にEBIT[11]，EBITDA倍率法[12]，PERを使っている。

c）交渉と契約締結の状況

外部のアドバイザー[13]は依頼しない場合が多い。その理由は，社内に知識や経験のあるメンバーが十分いるためである。外部のアドバイザーに期待していることは，株価評価の依頼，事務作業の外注，第三者としての客観的な評価，海外案件における現地の市場や法律・会計制度についての知識経験の不足の補填などである。

4）実行後の段階

a）統合の状況

通常はターゲット企業と接触をはじめる段階から検討をはじめる。また，1〜2年程度の期間をかけて行うことが多い。さらに，事業部の責任者が統合の責任者を兼ね，各事業部が統合の主導権を握っている。また，事業面の融合を図るため戦略会議を開催している。

統合する部分は事業内容に応じて決めており，必ず統合を行う部分が決まっているわけではない。

b）経営管理システムの状況

業績評価は，企業グループ全体として資本コストを考慮した業績評価指標をもとに行っており，ターゲット企業を特別扱いはしていない。

また，買収金額算定の基礎となった事業計画は，M&Aによって獲得した事業の業績評価のために事業部単位で自主的に利用している程度であり，それほど活用していない。

c）人材の維持・管理の状況

一部の案件で例外的に，成果主義的なインセンティブシステムやストックオプションを導入したことがある。

(2) 総合商社B社のM&A実施状況

以下の内容は，2002年6月に，本社のM&A専門部門の部長であるb氏と課長であるbb氏に対して行ったインタビューをもとにしている[14]。

1）全段階を通して

a）戦略とM&A方針のすりあわせの状況

戦略との整合性は非常に重視しており，すべての案件を中期経営計画に基づいて検討委員会で検討し，実行の適否を判断している。また，各事業部が独自に実行する案件についても，事業部門の戦略との整合性は重視させている。

なお，最近は選択と集中を推進する中期計画を実行中であり，資産圧縮を目的とした売却案件が多くなっている。

b）M&A実行のインフラの状況

M&Aの専門部門がM&A全般を統括している。メンバーは12名で，北米に

1名，アジアに1名，日本に10名という構成である。北米の担当者は，主にバイオ系のファンドを担当しており，米国西海岸に駐在している。メンバーの中には，M&Aアドバイザリー業務の経験がある転職者や，財務，金融，営業，グループ企業の経営などさまざまな経験のあるメンバーが含まれている。また，各事業部門にも兼務でM&Aを担当するメンバーが50名程度いる。

また，M&A専門部門は，M&A案件の発掘から，外部のアドバイザー・法律事務所・会計事務所などのコーディネートとデューデリジェンスのとりまとめ，さらには統合段階での支援やノウハウの共有化の支援なども行っており，幅広く活動している。

さらに，ノウハウの共有化という意味で，80年代後半から徐々に準備して95年にマニュアルを作成している。デューデリジェンスの実施方針や注意事項，また買収金額の算定方法などが内容の中心であり，適宜改訂している。また，文書化が難しいものについては研修などで補い，いわゆるナレッジマネジメントには気を使っている。また，法務と税務のマニュアルも作成している。

2）実行前の段階

a) ターゲット企業の選択の状況

案件の情報の入手先については，社内の経営陣や事業部のネットワーク，投資銀行や金融機関の紹介，事業で関連のある顧客や供給業者の紹介をはじめ，さまざまなルートを使っている。しかし，実際に実を結ぶのは，社内の経営陣や事業部のネットワークをもとにしたものと，付き合いの長い取引先や同業者から直接もちこまれた案件が多い。逆に外部からの紹介案件は，数は多いものの実を結ばないケースが多い。

また，M&Aのターゲットの選択について全社的な基準はなく，各事業部に任せている。

3）実行段階

a) デューデリジェンスの実施状況

法律・会計面については，法律上のリスクの回避，特許などの知的財産の確保状況の確認，財務状況の確認，税務上のリスクの回避と状況の把握，M&Aの形態を選択するための参考情報の入手を目的として，法律事務所や会計事務所に依頼し必ず実施している。

さらに，米国では環境面については必ず外部の専門家に依頼して実施している。また，システムについては必要に応じて実施している。

　また，ビジネス・デューデリジェンスは，現状の把握やリスク面を中心として，社内の担当者が行うことが多い。しかし，M&Aの案件として検討する前から知っている企業が対象になる場合が多いので，実際にはあまり行う必要がないケースも多い。ただ，その事業に詳しい者が社内にいない場合には，外部のコンサルタントに依頼して実施することもある。

　デューデリジェンスの実行時には，相手方への対応の仕方も含め，定期的にミーティングを行い情報を共有している。

b）買収金額の評価の実施状況

　買収金額の評価は，DCF法，類似会社比準法，時価純資産法の3つの方法を，案件に応じて併用して行っている。そのうちDCF法については，地域あるいは事業分野ごとに割引率を設定し，シナリオ分析を行っている。その際シナジー効果については，コストダウン，資産圧縮，資本コストの低下などについて考慮している。また，類似会社比準法では，主にEBITDA倍率法を使っている。さらに，リアルオプション法[15]も案件によって利用している。

c）交渉と契約締結の状況

　外部のアドバイザーを使うケースは，案件全体の20％から30％程度であり，相手先から直接もちこまれた案件の場合は，アドバイザーは依頼せずに実行している。外部アドバイザーにあまり依頼をしない理由は，社内に知識や経験のあるメンバーが十分いるためである。ただ，売却案件の場合には，広く候補企業を募るなど有利な面があるので，必ず依頼している。また，アドバイザーに期待していることは，M&Aのノウハウの入手，事務作業の外注，第三者としての客観的な評価，価格などの条件が折り合わないときの仲介あるいは仲裁役などである。

4）実行後の段階

a）統合の状況

　通常は基本合意書締結の段階から検討をはじめる。また，それぞれ日本では1～2年程度，米国では3～6ヶ月程度の期間をかけて行うことが多い。具体的には，専任の統合責任者を決め，彼を中心に統合委員会を設置して進めてい

く。

統合する部分は事業内容に応じて決めており、必ず統合を行う部分が決まっているわけではない。

b）経営管理システムの状況

業績の評価は、企業グループ全体として利益金額とリスクを考慮した資産利益率[16]をもとに行っており、ターゲット企業を特別扱いはしていない。また、戦略実現への定性的な貢献度や他の取引への付加価値の有無も検討している。

また、買収金額の評価の際に作成した事業計画は、M&Aによって取得した事業の業績評価のためにシステム化して利用している。しかし、あくまでも自主的な管理のために用いている。

c）人材の維持・管理の状況

ポジション、処遇、役割などは早めに知らせるとともに、主要な経営幹部のM&A実行後の担当業務は早めに明確にしている。

(3) 製造業C社のM&Aの実施状況

以下の内容は、2002年5月に、本社のM&A専門部門のc氏に対して行ったインタビューをもとにしている[17]。

1）全段階を通して

a）戦略とM&A方針のすり合わせの状況

戦略との整合性については、各事業部門などからボトムアップで出てきた案件については基本的に重視しているが、トップマネジメント主導の案件については、必ずしも戦略との整合性がなくても実行することがある。

具体的には、既存事業と関連する成長分野を中心に、デファクトスタンダードを押さえるなど業界構造を有利に導くことと、規模の拡大によりコストダウンを図ること、という2つが目的となる場合が多い。

b）M&A実行のインフラの状況

M&Aの専門部門が中心となって、M&A案件を推進している。メンバーは5名で、そのうち管理職が2名、さらに5名中3名が金融機関出身者であり、そのうちさらに1名がM&A業務の経験がある。

また、M&A専門部門は、主に、外部のアドバイザー・法律事務所・会計事

務所などのコーディネートとデューデリジェンスのとりまとめを行っている。なお，将来的にはM&A案件の発掘や提案もしていきたいと考えている。

　さらに，ノウハウの共有化という意味では，M&Aマニュアルを作成した方がいいと考えているが，現時点では作成していない。ただ，過去実施したM&Aについての情報は，役員会での検討資料を中心に保管し共有している。

2）実行前の段階

a）ターゲット企業の選択の状況

　案件の情報の入手先については，社内の経営陣や事業部のネットワーク，投資銀行や金融機関の紹介，事業面で関連のある顧客や供給業者の紹介をはじめ，さまざまなルートを使っている。しかし，実際に実を結ぶのは，社内の経営陣や事業部のネットワークをもとにしたものが多い。これは，C社の業務分野が広いため，投資銀行などがとりあえず何でもC社へもちこもうとしている可能性があることや，C社側でもM&Aの方針などを明確にしていないことが影響している，と考えている。

　また，M&Aのターゲットを選択する場合には，事業領域，買収金額の大きさ，特許などの知的財産の確保状況の3つは必ず検討しており，案件によっては，それに加えて，事業展開の地域や持ち株比率も検討している。一方で業績については，業績の良い企業は通常なかなか売却されることはないので，選択肢を広げるために，業績良好な企業だけを対象とするといった条件はつけていない。

3）実行段階

a）デューデリジェンスの実施状況

　デューデリジェンスは，リスクの確認と価格や契約へ反映するものの有無の確認を目的として行っている。

　具体的には，法律・会計面については法律上のリスクの回避，特許などの知的財産の確保状況の確認，財務状況の確認，税務上のリスクの回避と状況の把握を目的として，法律事務所や会計事務所に依頼し，必ず実施している。環境面とシステム面は，必要に応じて実施している。なお，環境面については社内の担当者が実施しているが，システム面については，社内の担当者が行うケースと外部に依頼するケースと両方ある。

ビジネス・デューデリジェンスは，社内に深く入り込むことはできないので，実質的には経営者をトップミーティングで評価する程度となっている。

さらに，デューデリジェンスを行う際には，担当役員，担当事業部，M&A専門部門，会計士，弁護士でキックオフミーティングを行い，さらに実施期間中は2日に1回程度は状況確認のためのミーティングを行っている。

b）買収金額の評価の実施状況

買収金額の評価は，DCF法，類似会社比準法，時価純資産法の3つの方法を併用して行っている。ただ，時価純資産を使うことはあまりない。DCF法については，シナリオと，地域あるいは事業分野毎に設定しているWACCをもとにシミュレーションを行い，評価金額の範囲を計算している。その際シナジー効果については，コストダウンを考慮に入れている。

また，大型案件については，リスクヘッジも考えて，買収金額の評価を投資銀行ないしは会計事務所に依頼している。

c）交渉と契約締結の状況

投資銀行などのアドバイザーについては，依頼するケースもあるが，直接交渉することが多い。

アドバイザーを依頼するメリットはあまり感じていないが，依頼する場合に期待していることは，法務面の事務作業の外注と，大きな案件についての第三者としての評価などである。なお，ターゲット企業がアドバイザーを依頼する場合には，対抗上依頼することが多い。

4）実行後の段階

a）統合の状況

統合を意識しはじめるのは，本社スタッフ部門ではデューデリジェンスの段階から，事業部門ではデューデリジェンスあるいは契約交渉の段階からである。また，本社は絶えず冷静に検討しているが，事業部門では，M&Aのステップが進むと，ポジションや主導権などをかなり意識するようになることが多い。

また，具体的な統合については，M&A実行後1～2年の間に，人（企業文化）と財務データの集計と管理，またコンピュータシステムを中心に行うことが一般的である。それ以外の部分の統合は，事業内容に応じて決めている。

統合の責任者には，金額的に大きい案件ではCFO，小さい案件では財務部門のリーダーが非常勤で就任している。ただ，各案件毎に企業に深く入り込むような統合の支援は行ってはいない。なお，事業部門がコンサルティング会社に統合の支援を依頼することもある。

さらに，M&A実行後の経営陣については，ブレークスルーを目的とするのであれば変えた方がよく，時間を買うのであれば現行の経営陣の方が望ましい，と考えている。

b）経営管理システムの状況

業績の評価は，企業グループ全体として利益金額と資本コストを考慮した業績評価指標をもとに行っており，ターゲット企業を特別扱いはしていない。

また，買収金額の評価の基礎となった事業計画は，実行後に経営管理部門でフォローされているが，実際には参考程度となっている。

c）人材の維持・管理の状況

M&A実行後の人材に関する問題については，人事部門は質問に答える程度で，基本的には受身の対応をしている。また，非常に例外的ではあるが，成果主義的なインセンティブシステムを導入するケースがある。

4．調査結果からみた日本企業のM&A実施状況と課題

上記の3社に対するM&A実施状況についてのインタビューの結果をまとめると，以下のようになる。

1）全段階を通して

a）戦略とM&A方針とのすり合わせの状況

戦略との関連性については，B社が中期経営計画にそったもののみを対象としているのに対して，A社とC社では必ずしも戦略にそっていなくても事業として魅力のある案件であれば検討する方針をとっており，柔軟に対応している。これは，A社は幅広い業務を行っている商社であること，またC社も環境の変化の激しい事業が中心となっていることが理由と考えられる。

しかし，戦略との整合性は，M&A実行の大前提なので，A社とC社はその面ではやや課題があると考えられる。

b）M&A 実行のインフラの状況

3社とも M&A の専門部門をもっている。日本企業の中で M&A 専門部門をもっている企業は非常に少数であり[18]、M&A 専門部門をもっているこの3社は、M&A の実施体制についてはかなり先進的であるということができる。

また、M&A 専門部門のメンバーの中には、3社とも外部からの転職者が含まれており、また M&A の経験のある者や財務に強いメンバーが比較的多く含まれている。

さらに、専門部門の担当業務は案件の発掘からクロージングまでが中心となっており、その後の統合は各事業部門が主に担当している。なお、C社では M&A 対象企業の発掘は現状では行っておらず、今後の課題ということである。

また、A社とB社はマニュアルを作成しており、C社も過去実行した案件のデータの共有化を行うなど、この3社はある程度ノウハウの共有化を進めている。

2）実行前の段階

a）ターゲット企業の選択の状況

案件の入手については3社ともさまざまなルートを活用しているが、結果として社内の経営者や事業部のネットワークから出てきた案件や、過去から関連のある企業から直接もちこまれた案件が多くなっている。このようにして入手した案件の対象企業については、事前にかなり情報をもっている可能性が高く、結果としてこれがリスクヘッジにつながっていると考えられる。

一方で、M&A のターゲット企業の選択については、C社は、選択にあたって一定の条件を挙げているものの、A社とB社は基本的に条件をつけていない。A社とB社は総合商社であることから、幅広く候補を考えていることが理由とも考えられるが、対象分野や持ち株比率などについて一定の方針は必要だと考えられ、この点についてはやや課題があると考えることができる。

3）実行段階

a）デューデリジェンスの実施状況

3社とも、会計面と法律面については必ず実施しており、環境面とシステム面は業種によって重要度が違うため、必要に応じて実施している。

表4-2 日本企業3社のM&A実施状況のまとめ

インタビュー項目		A社（商社）	B社（商社）	C社（メーカー）
①全段階を通して	戦略とM&A方針のすり合わせ	戦略との関連性は重視するが関連性が薄い場合も検討する。	戦略との関連性は厳密に判断している。	戦略との関連性は重視するが関連性が薄い場合も検討する。
	M&A実行のインフラ	M&A専門部門がある。（案件発掘からクロージングまでを担当）M&Aマニュアルがある。	M&A専門部門がある。（案件発掘からクロージングまでを担当）M&Aマニュアルがある。	M&A専門部門がある。（案件の事前調査からクロージングまでを担当）M&Aマニュアルはない。
②実行前の段階	ターゲット企業の選択	幅広く情報収集しているが、社内関係者の紹介案件が実行されることが多い。選択基準は基本的になし。（商社なので幅広く考えている）	幅広く情報収集しているが、社内関係者の紹介案件が実行されることが多い。全社的な選択基準はなし。（商社なので幅広く考えている）	幅広く情報収集しているが、社内関係者の紹介案件が実行されることが多い。選択基準は事業領域、知的財産の確保状況などがいくつかある。
③実行段階	デューデリジェンス	法律・会計は必ず実施。環境・システムは必要に応じて実施。ビジネス面は社内メンバーによる現状確認程度。	法律・会計は必ず実施。環境・システムは必要に応じて実施（米国では課税は必ず実施）。ビジネス面は社内メンバーを中心に現状とリスクの確認程度。	法律・会計は必ず実施。環境・システムは必要に応じて実施。ビジネス面はトップミーティングによる経営者評価が中心。
	買収金額の評価	DCF法、類似会社比準法（EBITDA、EBIT、PER）が中心。	DCF法、類似会社比準法（EBITDA、EBIT、PER）が中心。	DCF法、類似会社比準法（EBITDA、EBIT、PER）が中心。
	交渉と契約締結	外部アドバイザーは必要に応じて依頼する。	外部アドバイザーは必要に応じて依頼する。	外部アドバイザーは必要に応じて依頼する。
④実行後の段階	統合	1〜2年程度で行うことが多い。各担当事業部に任されている。統合の対象は特に決めてはいない。	1〜2年程度で行うことが多い（米国は3〜6ヶ月）。専任の統合担当者を決め、統合委員会を設置して進めていく。統合の対象は特に決めてはいない。	1〜2年程度で行うことが多い。大型案件では財務部門担当者が非常勤で関与し、それ以外は各担当事業部に任せている。企業文化は各担当事業者の集計と管理できる限り統合している。
	経営管理システム	業績評価基準は全社共通。評価の際の事業計画は、各事業部が自主的に活用。	業績評価基準は全社共通。評価の際の事業計画は、自主管理に活用。	業績評価基準は全社共通。評価の際の事業計画は、経営管理部門で参考程度に利用。
	人材の維持・管理	例外的に成果主義的なインセンティブシステムを採用。	処遇や担当などは早めに知らせている。	基本的に受身で対応、例外的に成果主義的なインセンティブシステムを採用。

第4章　日本企業のM&A実施状況の現状と課題　71

一方でビジネス面については，社内の担当者が実施することが多く，ビジネスの現状や，経営者の能力をインタビューで確認する程度ということであり，あまり深く一定の水準で行うような仕組みや体制をもっているわけではない。しかし，このように，ビジネス・デューデリジェンスがあまり詳細に行われてない背景には，3社とも実行している案件の多くが，社内あるいは関連のある企業からもちこまれたものであり，事前にかなり情報をもっているということもあると考えられる。

ただ，ビジネス面の状況は，M&Aの成否に大きな影響を与えると考えられるので，それに関するデューデリジェンスを深く一定の水準で行う仕組みがなく，またそれ自体もあまり行われていないという点については，課題があると考えられる。

b) 買収金額の評価の実施状況

買収金額の評価方法については，3社とも主にDCF法と類似会社比準法を利用している。具体的な方法も基本的にはかなり重なり合っている。

c) 交渉と契約締結の状況

3社とも，M&Aの経験が豊富で，M&A専門部門をもち，人材を含めたM&Aのノウハウもかなりあるためか，アドバイザーに対するニーズはあまり高くはない。また，期待している点も，事務作業の外注や第三者による客観的な評価が中心となっている。

4) 実行後の段階

a) 統合の状況

統合を意識しはじめるタイミングは，A社は接触をはじめる前，B社は基本合意書締結段階，C社ではデューデリジェンス段階と3社とも違っていたが，少なくとも実際の統合段階よりかなり前の段階である。

また，統合にかける期間は3社とも通常1～2年ということであり，ある程度余裕をもって統合を行っている。

さらに，統合する業務については，C社では，必ず統合するものとして，企業文化と財務データの集計と管理を挙げている。一方で，A社とB社では，商社として幅広い案件を対象にするためか必ず統合するものはなく，統合する部分はすべて案件ごとに検討している。これは，それぞれ事業の特徴が反映さ

れた結果と考えられる。

　一方で，具体的な統合のリードは，A社では担当事業部の責任者が兼務で担当し，C社では財務担当者が非常勤で担当しているのに対して，B社では専任の統合責任者を決めて担当させている。しかし統合をスムーズに進めるためには，専任の統合責任者を置いているB社の方法が理想的であり，この点についてはA社とC社は課題があると考えられる。

　b）経営管理システムの状況

　3社ともM&A実行後の業績評価は，全社共通の資本コストとリスクを考慮した業績評価指標をもとに行っている。

　一方で，M&Aの実行段階において買収金額の評価のために作成した事業計画は，M&A実行後においては，事業部門が一部自主的な管理に利用しているものの業績管理に結びつけられていない。結果として，実行段階の買収金額の評価結果がその後の統合段階と切断されてしまっており，この点については課題があると考えられる。

　c）人材の維持・管理の状況

　人材管理については，A社とC社が一部の案件で成果給を導入するケースがあることを挙げていたことと，B社が主要な経営幹部のポジションを早めに知らせることを心がけていることが目立った点であった。それ以外には，3社とも特別なことは実施していない。

　しかし，インセンティブを与えるための施策が一部でしか導入されていないことについては課題があると考えられる。

5）3社におけるM&Aの課題と第3章の共通成功要因との関連

　日本企業3社に対するM&A実施状況に関する調査において導き出された課題を，第3章の複数の先行研究に共通する成功要因と関連づけてみると，以下のようになる。

　まずA社とC社において，戦略との整合性がなくても一部のM&A案件を実行しているという点は，「戦略にそって，目的を明確にして実行すべきである」という点と重なり合っている。次に実行前の段階で，A社とB社がターゲット企業の選択にあたって条件をつけていないことは，「ターゲット企業の選択を厳密に行うべきである」という点と重なり合っている。さらに実行段階

で，3社すべてが，ビジネス・デューデリジェンスを一定の水準で行うような仕組みをもっておらず，さらにあまり深く実施していないことは，「ビジネス面を中心に十分なデューデリジェンスを行うべきである」という点と重なり合っている。また，実行後の段階で，A社とC社が，統合を専任で担当するような仕組みをもっていないことは，「統合を適切に行うべきである」という点と重なり合っている。また，3社すべてが，バリュエーションの前提となった事業計画を，その後の業績評価において十分活用していないことは，「適切な経営管理システムを構築すべきである」という点と，やや間接的ではあるが重なり合っている。さらに，実行後の段階で，3社すべてが，M&A 実行後にインセンティブを与えるような施策をあまり採用していないことは，「適切な人材の維持・管理を行うべきである」という点と重なり合っている。

表 4-3　複数の先行研究に共通する成功要因と，独自調査による日本企業 3 社の課題との関連

複数の先行研究に共通する成功要因	日本企業3社に対する独自調査		
	総合商社 A社	総合商社 B社	製造業 C社
全段階を通して			
戦略にそって，目的を明確にして実行すべきである	＊		＊
M&A 専門チームを組織すべきである			
優秀な外部の専門家を活用すべきである			
M&A 実行前の段階			
ターゲット企業の選択を厳密に行うべきである	＊	＊	
M&A 実行段階			
ビジネス面を中心に十分なデューデリジェンスを行うべきである	＊	＊	＊
買収金額の評価を適切に行うべきである			
M&A 実行後の段階			
統合を適切に行うべきである	＊	＊	＊
適切な経営管理システムを構築すべきである	＊	＊	＊
適切な人材の維持・管理を行うべきである	＊	＊	＊
適切な経営者に経営させるべきである			

注：＊独自調査の結果によると，十分に行われていないと考えられる項目。

このような関係をまとめると表4-3のようになる。

この表から分かるように，第3章の複数の先行研究に共通する成功要因のうち，独自調査の対象となった3社すべてに課題としてあてはまるものは4つある。それらは，「ビジネス面を中心に十分なデューデリジェンスを行うべきである」「統合を適切に行うべきである」「適切な経営管理システムを構築すべきである」「適切な人材の維持・管理を行うべきである」という点である。さらに，3社のうち2社において課題としてあてはまるものは，「戦略にそって，目的を明確にして実行すべきである」という点と，「ターゲット企業の選択を厳密に行うべきである」という点の2つである。

このように，3社に対する独自調査の結果からすると，上記の6つの点が，M&Aの一般的な成功要因の中で，日本企業にとって比較的重要なポイントと考えられる。

第3節　日本企業のM&A実施状況における課題の明確化

第1節と第2節において，日本企業のM&A実施状況に関して，3つの機関による先行調査の結果と，日本企業3社に対する独自調査の結果をまとめてきた。その中で抽出された日本企業のM&Aにおける課題を，第3章において抽出した先行研究に共通する10の成功要因と関連づけてみると，それぞれ以下のような6点が重なり合っている。

それらは，「戦略にそって，目的を明確にして実行すべきである」「ターゲット企業の選択を厳密に行うべきである」「ビジネス面を中心に十分なデューデリジェンスを行うべきである」「統合を適切に行うべきである」「適切な経営管理システムを構築すべきである」「適切な人材の維持・管理を行うべきである」，という6点である。

しかし，日本企業のM&Aを成功に導く経営管理のモデルを検討するためには，その出発点してM&A実施状況における課題を明確にする必要がある。したがって，ここで抽出された課題と重なり合う6つの成功要因を課題として設定しなおし，それぞれを解消するために必要と考えられる点をまとめていく。

① 戦略にそって，目的を明確にして実行すべきである。
　⇒戦略との整合性がなくても実行する場合がある。

M&Aによって十分な成果を生み出すためには，戦略との整合性や目的の明確化は不可欠なものである。それを軽視せず，また効率よく行うためには，M&Aの戦略上の意義や目的，またその実現可能性の検討を一定のフレームワークの中で行うような仕組みが必要と考えられる。

② ターゲット企業の選択を厳密に行うべきである。
　⇒ターゲット企業の選択基準が明確になっていない。

数多くのターゲット企業候補の中から，戦略上の目的の達成に，より貢献すると考えられる企業を効率よく選択していくために，戦略との整合性や戦略達成への貢献可能性を判断するための客観的な基準が必要である。

③ ビジネス面を中心に，十分なデューデリジェンスを行うべきである。
　⇒ビジネス・デューデリジェンスが十分に行われてない。

ビジネス・デューデリジェンスの結果は，M&Aの実行についての判断や実行後の統合の方針などに大きな影響を与えるものである。したがって，ターゲット企業の状況を効率よく把握し，またその結果を実行後の段階で活用していくような仕組みを確立する必要がある。

特にM&Aにおいては，その戦略上の目的を明確にし，それを達成することが重要であることを考えると，そのような点に関するビジネス・デューデリジェンスを強化するために，戦略達成という観点からターゲット企業全体を把握し，その結果を実行後の段階の経営管理へ引き継いでいくような仕組みが必要と考えられる。

④ 統合を適切に行うべきである。
　⇒統合をスムーズに行うための体制が不十分である。

統合をスムーズに進めることは，M&Aの成果の実現に大きな影響を与えるものであり，統合計画の立案や適度なスピードの維持，さらに専任の統合担当者の設置などを検討する必要がある。

さらに，統合をスムーズに進めるためには，買収側企業とターゲット企業の双方が，統合の戦略上の意義を明確に理解することが重要であり，それを促すような仕組みが必要である。

⑤ 適切な経営管理システムを構築すべきである。

⇒実行段階の計画をモニターする体制や経営管理の仕組みが不十分である

実行後の適切な経営管理は重要であり，業績管理システムを構築し，買収金額の評価の基礎となった事業計画を実行後の段階へも引き継ぎ，そのモニタリングをしっかりと行うことが望ましい。具体的には，実行前の段階で想定したM&Aの戦略上の目的達成や実行段階で作成した事業計画を，実行後の段階へも引継ぎ，その達成を促すような経営管理システムの構築が必要である。

⑥ 適切な人材の維持・管理を行うべきである。

⇒インセンティブの付与などの人材の維持・管理が不十分である。

実行後の人材の維持・管理は重要であり，人材流出への対応や適切なインセンティブシステムの構築などが求められる。具体的には，M&A実行後の戦略的方向性を明示することや，ターゲット企業の人材のモチベーションを高めるような業績管理のシステムを構築することが必要である。

注

1) 野村総合研究所の中島・能勢（2002）は，この調査に基づいてM&Aを成功させるためのポイントとして，①足し算で満足するのでなく大胆な戦略を打ち出す，②安易な統合形態の選定を慎む，③文化・風土の問題に真剣に取り組む，④社員とのコミュニケーションを重視する，⑤強力な推進体制を確立する，という5点を挙げている。
2) 中央青山監査法人トランザクション・サービス部の神頭（2003）と長尾（2003）は，この調査結果をもとに日本企業のM&Aにおけるポイントをまとめているが，その中でもほぼ同じような点を指摘している。
3) 日本の上場公開企業の連結ROEの平均値は，日本経済新聞などの調査によると1990年代後半〜2003年にかけて継続して5％を下回っている。したがって，2001年3月時点で5％のROEを確保できている企業は，日本企業の中では財務業績が好調な企業だと考えられる。また2000年度と2001年度は，会計基準の変更や事業の再構築によって多額の特別損失を計上している企業が多いため，ROEの計算にあたっては，当期純利益の代わりに，経常利益からその税金分として40％分を控除したみなしの当期純利益を利用して計算している。
4) 2002年6月7日に，A社本社において，同社M&A専門部門のマネジャーであるa氏と，アシスタントマネジャーであるaa氏に対してインタビューを行った際の回答に基づいている。なお，a氏とaa氏の所属しているM&A専門部門は，全社のM&Aの案件発掘から契約締結までのフォローを行っている。
5) M&Aストラクチャーとは M&A の実行形態のことである。M&Aを実行する際には，法

律面や財務面のリスクや節税，戦略を考慮して，最も望ましい形態を選択していくことになる。

6) 時価純資産法は代表的な株価評価方法の1つである。具体的には，貸借対照表をもとに，資産をすべて時価評価し，一方で負債をすべて網羅的に集計して，その差額で時価ベースの株主資本の金額を計算し，それをもとに株価を推定する方法である。この方法は，相続税をはじめとして税額計算ではよく使われているが，M&Aの際にはあまり頻繁には使われてはいない。

7) WACCとはWeighted Average Cost of Capitalの略称で，日本語では加重平均資本コストと呼ばれている。これは，債権者と株主という資金提供者が企業に対してどの程度のリターンを期待しているかを意味する，資金の調達コストのことである。金利とリスクをもとに計算していく。

8) シナリオ分析とは，企業の株価評価をDCF法によって行う場合や，事業投資の評価をDCF法と同じようなNPV（Net Present Value）法で行う場合に，将来のリスクを分析するために，いくつかの将来の予想シナリオをもとにシミュレーションを行うものである。通常は，市場動向，競合企業の動き，対象企業の動きなどに関して楽観，中間，悲観という3つのシナリオをつくり，それぞれの場合の評価額を計算し分析していく。

9) 割引率とは，DCF法やNPV法における将来のFree Cash Flowの予測値を現在時点での価値に割り引くための比率のことである。実際には金利とリスクを反映したWACC（Weighted Average Cost of Capital），つまり加重平均資本コストを利用することが多い。

10) 3×3のマトリックスとは，free cash flowの将来予測についての3つのシナリオと3つの想定した割引率に基づいて，9つの組み合わせを作成し，それぞれの評価額を計算するものである。

11) EBITとは，Earning Before Interest & Taxの頭文字であり，日本語では，金利税金差引前利益と呼んでいる。具体的には，税引前利益に支払利息を加えたものであり，営業利益にかなり近いものである。

12) EBITDA倍率法は，企業の株価の計算方法である類似会社比準法の1つである。具体的には，EBITDA（earning before interest tax depreciation amortization）と（有利子負債＋株主資本）の価値との比率は，同業界の企業では同じ水準になるという前提をもとに計算していく。この方法はEV・EBITDA法と呼ばれることもある（EVはEnterprise Value：企業価値という意味である）。

13) 外部アドバイザーとは，M&Aの実行にあたり，それぞれ買収側企業あるいはターゲット企業の側に立って手続きや交渉のサポートをする担当者のことである。通常は投資銀行，銀行や証券会社，独立系のM&A専門のコンサルティング会社（アドバイザリー会社）などが担当する。

14) 2002年6月5日に，B社本社において，同社M&A専門部門の部長であるb氏と同部課長であるbb氏に対してインタビューを行った際の回答に基づいている。なお，両氏の所属しているM&A専門部門は，全社のM&A案件の発掘から契約締結までの支援を行っている。

15) リアルオプション法は，企業の株価評価あるいは事業投資の評価方法の1つで，金融のオプション理論を実際のビジネスに応用していく方法である。リスクが高く，将来の予

測が難しいような場合に利用価値が高いとされている。具体的には，米国のメルク社をはじめとする製薬メーカーの研究開発投資の評価や，石油会社の石油掘削投資の評価などに利用されている。

16) これは，B 社が事業部門の業績評価に利用している指標である。具体的には，資産をリスクに応じていくつかの種類に分け，それぞれにリスクに応じた比率を掛け合わせてリスクを反映した資産額を計算し，それに全社共通の資本コストを掛け合わせて，目標利益を計算する方法である。

17) 2002年5月30日に，C 社本社において，同社 M&A 専門部門の c 氏に対してインタビューを行った際の回答に基づいている。なお，c 氏の所属している M&A 専門部門は，全社の M&A 案件の発掘から契約締結までのフォローを行っている。

18) 2003年2月に，著者と早稲田大学大学院アジア太平洋研究科2003年修了の真鍋誠一氏が中心となって，西山研究室として，日本企業の M&A 実施状況を調査するために実施したアンケートである。対象は，M&A 専門誌の『マール』の M&A データをもとに，2002年に1件でも M&A を実施した企業426社である。回答した企業は133社で回答率は31.2%であった。このアンケートの中の「M&A の主要担当部門はどこか」という質問に対して，「M&A 専門部門」と回答した企業は133社中12社（9%）だけであり，133社中84社（63.2%）は「経営企画部門が M&A を担当している」と回答している。

第5章

バランスト・スコアカード(BSC)の意義とM&Aにおける活用可能性

　第4章において，日本企業のM&A実施状況における6つの課題を導き出した。一方で，BSCは業績評価のツールとして誕生し，その後戦略的マネジメントシステムへと発展してきたものである。しかし，その意義や活用目的を検討してみると，上記のM&A実施状況における6つの課題の解消にかなり貢献する可能性が高いと考えられる。
　そこで本章では，BSCの意義や活用目的などについてまとめ，その上で，BSCがM&Aにおける6つの課題解消に貢献する可能性を検討し，M&AにおけるBSCの活用可能性に関する仮説を構築していく。

第1節　BSCの意義と活用状況

　本節では，BSCがM&A実施状況における6つの課題の解消に活用できる可能性を検討するのに先立って，BSCの意義とその発展の経緯及び活用状況についてまとめていく。

1．BSCの意義とその発展の経緯

　BSCは，キャプランとノートン（Kaplan and Norton, 1992）によって1992年に発表されたものである[1]。

BSCは，KPMGのリサーチ部門であるNolan Norton研究所が主催して1990年に行われた，「将来の企業における業績評価」という研究プロジェクトが出発点となっている。このプロジェクトのリーダーが同研究所のCEOであったノートンであり，アカデミック・コンサルタントがキャプランであった（Kaplan and Norton, 1996b, p. vii）。その研究の成果が，1992年にBSCとして発表されたのである。しかしその当時は，BSCは業績評価システムと位置づけられていた（Kaplan and Norton, 1992）。その後，キャプランとノートンは，BSCを実際に企業へ導入するコンサルティングを行いながら，それと並行して研究を進め，1996年に発表した論文では，BSCを，戦略を実行するための戦略的マネジメント・システムへと発展させたのである（Kaplan and Norton, 1996a）。

　ところで，BSCは，1980年代に日本の工業製品が高品質かつ低価格を武器に市場を席巻したために多くの米国企業の業績が低迷したことを背景に登場してきたと一般に考えられている。このようなある意味での国家的な危機に対して，当時のレーガン政権は，アメリカ企業の経営体質の改善を促進するために，1987年にマルコム・ボルドリッジ国家品質賞（Malcolm Baldridge National Quality Award, 以下MB賞）[2]を制定した。このMB賞の審査基準とBSCの4つの視点にはいくつもの共通点が認められ，この事実から，BSCの登場の背景にはMB賞の存在があったと考えられている（伊藤ら，2001, pp.16-17）。

　なお，キャプランとノートンは，BSCの名称の中にある「バランス」という言葉の意味について，短期目標と長期目標のバランス，財務指標と非財務指標のバランス，遅行指標と先行指標のバランス，さらに外部的視点と内部的視点のバランスの4つを挙げている[3]（Kaplan and Norton, 1996b, p. viii）。

　それではここで，BSCの意義をその発展の経緯とともにまとめていく。具体的にはBSCを，その活用目的の変化をもとに，大きく3つのバージョンに区分してまとめていくことにする。なお，これに類似したBSCを3段階に区分する考え方は，松原（2000, pp.30-36）も提示している[4]。

(1) 第1バージョン（1992年発表：業績評価システムとしてのBSC）

　キャプランとノートン（Kaplan and Norton, 1992, p.71）は，1992年に発表したBSCについての最初の論文の中で，「1年間にわたる12社を対象とした業

績評価についての調査プロジェクトの結果BSCを開発した」と述べ，BSCを以下のように定義している。

「BSCは，トップ・マネジメントに素早く全体的な事業の視点を提供する，一連の尺度のことである。BSCは，既に実行された行動の結果を意味する財務指標を含んでいる。また，BSCは，顧客満足，内部プロセス，および組織における革新と改善活動といった，将来の財務業績の決定要因となるような非財務指標によって，財務指標を補完している」。

さらにBSCでは，業績評価を4つの視点を基礎にして行うとし，その4つの視点として顧客の視点，内部ビジネスの視点，革新と学習の視点，財務の視点を挙げている。

このうち，顧客の視点については，顧客は，時間，品質，パフォーマンスとサービス，コストの4つに関心があり，それぞれについて目標を設定し，適切な指標を設定することが必要であると述べている（Kaplan and Norton, 1992, pp. 72-73）。

次に，内部ビジネスの視点については，顧客満足に非常に大きな影響を与えるビジネスプロセスから導き出されるものであると述べている。その上で具体的に，サイクルタイム，品質，生産性，コストなどの例を挙げ，それらについて目標を達成するためには，従業員の行動によって影響を受けるような指標を採用する必要があるとしている（Kaplan and Norton, 1992, pp. 74-75）。

また，革新と学習の視点については，顧客の視点と内部ビジネスの視点の指標は競争戦略上の成功要因を示しているが，成功のための目標は絶えず変化するものであり，また厳しいグローバル競争によって，既存の製品やプロセスを継続的に改良し，能力を高めて全く新しい製品を開発することが求められていることを背景に導き出されたものであると述べている。さらに，企業の革新や改善，学習についての能力が，直接的に企業の価値と結びついているとし，それを測定するための指標として，売上高に占める新製品の比率などを挙げている（Kaplan and Norton, 1992, pp. 75-77）。

最後に，財務の視点については，企業の戦略の立案と実行が企業の利益の向上にどの程度結びついたのかを示すものである，と述べている。その上で，具体的な指標の例として，キャッシュフロー，売上高成長率，営業利益，マーケ

```
        ┌─────────────────────┐
        │    財務の視点        │
        │ 株主はどう見ているか │
        ├──────┬──────────────┤
        │ 目標 │    指標      │
        └──────┴──────────────┘
```

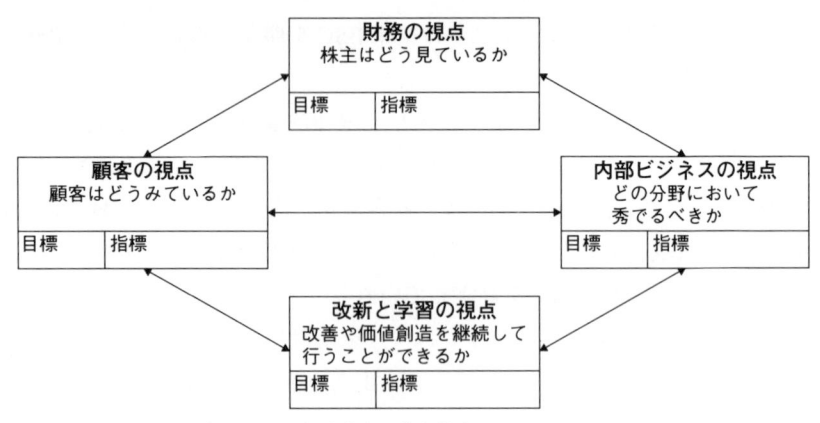

┌─────────────────────┐   ┌─────────────────────┐
│   顧客の視点   │◄──────►│ 内部ビジネスの視点   │
│ 顧客はどうみているか │   │ どの分野において   │
│   │   │ 秀でるべきか   │
├──────┬──────────────┤   ├──────┬──────────────┤
│ 目標 │   指標   │   │ 目標 │   指標   │
└──────┴──────────────┘   └──────┴──────────────┘

```
        ┌─────────────────────┐
        │   改新と学習の視点    │
        │ 改善や価値創造を継続して│
        │ 行うことができるか    │
        ├──────┬──────────────┤
        │ 目標 │    指標      │
        └──────┴──────────────┘
```

出典：Kaplan and Norton（1992, p.72）をもとに著者作成。

図5-1　第1バージョン：業績評価システムとしてのBSC（第2バージョンでも基本的に同じ）

ットシェアの増加，自己資本利益率を挙げている。

　ただ，業務の改善は財務業績の向上に必ずしも結びつかないため，品質，サイクルタイム，リードタイム，配送，新製品の導入といった面での改善が，どのようにマーケットシェアや営業利益，資産回転率の向上や営業費用の削減などに貢献するのかを特定することが重要であるとし，業務と財務との関連性を学ぶことの重要性を強調している（Kaplan and Norton, 1992, pp.77-79）。

　一方で，この第1バージョンにおいては，BSCを戦略の達成のために活用することはあまり強調されていない。実際に図5-1にあるキャプランとノートンが作成した第1バージョンのBSCのイメージ図においても，4つの視点の関係が矢印で示されてはいるが，中央に戦略やビジョンが記載されているわけではない。ただ，論文の最後で，「スコアカードの中心には，企業戦略とビジョンが位置づけられる」（Kaplan and Norton, 1992, p.79）と述べられており，戦略やビジョンとの関連性は指摘されている。

　このように，1992年発表の論文では，BSCを4つの視点をもとにした企業の業績評価システムと位置づけている。

(2) 第2バージョン（1993年発表：マネジメント・システムとしての BSC）

キャプランとノートン（Kaplan and Norton, 1993, p.134）は，1993年に発表した論文の中で，BSC を改めて以下のように定義している。

「BSC は，企業の経営幹部に対して，さまざまな戦略目標を首尾一貫した評価指標に変換するための包括的なフレームワークを提供するものである。また，単なる評価指標ではなく，製品，プロセス，顧客，市場といった重要な領域で，ブレークスルーを生み出させるマネジメント・システム[5]である」。

また，キャプランとノートン（Kaplan and Norton, 1993）は，BSC の有効性について以下のように述べている。

多くの企業は，現場の活動について多くの業務的，物理的な評価指標をもっているが，これらの指標は，ボトムアップで偶発的な過程から生み出されたものである。それに対して BSC は，組織の戦略目標や競争上の必要性に基づいて作られており，4つの視点から限られた数の重要な指標を選択させることによって，組織を戦略的な目標に集中させることができる。また，伝統的な財務指標は，過去に起こったことを報告はしてくれても，次にどのようにしたら業績を改善させることができるのかについては示してくれないのに対して，BSC は，企業が現在と将来の成功のために何をすべきかを教えてくれる。さらに，BSC の4つの視点からの情報は，伝統的な指標とは違って，営業利益のような外部指標と新製品開発のような内部指標とのバランスが図られている。また，BSC は，すべての企業に一律に適用できるような定型的なものではなく，市場環境，製品戦略，競争環境によって異なってくるものであり，BSC の評価指標の数は15～20程度が一般的である。

なお，この論文では，1992年発表の論文よりも BSC におけるビジョンと戦略の位置づけがより明確に示されている。具体的には，図5-2にあるように，キャプランとノートンが，第2バージョンの中で事例として取り上げたロックウォーター社の戦略目標をまとめた図の上では，ビジョンと戦略の下に4つの視点が位置づけられている。ただ，1993年発表の論文の中に記載されているロックウォーター社の BSC の図は，図5-1に記載した第1バージョンの BSC の図と基本的に同じものであり，4つの視点の中央にビジョンや戦略が位置づけられているわけではない。このように，第2バージョンでは，戦略と

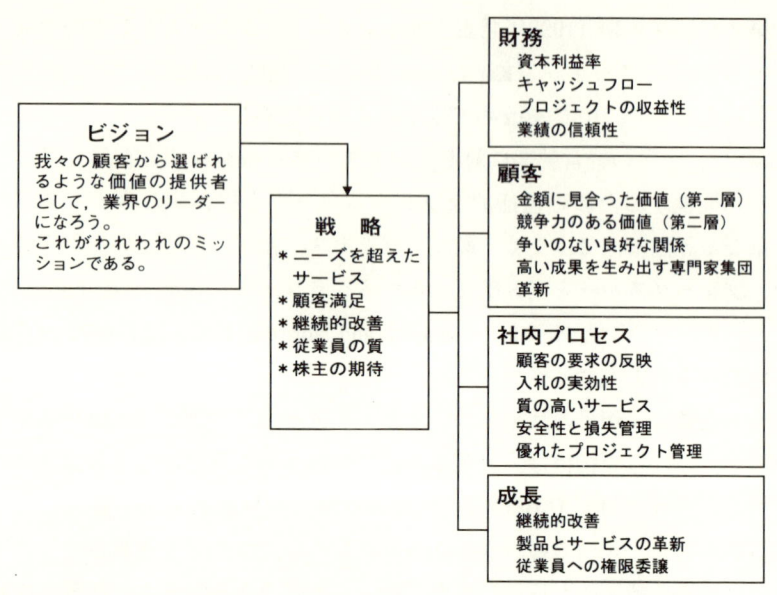

```
                    ┌─────────────────────────┐
                    │ 財務                    │
                    │  資本利益率             │
                    │  キャッシュフロー       │
                    │  プロジェクトの収益性   │
                    │  業績の信頼性           │
                    └─────────────────────────┘
                    ┌─────────────────────────┐
┌─────────────┐     │ 顧客                    │
│ ビジョン    │     │  金額に見合った価値（第一層）│
│ 我々の顧客か│     │  競争力のある価値（第二層）│
│ ら選ばれるよ│     │  争いのない良好な関係   │
│ うな価値の提│ ┌──────────┐ │  高い成果を生み出す専門家集団│
│ 供者として，│ │ 戦 略    │ │  革新                   │
│ 業界のリーダ│→│ *ニーズを │→└─────────────────────────┘
│ ーになろう。│ │  超えた   │ ┌─────────────────────────┐
│ これがわれわ│ │  サービス │ │ 社内プロセス            │
│ れのミッショ│ │ *顧客満足 │ │  顧客の要求の反映       │
│ ンである。  │ │ *継続的改善│ │  入札の実効性          │
└─────────────┘ │ *従業員の質│ │  質の高いサービス       │
                │ *株主の期待│ │  安全性と損失管理       │
                └──────────┘ │  優れたプロジェクト管理 │
                             └─────────────────────────┘
                             ┌─────────────────────────┐
                             │ 成長                    │
                             │  継続的改善             │
                             │  製品とサービスの革新   │
                             │  従業員への権限委譲     │
                             └─────────────────────────┘
```

出典：Kaplan and Norton（1993）をもとに著者作成。

図5-2　第2バージョン：ロックウォーター社の戦略目標

の関連性を明確に示している1996年発表の第3バージョンに比較すると，まだそれがそれほど強く強調されているわけではない。

　このように，1993年発表の第2バージョンでは，BSCをマネジメント・システムとして定義し直している。実際にこの論文の最後で，「スコアカードは単なる評価システムではない。それは競争上，画期的な業績達成にはずみをかけるためのマネジメントシステムなのである」と記載されている（Kaplan and Norton, 1993, p.143）。

(3) 第3バージョンA（1996年発表：戦略的マネジメント・システムとしてのBSC）

　キャプランとノートンが1996年に発表した論文のタイトルは，「戦略的マネジメント・システムとしてのBSCの利用」であった。この段階で，彼らは明確に，BSCは長期的に戦略を遂行するためのマネジメント・システムである，と定義したのである（Kaplan and Norton, 1996b, p.10）。またその中で，

彼らは，BSCを利用することによって，長期的な戦略を短期的な活動とどのように関連づけるのかといった伝統的なマネジメント・システムの課題を解決することができる，とも述べている。

さらに，キャプランとノートン（Kaplan and Norton, 1996a）は，BSCを戦略を遂行するためのマネジメント・システムとして利用するための4つのプロセスを提示している。

1つめのステップは，ビジョンの明確化と分かりやすい言葉への置き換えである。ここでは，ビジョンの明確化と組織におけるコンセンサスの2つをポイントとして挙げている。2つめのステップは，コミュニケーションと関連づけである。ここでは，コミュニケーションと教育，目標の設定，報酬と業績指標との関連づけの3つをポイントとして挙げている。3つめのステップは，事業計画の立案である。ここでは，目標値の設定，戦略的な実施計画の連携，資源の配分，中間目標の確立の4つを，ポイントとして挙げている。4つめのステップは，フィードバックと学習である。ここでは，共有されたビジョンの明確な表明，戦略的なフィードバックの提供，戦略の検証と学習の活性化といった

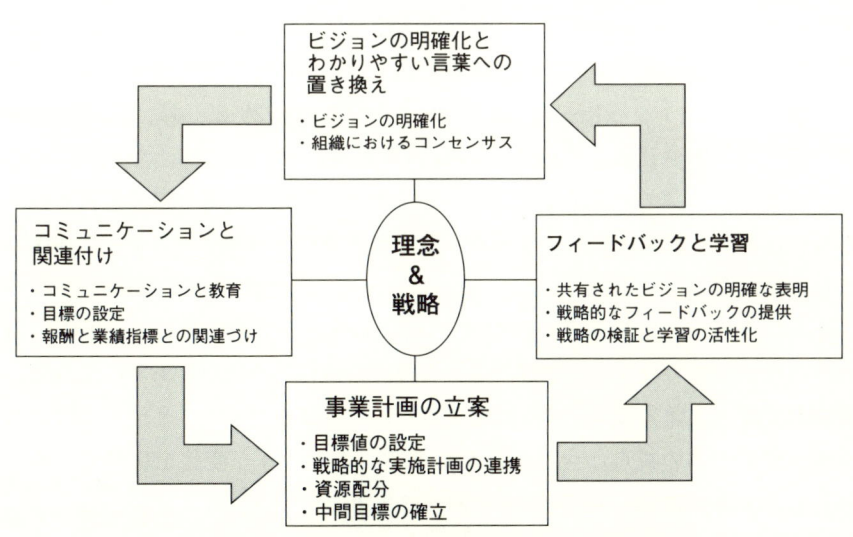

出典：Kaplan and Norton（1996a, p.77）をもとに著者作成。

図5-3　戦略をマネジメントするための4つのプロセス

点を，ポイントとして挙げている。さらに，個々の活動が有効であっても全体として十分な結果が出ていない場合には，BSC によって，戦略そのものの再検討というダブルループの学習効果を生み出すためのフィードバック情報を提供することが可能になるとし，さらに，BSC を利用したマネジメント・プロセスでは，上記の4つのステップが何度も繰り返されながらレベルアップしらせん状に進んでいく，と述べている[6]。

ところで，キャプランとノートン（Kaplan and Norton, 1996b, pp.24-29）は，この第3バージョン A の中で，4つの視点について改めて整理をしている。まず4つの視点のそれぞれについて，戦略のロジックから展開した戦略目標，戦略目標の達成状況を測定するための評価指標，評価指標についての目標値，目標値を達成するための具体的な計画である実施項目を定めることが必要である，と述べている。そして財務の視点は，財務的に成功するために株主に対してどのように行動すべきかを意味し，顧客の視点は，ビジョンを達成するために顧客に対してどのように行動すべきかを意味している，と説明している。さらに内部ビジネスプロセスの視点は，株主と顧客を満足させるためにどのようなビジネスプロセスに秀でていなければならないかを意味し，最後に，学習と成長の視点については，ビジョンを達成するためにどうのようにして変化や改善の能力を維持するかを意味している，と説明したのである。また，キャプランとノートン（Kaplan and Norton, 1996b, pp.26-29）は，内部ビジネスプロセスの価値連鎖を構成する一般的な要素には，イノベーション，オペレーション，アフターサービスの3つが含まれると述べ，さらに，学習と成長の視点における戦略目標を，従業員，情報システム，組織風土の3つの体系にまとめて説明している。

それに加えて，この第3バージョン A における1つの変化は，1992年の時点の革新と学習の視点が，学習と成長の視点に変化したことである。これは，革新を，改めて顧客のニーズに対応するための重要なプロセスと位置づけ，ビジネスプロセスの視点に含めたためである。このような変化を反映した第3バージョンの BSC は，図5-4のとおりである。

さらに，長谷川（2001, pp.74-76）も指摘しているように，キャプランとノートン（Kaplan and Norton, 1996b, pp.29-32）は，この段階で2つの新た

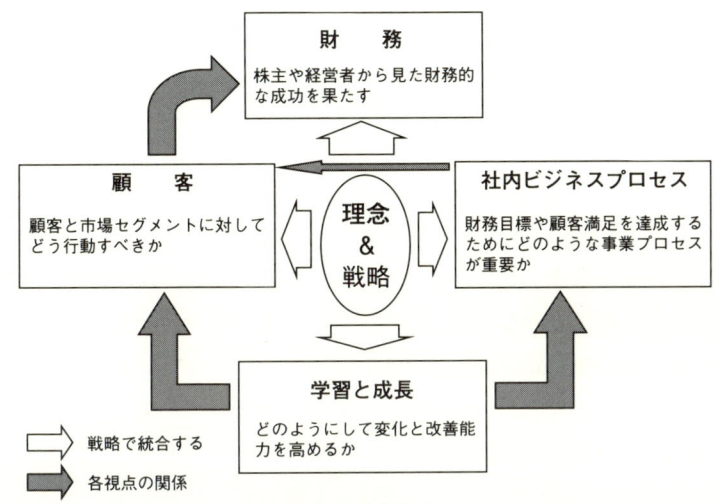

出典：Kaplan and Norton（1996a, p.76）をもとに著者作成。

図5-4　第3バージョン：戦略的マネジメントシステムとしてのBSC

な視点を導入している[7]。

1つは，成果指標とパフォーマンス・ドライバーの区分である。まず成果指標については，従来評価指標として使われてきた売上高，原価，損益などのことであるとし，事後的な結果を測定するものである，と定義している。一方で，パフォーマンス・ドライバーについては，成果を生み出す要因として業務の原動力を測定するものである，と定義している。この定義に基づくと，成果指標は遅行指標と考えられ，パフォーマンス・ドライバーは先行指標と考えられることになる。そしてBSCは，財務の視点を除き，パフォーマンス・ドライバーを管理しようというところに特徴があると考えられるのである。

もう1つは，4つの視点には因果連鎖があり，それぞれの視点における戦略目標や成果指標は，戦略の遂行という面から有機的に結合していなければならない，という点である。具体的には，財務の視点は最終的な財務業績の成果をあらわし，その他の3つの視点はその成果を生み出すための原因を表しており，具体的な行動指針を意味していると考えられる。これに加えて，それぞれの視点における成果指標と上記のパフォーマンス・ドライバーとの間にも因果連鎖が存在し，これもBSCが効果を生み出すために重要な点と考えられる。

この2種類の因果連鎖について，清水（1998, pp.72-73）は，4つの視点の間での因果連鎖を縦の因果連鎖，4つの視点それぞれの戦略目標，成果尺度，パフォーマンス・ドライバーの間の因果連鎖を横の因果連鎖とそれぞれ定義し，その2つが一体となったシステムの重要性を主張している。

　このように，1996年発表の第3バージョンAではBSCを戦略的マネジメントシステムとして位置づけている。実際にこの論文の最後には，「BSCは，戦略の実行を管理するためのフレームワークを提供するのみならず，競争，市場，技術といった環境の変化に応じて，戦略自体を進化させることも可能にするのである」（Kaplan and Norton, 1996, p.85）と述べられており，BSCが戦略的マネジメントシステムであることが明確に示されている。さらにこれは，図5-4のBSCの図の上で，図5-1にある1992年や1993年のものと異なり，4つの視点の中央にビジョンと戦略が位置づけられていることにも表れている（Kaplan and Norton, 1996, pp.76）。

(4) 第3バージョンB（2000年発表：戦略志向の組織及び戦略マップとの連携）

　キャプランとノートン（Kaplan and Norton, 2000b, pp.7-17）は，2000年の著書の中で，BSCを利用して戦略を管理しながら成功を目指す企業のことを戦略志向の組織体ととらえ，その特質を，戦略，集中，組織という3つの点からまとめている。そのうち戦略は，戦略を中心として組織を位置づけ，BSCによって，戦略を理解しやすく行動の指針となるように記述し伝達することが重要であることを意味している。次の集中は，BSCをナビゲーションとして利用し，組織体のすべての資源と活動を戦略に向けて方向づけることが重要であることを意味している。さらに組織は，全社員を以前とは根本的に異なった方法で行動するように活性化し，BSCによって，ビジネス・ユニット，シェアードサービス，および個々の従業員との間の連携を確立するための理論や体系を示すことが重要であることを意味している。

　さらに，BSCを使って戦略志向の組織体を作り上げることに成功した企業に共通するパターンとして，以下のような5つの原則を挙げている。

① 戦略を現場の言葉に置き換える
② 組織全体を戦略に向けて方向づける

③　戦略を全社員の日々の業務に落とし込む
④　戦略を継続的なプロセスにする
⑤　エグゼクティブのリーダーシップを通じて変革を促す

　また，キャプランとノートンはこの著書の中で，BSCにおける因果関係やある組織が企業目標や経営資源を有形の成果に変えていく動きを，共通したフレームワークに落とし込んで視覚的に表現した，戦略マップを提示している。
　この戦略マップについて，長谷川・清水（2001, p.44）は，BSCにおける4つの視点の間に構築した縦の因果関係，および4つの視点ごとに設定される戦略目標，成果指標，パフォーマンス・ドライバーなどの間に構築した横の因果関係を一覧的に示したもの，と定義している。
　一方で，櫻井（2003, p.77）は，戦略マップの本質的な内容をもとに，これまでは科学的な検証が難しいとされていた一連の仮説を可視化することよって戦略を検証するためのツールである，と定義し，戦略マップは，財務的な指標とは違って，満足，市場占有率，顧客リピート率，革新，コンピタンスといった価値創造プロセスを記述・測定することができる，と述べている。
　戦略マップのテンプレートは図5-5に示したとおりであるが，その内容はキャプランとノートン（Kaplan and Norton, 2000a）によると以下のとおりである。
　まず最初は，株主価値に直結する財務の視点が記載されている。そして，財務の基本戦略として，①収益の拡大と②生産性の向上の2つを挙げている。その上で，前者については，新市場，新製品，新顧客からの収益による収益基盤の確立と，既存顧客とのリレーションシップの強化による既存顧客への価値の創造を挙げている。また，後者については，直接費と間接費の削減によるコスト構造の改善と，事業をあるレベルで維持するために必要な運転資本や固定資本の削減による資産の有効活用を挙げている。また，一般的には後者のほうが早期に結果が表れる，と述べている。
　次に，顧客の視点では，どのような価値を顧客に提供するのかが重要であるとし，①自社が提供する製品やサービス構成の特色，②顧客リレーション，③企業イメージの3つをはっきりと示すことが重要であるとしている。そして，顧客に対する価値提案に成功した企業の顧客に対するアプローチのパター

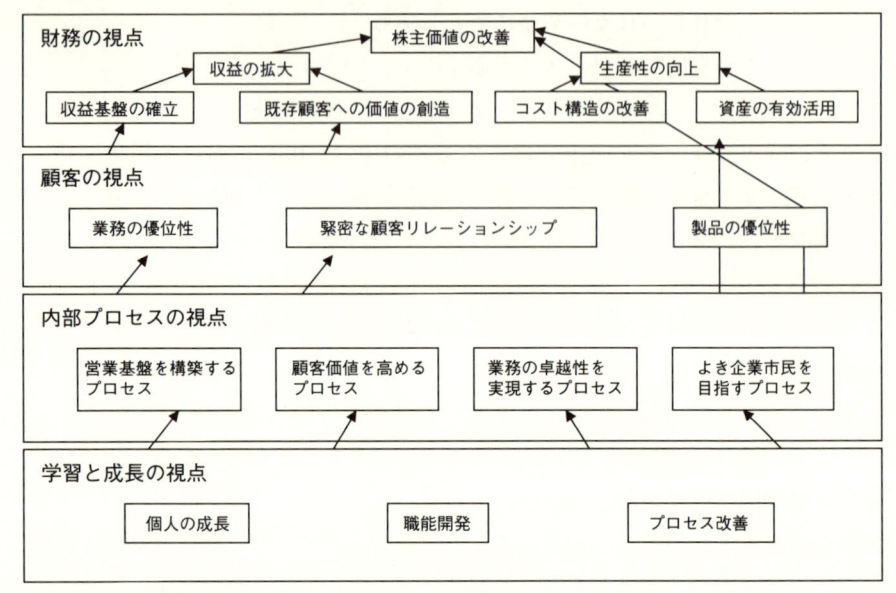

```
財務の視点
  収益の拡大 → 株主価値の改善 ← 生産性の向上
  収益基盤の確立  既存顧客への価値の創造  コスト構造の改善  資産の有効活用

顧客の視点
  業務の優位性   緊密な顧客リレーションシップ   製品の優位性

内部プロセスの視点
  営業基盤を構築する  顧客価値を高める  業務の卓越性を  よき企業市民を
  プロセス      プロセス     実現するプロセス  目指すプロセス

学習と成長の視点
  個人の成長    職能開発    プロセス改善
```

出典：Kaplan and Norton（2000a, p.168）をもとに著者作成。

図5-5　第3バージョンBの戦略マップ

ンを3つの差別化要因として示し，その具体例として，業務の卓越性についてはマクドナルドやデルコンピュータを，緊密な顧客リレーションシップについてはホームデポや1960〜1970年代のIBMを，製品の優位性についてはインテルやソニーを挙げている。

　また，内部プロセスの視点については，戦略を実行する上で不可欠な4種類の組織活動を挙げている。それらは，①新製品や新サービスの導入と新規の市場顧客セグメントの獲得によって営業基盤を構築するプロセス，②既存顧客とのリレーションシップを深めることによって顧客価値を高めるプロセス，③サプライチェーン・マネジメントの強化，業務プロセスのコスト，品質，サイクルタイムの改善，資産の活用，能力管理の向上を通じて，業務の卓越性を実現するプロセス，④社外のステークホルダーと有意義な関係を構築し，よき企業市民を目指すプロセスの4つである。このうち④は，第3バージョンAで挙げていたものに新たに加えられたものである。

　最後に，「学習と成長の視点」については，個人の成長，職能開発，プロセ

ス改善の3つが挙げられている。

　このような戦略マップについてキャプランとノートン（Kaplan and Norton, 2000a, p.176）は，「戦略マップを作成すると，自社の戦略を全体的かつ体系的に俯瞰でき，さらに戦略の不備が分かり，経営陣が早期に是正措置を取ることも可能となる。さらに，戦略マップをマネジメントシステムの基礎資料として活用すれば，成長に向けた事業目標を効率的かつ迅速に遂行する上で大いに役立つはずである」と述べ，戦略の立案とその実行の双方で，有効なツールであることが強調されている。

　また，森沢・宮田・黒崎（2005, p.10）は，BSCの導入を支援するコンサルティングの経験をもとに，戦略マップを活用することのメリットとして，①戦略を一枚で俯瞰でき，常に全体を意識して個別の議論ができること，②財務を中心とした短期の目標だけではなく，プロセス改革や人材育成などの中長期的な目標も記述できるため，中期経営計画の推進に適していること，③戦略がストーリー化され，各戦略目標の位置付けが明確になり，大事な点の抜け漏れに気づきやすくなること，④戦略の絞込みがなされること，という4点を挙げている。

　さらに，キャプランとノートン（Kaplan and Norton, 2000b, pp.78-81）は，戦略マップと合わせて，戦略を遂行する際の焦点として，戦略を達成するために内部で実行すべきことを明確にし，戦略の柱を提供する4つの戦略テーマを挙げている。それらは，①卓越した業務を達成する，②顧客価値を向上させる，③新製品・新サービスで革新を起こす，④良き企業市民となる，という4つである。ただ，そのうち，卓越した業務を達成することは比較的短期的なテーマであり，顧客価値を向上させることは中期的なテーマ，さらに新製品・新サービスで革新を起こすことは長期的なテーマと位置づけている。

　このように，2000年発表の著書の中では，BSCを戦略的マネジメントシステムとして位置づけていることは1996年の論文と違いはない。しかし，BSCを有効に機能させるために，「戦略志向の組織体」の考え方と「戦略マップ」を提示しているところにその意義があると考えられる。

(5) 第3バージョンC（2004年発表：戦略マップの発展）

キャプランとノートン（Kaplan and Norton, 2004b）は，2004年の著書の中で，戦略を成功裏に実行するためには，戦略マップとBSCと戦略志向の組織体の3つが必要である，と明確に述べている。その上で2000年の著書で紹介した戦略マップの考え方をさらに発展させ，無形資産を評価し，さらに価値の創造に結び付けていくという新しい考え方を提示している。

具体的には，学習と成長の視点の中の人的資本，情報資本，組織資本といった3つの無形資産について，それを詳細に記述し，評価し，さらに内部プロセスの視点の戦略的なプロセスや目的と整合させるための新しいフレームワークをまとめている（Kaplan and Norton, 2004b, pp. 49-52, 199-211）。

まず，3つの無形資産として，従業員のスキルや能力，知識を意味する人的資本，情報システム，データベース，ネットワーク，ITインフラストラクチャーなどを意味する情報資本，企業文化，リーダーシップ，整合性，チームワークと知識共有を意味する組織資本の3つを挙げている。その上で無形資産が成果を生み出すためには，戦略と整合していなければならないといった整合性と，無形資産のすべての増強を支援するための統合プログラムなどによる統合を重視する必要がある，と述べている。

さらに3つの資本について，多くのBSCにおいて共通している6つの目的，つまり人的資本についての戦略的なコンピテンシー，情報資本についての戦略的な情報，組織資本についての，企業文化，リーダーシップ，整合性，チームワークを挙げている。

また，無形資産と価値を創造する内部プロセスとを整合させるための手法として，以下の3つを提示している。

① 人的資源を戦略テーマと整合させるような戦略的業務グループ
② 情報資本を戦略テーマと整合させるような戦略的ITポートフォリオ
③ 戦略テーマの継続した学習と改善のために，組織資本を統合し整合させるような組織変革のアジェンダ

このように，2004年の著書では，BSCを戦略的マネジメントシステムとして位置づけていることは1996年の第3バージョンA，2000年の第3バージョンBと基本的に違いはない。しかし，戦略マップをもとに，無形資産によって価

値を創造していくという新しい考え方を提示しているところにその意義があるといえる。

2．BSC の活用状況

BSC を M&A の課題解消に活用していくためには，ある程度 BSC を導入している企業が存在していることが前提となる。ここでは，米国企業と日本企業の BSC の導入状況についてまとめていく。

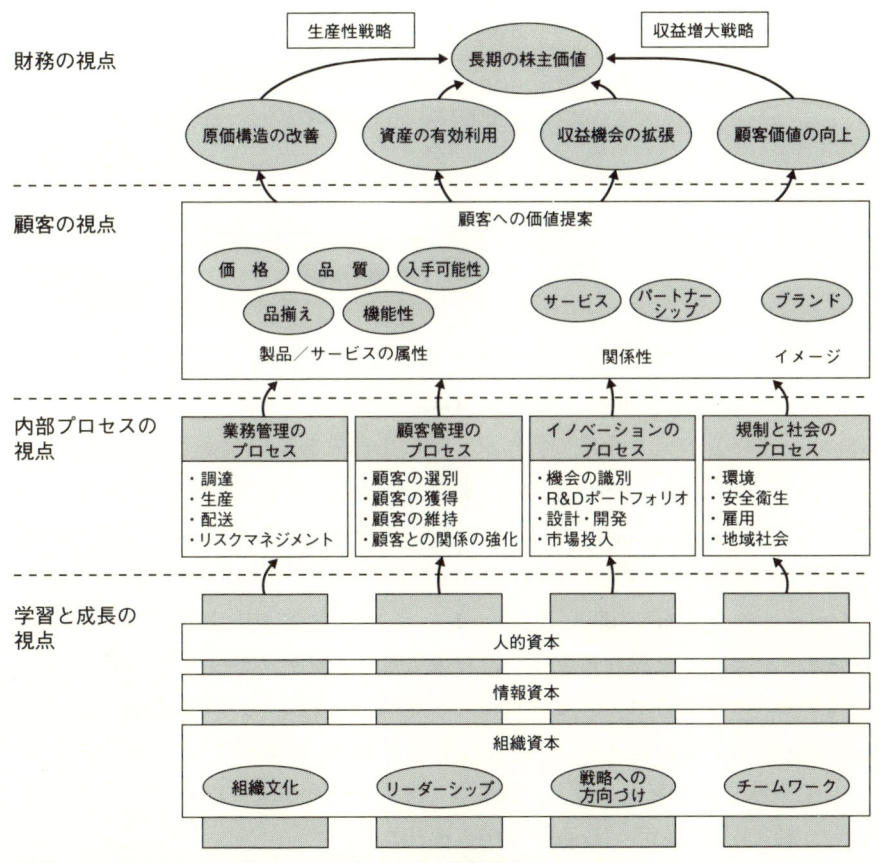

出典：Kaplan and Norton（2004b, p.11）をもとに著者作成。

図5-6　第3バージョン C の戦略マップ

| 1992年 | 1993年 | 1996年 | 2000年 | 2004年 |

第1バージョン
業績評価システムとして

第2バージョン
マネジメントシステムとして

第3バージョン
戦略的マネジメントシステムとして
- 戦略志向の組織体
- 戦略マップ
- 無形資産の評価と価値創造への結びつけ

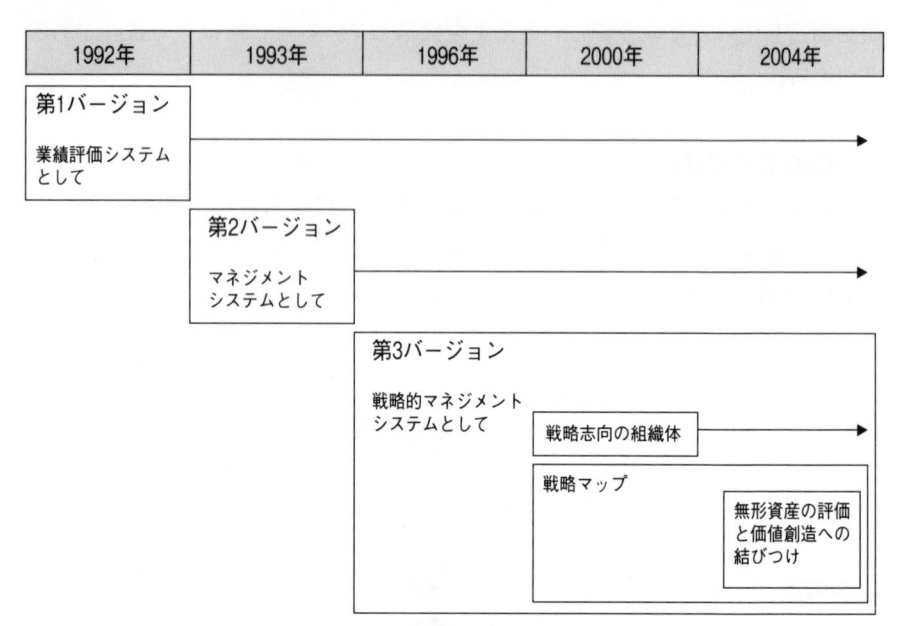

図5-7　BSCの発展の経緯

　まず米国では、かなり多くの企業がBSCを導入している。ルネッサンス・ワールドワイド社（Renaissance Worldwide）の調査によると、フォーチュン1000（Fortune 1000）に入る企業の60％が、BSCを導入あるいは試行していると報告されている（Silk, 1998, p.38）。また、ベイン・アンド・カンパニーが1999年に経営実務に関して経営者に対して行った調査によると、米国では調査対象企業のうちの55％、欧州では45％がBSCを導入している、と報告されている（Kaplan and Norton, 1999, p.1）。さらに、ハケット・グループ（Hackett Group）[8]が実施した調査によると、対象となった60社の約半分がBSCを導入している、と報告されている（Norton, 2000b, p.14）。さらに、IMA（Institute of Management Accountants；管理会計担当者協会）が2001年に1,300人を対象として実施した調査によると、回答者のうち40％がBSCのユーザーである、という結果がでている（Frigo, 2001, p.15）。

　わが国においても、1990年代後半からBSCについての研究が活発に行われてきており、それと並行して、BSCを導入する企業もでてきている。実際

に，小倉調査（松原，2003）によると，回答した日本の東証一部上場企業151社のうち15社（10％）が，BSCを何らかの形で導入していると回答しており，また導入を検討している企業も，13社（9％）と報告されている。また，櫻井・青木調査（櫻井，2003, pp.531-532）においても，回答した東証一部上場107社のうち，8社（8％）が本格導入済み，12社（11％）が部分的に導入済み，31社（29％）が検討中と報告されている[9]。この2つの調査結果からすると，日本でも，東証一部上場企業の10～20％がBSCを何らかの形で既に導入しており，また，導入を検討している企業も少なくないことから，日本でもBSCはある程度普及してきていると考えられる。

第2節　BSCに対する批判

どのような経営管理の考え方やツールも，万能ということはない。

ここでは，BSCが業績評価システムあるいは戦略的マネジメント・システムとして，有効性が高いものであることを再確認する意味で，BSCに対する代表的な批判を提示し，それを検討していく。

(1) 小林啓孝の批判

小林啓孝（1998, pp.68-60）は，BSCについて，4つの視点はマーケティングや経営学の成果をうまくまとめているということもできるが，一方で新鮮味はなく，従来から指摘されてきた経営者にとっても常識に属するものであると指摘している。さらに，因果関係も全く表面的な指摘に過ぎず，これはキャプランらの人間行動についての想定が単純すぎるからである，と述べている。そして，いろいろな諸力の鬩ぎあいの中で生じるダイナミックなバランスを含めたカオスの縁が重要であり，その中から新しいものが出てくる，と主張している。

この主張については，長谷川（2001, pp.78-79）も指摘しているとおり，BSCは顧客の視点は顧客満足，内部プロセスの視点ではリエンジニアリング，学習と成長の視点では組織学習といったように，過去のさまざまな経営学の成果と

関係があるという見方もできる。しかし，著者は，BSC が戦略的マネジメント・システムへと発展してきていることに注目すると，戦略を遂行するためにさまざまな経営学の成果を統合していくという意味で意義があると考える[10]。

さらに，因果関係についても，確かに単純な仮定に依存しているという見方は否定しない。この点については，長谷川（2001, pp.82）が指摘しているように，同じような批判をしている小林哲夫（2000, pp.2-8）によれば，キャプランとノートンが因果関係を強調する理由は，組織メンバーに戦略を受け入れさせ，戦略に整合的な行動を取らせる強力なツールとしての役割を BSC に求めているからである。つまり，その論理の説得力を高めるために，因果関係という言葉を使ったという見方もできるのである。また，キャプランとノートンも強調しているフィードバックをもとにしたダブルループによって BSC が改善されていくと，因果関係の発現可能性も徐々に高くなると考えられる。また因果関係に関する研究の中にも，顧客満足度指数と財務指標との関係を検討して，総じて顧客満足に関する非財務指標は将来の財務業績に関連すると結論づけた見解（Banker et al., 2000, pp.65-92）のように，ある程度の関連性を認める見解も多くなっている。

このように，著者は，財務業績を向上させるためにその要因になると考えられる3つの視点を取り上げ，それぞれについて管理をしていこうという方向は，戦略遂行という面からは望ましく，また常識的に考えて，4つの視点に全く関係がないとまではいうことはできないと考える[11]。

(2) Nørreklit の批判

Nørreklit（2000）は，2つの点で BSC を批判している。1つめは，BSC はあいまいな因果関係という仮定の上で作られているものであり，誤った仮定のもとでパフォーマンス・ドライバーを採用してしまうと，結果として部分最適に陥る可能性があるという点である。もう1つは，BSC が階層的なトップダウンのモデルを前提としており，動態的な組織や環境の中では定着させることが難しいという点である。

1つめ批判については，(1)で述べたのと同じような理由から，理解はできるものの賛同することはできない。また，2つめの批判についても，BSC を

ダブルループを前提とした戦略的マネジメント・システムと考えると，動態的な組織や環境においても定着させることはある程度可能であると考えられる。

(3) 小林哲夫の批判

小林哲夫（2000, pp.2-8）は，Nørreklit の主張について，彼は「時間と空間の中で近接して観察できる2つの独立事象があり，一方の事象が時間の経過の中で他の事象に先行し，前者の事象が観察されると必ずあるいは高い確率で後者の事象がその後で観察されるという経験的に実証可能な関係が存在するという時にのみ，因果関係は存在する」と考えている，と述べている。その上で，厳密に因果関係がBSCで広く存在することを肯定することは困難であり，因果関係を広く業績評価システムにもちこんだり，その存在を実際に検証することは容易ではないという意見が一般的であろう，と主張している。

この主張も，意見としては理解できるが，(1)で述べたのと同じ理由で，賛同することはできない。

このように，BSCについてはさまざまな批判が行われてきているが，著者は，それらの指摘はBSCのさまざまな活用目的における有効性を否定する致命的なものではない，と考えている。

第3節　BSCの発展と課題

BSCは1992年にキャプランとノートンによって発表されて以降10年以上が経過し，実際に多くの企業で導入される中で，BSCといわれているものにも内容に違いが出てきたり，また企業の状況に合わせて利用しやすくするためのさまざまな考え方が提示されてきている。また，一方で導入するための課題も指摘されてきている。ここではそれらについてまとめていく。

1．BSCとスコアカード

ノートン（Norton, 2000a, pp.15-16）は，実際に導入されているスコアカードには3つのタイプがある，と述べている。それらは，①株主，顧客，従

業員などの構成者を中心に、目標や指標が設定された構成者スコアカード、②いろいろな指標を種類分けして、品質プログラムの延長として設定するKPIスコアカード、③戦略へ向けて組織の焦点を合わせていくような戦略スコアカードである。そのうち①の構成者スコアカードは、望ましい成果を定義するという意味では有効であり、しばしば戦略スコアカードの導入段階で利用されているが、成果はどのようにして達成できるのか、といった点が反映されていない、と述べている。また、②のKPIスコアカードについても、高いレベルでの戦略が存在している時には、部門あるいはチームのスコアカードとしては非常に価値があるが、戦略とのリンクを一貫して考えていなければ危険な幻想となってしまう、と述べている。その上で、③の戦略スコアカードが最も発展したものであり、これが本来の意味でのBSCである、と主張している。

このような見解について、櫻井（2003, p.529）は、「経営管理の手法の導入方法には多様な方法があってよいと考えているので、必ずしもノートンの主張に全面的に賛同するわけではない。しかし、BSCの一部を導入したからといって、『わが社ではBSCを導入している』といえないことだけは事実である」と述べている。

この櫻井の見解には同意する。ただ、BSCが戦略志向の組織体になるためのツールとして位置づけられるようになっていることを考えると、ノートンの主張もかなり納得できるような状況となってきている、ということはできる。

2. 4つの視点以外の視点の追加

BSCの4つの視点について、必要に応じて他の視点を追加するケースもでてきている。

吉川（2001）は、ヨーロッパの企業の中には、4つの視点を企業がフォーカスしなければならない必要最小限度の成功要因であると考え、それらに環境の視点、従業員の視点、人的資源の視点、プロセスとサプライヤーの視点、再生ないし革新と開発の視点などを加えている企業がある、と述べている。

また、青木（2002, pp.299-302）は、サービス業においては、従業員満足度を向上させることが顧客の満足度、ひいては企業価値の創造に貢献すると期待されるため、従業員を重要なステークホルダーと考えて、既存の視点を変更し

たり従業員の視点を加えることが考えられる、と述べている。また、キャプランとノートン（Kaplan and Norton, 2000b, pp.239-241）も、従業員と関連性が深い学習と成長の視点の代わりに従業員の視点を組み込んでいる UPS 社の例を紹介している。

さらに、BSC とかなり共通点があるスウェーデンの保険会社であるスカンディア社のであるスカンディアナビゲーターにおいては、人的焦点（視点ではなく焦点となっている）が、財務、顧客、プロセス、革新開発の中央に位置づけられている（Edvinsson and Malone, 1997, p.68）。

それに加えてチョウら（Chow et al., 1997, pp.23-25）は、電機メーカーが、従業員とコミュニティーの視点を第 5 の視点として加えている例や、コマーシャル・バンクが、財務の視点と顧客の視点の 2 つに従業員の視点とコミュニティーの視点を加えて 4 つの視点としている例を紹介している。

また、オルヴら（Olve et al., 1997, p.119）は、学習と成長の視点を革新と開発の視点と従業員の視点の 2 つに区分し、それ以外の 3 つの視点とともに 5 つの視点としている ABB 社の例を紹介している。

このように、4 つの視点以外の視点を加える例はかなり見受けられる。

ただ、一方で伊藤（2003b, pp.44-45）のように、社会的責任のような視点が加わると、視点間や戦略目標の因果連鎖が把握しづらくなったり最悪の場合には途切れてしまう恐れがある、とする主張もある。伊藤は、BSC の意義を戦略的マネジメント・システムとして位置づけると、そのような視点は戦略的な行動設定というレベルを超えたものであり、本来 BSC に盛り込むファクターとは認識しづらいとし、営利企業であれば当然ながら財務の視点が最重要視されてしかるべきである、と述べている。

また、BSC の導入を実際に支援しているコンサルタントの中には、4 つの視点はかなり網羅的で関連性があり、それ以外の視点は加えない方が望ましい、という見解を述べているものもいる[12]。

このように、視点の数や内容についてはいろいろな考え方がある。しかし、上記のように一般的な 4 つの視点以外の視点としては従業員の視点が多く挙げられており、それがもともと学習と成長の視点と関連性が深いことを考えると、従業員のことを強調するという意味では、それに関連する視点を 1 つの視

点として加える意味はあると考える。ただ一方で，4つの視点はかなり網羅的であり，その関連性が非常によく出来上がっていることを考えると，特に強調する点がない場合には基本的に4つの視点[13]とすることが望ましい，と考える。

3．評価指標の数

　評価指標の数についても，いくつかの意見がある。
キャプランとノートン（Kaplan and Norton, 1996b, pp.162-163）は，多くの米国企業では16～25個の指標をもっている，と述べている。

　さらに，その後の著書（Kaplan and Norton, 2000b, pp.375-376）では，スコアカードには20～25の指標が適していると述べ，表5-1にあるように，4つの視点間における一般的な配分を示している。

　また，ノートン（Norton, 2000b, pp.14-15）は，自身の研究成果やベスト・プラクティスLLCの行ったBSCの導入に成功している22の組織のBSCについての調査をもとに，評価指標の数の比率について，財務，顧客，学習と成長（従業員）の視点には18～22％，内部ビジネス・プロセスの視点には34～37％が妥当だ，と述べている。さらに，モービルでは，例外的に内部ビジネス・プロセスの視点の比率が50％に達しているが，これは資本集約型の産業であることが理由である，と述べている。また，評価指標の数の合計については，自身の研究成果をもとに，23～25が妥当ではないか，と主張している。その上で，財務の尺度の比率が80％にも達するものはアンバランスト・スコアカードと呼び，財務の尺度の比率は20％が妥当ではないか，と述べている。

　このような結果について，櫻井（2003, p.391）は，注目すべき点として以

表5-1　4つの視点と評価指標の数

視　　点	評価指数の数	配分比率
財務の視点	5	22%
顧客の視点	5	22%
内部の視点	8～10	34%
学習と成長の視点	8	22%

出典：Kaplan and Norton（2000b, p.375）をもとに著者作成。

下の2点を挙げている。1つは非財務の指標が80％前後に達していることであり，もう1つは，非財務の視点の中では内部ビジネス・プロセスの視点が強調されていることである。

一方で，フリゴとクルムウイード（Frigo and Krumwiede, 2000, p.52）は，評価指標は少ないほど経営に対するインパクトは大きい，と述べている。そして，ある組織では各機能分野にわたって約30の評価指標を導入しているが，トップレベルの要約スコアカードでは9つ（各機能分野から少なくとも1つ）にまとめている，と述べている。

さらに，BSC導入のコンサルティングを行っている経営コンサルタントの中には，評価指標の数について，米国人は一般に計数管理の能力が高いのである程度多くても対応可能であろうが，日本人は一般にその能力が高くはないので20個程度が限界ではないか，という意見を述べるものもある[14]。

このようにさまざまな意見があるが，櫻井（2003, p.392）はこの点について，評価指標の数は導入の目的と経営階層によって相対的に決めるべきではないか，と述べている。著者も，この櫻井の見解に同意する。

4．BSC導入の課題

BSCを導入する企業が増加する中で，導入する際の課題も挙げられている。

まず，キャプランとノートン（Kaplan and Norton, 2000b, pp.355-368）は，戦略志向の組織体の創造を妨げる問題点として以下の3点を挙げている。

① 過渡期の問題

これは，M&Aなどによって，順調に実践されていたBSCが利用されなくなってしまうことである。

② デザインの問題

これは，成果指標の数が不適切である，パフォーマンス・ドライバーの選択が不適切である，また，その改善プログラムがない，戦略との整合性がしっかり取られていない，といったBSCのデザインの問題である。

③ プロセスの失敗

これは，BSCを導入する際の組織のプロセスの問題であり，キャプラン

とノートンはこれが最も一般的な問題点であるとしている。

　具体的には以下の7点を挙げている。
- a）シニア・マネジメントの関与が足りないこと
- b）あまりにも関係者が少ないこと
- c）スコアカードをトップのレベルにとどめてしまうこと
- d）長すぎる開発プロセスとスコアカードを一時的現象として扱うこと
- e）BSCをシステムのプロジェクトとして扱うこと
- f）経験のないコンサルタントを雇うこと
- g）BSCを報酬のためだけに導入すること

また，伊藤（2003a, pp.43-50）も，実際のBSC導入に関して，以下のような3つの課題を挙げている。

① 明確なビジョンおよび戦略の欠如

　日本企業では戦略があまり明確でないケースもあり，その際には，戦略目標や重要成功要因の識別に苦労することがある。

② 方針管理の負の影響

　日本で過去行われてきた方針管理においては，定性的な評価も許容されていたため，業績指標の定量化が前提であるBSCに対する抵抗もある。

③ 予算との統合や有機的な連携の欠如

　現時点では，予算とBSCはあまり統合されていない。

第4節　BSCの活用目的

　本節では，BSCの活用目的についてまとめていく。具体的には，まず，第1節でまとめたBSCの発展の経緯にそって，キャプランとノートンが挙げている活用事例も参考にしながら，それぞれのバージョンにおける活用目的をまとめていく。その上で，櫻井（2003, pp.25-30）の見解も参考にしながら，一般的な活用目的を整理していく。

1．第1バージョン（1992年発表）における活用目的と事例

このバージョンでは，BSCを業績評価システムと位置づけている(Kaplan and Norton, 1992, pp.73-79)。

具体的な活用事例としては，まずECI（エレクトロニック・サーキット・インク：Electronic Circuits Inc.）という仮称の企業を取り上げている。この企業では，スコアカードをトップのビジョンの明確化，単純化，そして業務レベルに落とし込むためのツールと位置づけている。

また，米国マサチューセッツ州にある特殊な半導体メーカーであるアナログ・デバイス社が，顧客との関係や内部ビジネスプロセスの業績を継続して改善するために，納期遵守，リードタイム，不良率，歩留まりについて目標を設定し，どの程度達成されたかを確かめている例を取り上げている（Kaplan and Norton, 1992, p.77）。

このような事例からも明らかなように，この段階では，BSCは基本的には業績評価システムとして位置づけられている。

またこの論文の中では，評価指標をベンチマークとして活用している事例について，以下のように述べられている。

「例えば，J・D・パワーズ社の品質調査は自動車産業の指標の基準となっているし，一方航空業界においては，運輸省の定時到着率や荷物の紛失率を指標として使っている。ベンチマーキングと呼ばれる自社の実力を競合の中で最良と考えられるところと比較する方法もある」(Kaplan and Norton, 1992, p.74)。

2．第2バージョン（1993年発表）における活用目的と事例

このバージョンでは，BSCをマネジメントシステムとして位置づけている(Kaplan and Norton, 1993, pp.134-147)。

具体的な活用事例としては，ブラウン＆ルートとハリバートン社の100％子会社で，エンジニアリングと建設をビジネスとする国際企業であるロックウォーター社を取り上げている。この企業では，顧客の求めている最高水準の安全と質を提供するというビジョンを実現するための戦略を策定し，それを戦略目標に落とし込み，さらに目に見える目的と行動に置き換えるためにBSCを

活用している。

　また，この事例についてキャプランとノートン（Kaplan and Norton, 1993, p.142）は，2つの組織の合併後にBSCを活用した事例であることを示した上で，以下のように述べている。

　「BSCは，変化のプロセスを促進するために使われたときに，最もその効力を発揮する。例えば，ロックウォーター社は2つの異なった組織の合併の末にできあがった企業である。社員は異なった企業文化に親しみ，異なった言語を話し，異なった業務経験とバックグラウンドを持っていた。しかし，BSCによって，ロックウォーター社が業界のリーダーとなるために何に秀でる必要があるのかに焦点を絞ることができたのである」。

　これは，統合のために大きな変化が起こるM&A実行後の段階において，BSCがマネジメントシステムとして有効性が高いことを示唆しているものとして注目することができる。

　さらに，この論文において，外部への報告にBSCが使えるのではないか，という見解が検討されている。しかし，投資家が理解しやすいように加工することは難しいこと，また，評価指標などの情報は，企業の価値の大部分を競争相手にさらけ出してしまう可能性が高いものであること，投資家は現時点では財務報告には関心があるが戦略報告にほとんど関心がないこと，といった理由から懐疑的な意見が述べられている。ただ，一方で，投資家も新製品の業績に関連する重要な指標に注目しはじめており，将来的に活用できる可能性も示唆している（Kaplan and Norton, 1993, p.141）。

3．第3バージョンA（1996年発表）における活用目的と事例

　このバージョンでは，BSCを戦略的マネジメントシステムとして位置づけている（Kaplan and Norton, 1996, pp.75-85）。

　具体的な活用事例としては，ナショナル社という仮称の保険会社を取り上げている。この企業は，保険引受のスペシャリストになるために新しいビジョンを構築することを目的としてBSCを導入している。そして導入後に，BSCによって組織への新戦略の導入だけではなく，自社のマネジメントシステムについての精密検査もできることが分かり，その後戦略的マネジメントシステムと

して活用するようになっている (Kaplan and Norton, 1996, p.77)。

また，この論文でも1993年の論文に引き続いて，社外への報告にBSCが活用できる可能性について，以下のような見解が述べられている。

「我々は，トップ・マネジメントがバランス・スコアカードの指標が戦略面の業績を管理し，将来の財務業績の予測に活用できることについて自信を深めてくれば，いずれ社外の投資家に対しても，他社との競争上問題のある部分の情報は明らかにせずに，このような指標を伝達する方法を考えつくだろう」(Kaplan and Norton, 1996, p.80)。

これは，将来的にはかなり活用余地があるという趣旨と考えられ，1993年の論文における見解と比較するとより肯定的になってきている。

4．第3バージョンB（2000年発表）における活用目的と事例

このバージョンでは，BSCそのものの位置づけは1996年の第3バージョンにおける戦略的マネジメントシステムと基本的に変化していない。しかし，BSCにおける因果関係や企業目標や経営資源を有形の成果に変えていく動きを視覚的に表現した戦略マップと，BSCを利用して戦略を管理しながら成功を目指す組織である戦略志向の組織体という，BSCを戦略的マネジメントシステムとして有効に機能させるための新しい考え方が紹介されている (Kaplan and Norton, 2000, pp.167-176)。

具体的な活用事例としては，モービル（その後エクソンとの合併によりエクソン・モービルとなる）の北米精製営業部が，コモディティを大量生産する中央集権型組織から顧客志向の権限委譲型組織への変革を目指し，新しい戦略を実行した際のケースを取り上げている (Kaplan and Norton, 2000, pp.170-175)。

モービルが設定した戦略ビジョンは，これまでにない価値を顧客に効率的に提供し，アメリカにおける最高の一貫精製・販売会社を目指す，というものであった。

まず，財務の視点について，同社は，使用資本利益率(ROCE：return on capital employed) を引き上げるという目標を掲げ，それを達成するために2つの収益拡大戦略と2つの生産性向上戦略を採用した。次に，顧客の視点につい

て，消費者市場のほぼ60％は付加価値を求めるセグメントである，という市場調査の結果に基づき，差別化された価値提案を採用するという重大な決断を下した。さらに，内部プロセスの視点について，販売店のガソリン依存度を下げ，ガソリンの卸値を引き上げられるように，コンビニエンス・ストア等で販売できる新製品，新サービスの開発などによって，営業基盤をさらに強化することなどが目標として掲げられた。学習と成長の視点では，マネジャーのリーダーシップ・スキルの訓練や，プロセスの改善につながるような新技術の採用などが目標とされた。さらに，各事業部では，上記の内容を視覚化した戦略マップに基づいて，当該業務に関する詳細なマップを作成している。

　この結果，モービルの北米精製営業部は従業員全員が新戦略に向けて一丸となり，わずか2年足らずで大きな転換を遂げ，同社は95年からエクソンと合併する99年まで利益率で業界トップの座を堅持した。実際に同事業部のROCEが6％から16％に上昇したことをはじめ，財務指標及び非財務指標の双方が大きく改善している。

　この活用事例では戦略マップを活用し，全社の戦略マップに基づいて各事業部でも業務に関する詳細なマップを作成している。また，この事例では，BSCと戦略マップを活用しながら戦略を実行し成功している新しい組織形態である戦略志向の組織体の5つの原則が，いずれもあてはまっている。

　またキャプランとノートン（Kaplan and Norton, 2000b）は，その著書の中で，M&A実行後にBSCを導入することによって成果を生み出した例として，ケミカル・リーテイル・バンクの例を挙げている。具体的には，以下のとおりである。

　「ケミカル・リーテイル・バンクにおけるBSCの導入は，1992年のマニュファクチャーズ・ハノーバー社とケミカル・バンクの合併直後に開始された。リーテイル・バンクの頭取，マイケル・ヘガティー氏は，彼の新しい戦略の一部としてBSCを活用した。その目的は，ニューヨーク都市部におけるコストの高い支店を通じて提供されている伝統的な当座預金と普通預金から，銀行のビジネスを多角化していくことにおかれた。ケミカルは，新しく合併した銀行として，何百という余分になった支店を閉鎖しなければならなかった。目標とする顧客にぴったりと焦点を合わせるためのコミュニケーションにBSCを使

うことによって，リーテイル・バンクは目標としている顧客の喪失を最小にとどめるとともに，合併から期待される原価削減を達成することができた。事実，目標とする顧客からの収益は拡大した。ケミカル・リーテイルの利益は以下のように増加した。

年　度	利　益
1993（基準年度）	X
1994	8X
1995	13X
1996	19X

　上記のような利益の増加は，BSCをマネジメントに導入した最初の3年間における年何億ドルという業務改善の賜物である。ヘガティは，「BSCはマネジメント・プロセスを変革するのに不可欠のツールになってきた。BSCによって，われわれは財務尺度の背後に隠された要因を見ることができるし，経済価値を創造する要因に重点をおかせてくれる」[15]と述べている。

　このケミカル・リーテイル・バンクの事例では，BSCを，合併後の組織の方向性を目標とする顧客に向けて焦点を合わせるためのツールとして導入している。その結果として，合併後余分な支店を閉鎖するというM&A実行後に効率化を図る過程で，顧客の喪失を最小にとどめ，合併から期待される原価削減を達成し，目標とする顧客からの収益は拡大させる，という成果を得ている。このように，余分な支店の閉鎖や合併から期待される原価削減によって効率化を図るというどちらかというとネガティブな面ももち合わせている目標と並行しながら，本来のBSCの成果が生み出せていることは，M&Aの実行後の段階で，効率化と並行させて新しい戦略を組織に浸透させ，その実現を促す戦略的マネジメントシステムとしてBSCが活用できることを示した例として，注目することができる。

5．第3バージョンC（2004年発表）における活用目的

　このバージョン（Kaplan and Norton, 2004b）では，BSCそのものの位置づけは1996年バージョンにおける戦略的マネジメントシステムと基本的に変化していない。しかし，戦略を成功裏に実行するためには，戦略マップとBSCと

戦略志向の組織体の3つが必要であることを明示し，その上で戦略マップをもとに学習と成長の視点の中の無形資産に関する新しいフレームワークを提示している（Kaplan and Norton, 2004b, pp.199-211）。

6．活用目的の整理

　これまで述べてきたように，BSCはその発展段階にそって，1992年に発表された業績測定システムとして活用していく第1バージョン，1993年に発表されたマネジメントシステムとして活用していく第2バージョン，1996年に発表され，2000年，2004年と継続して取り上げられてきている，戦略的マネジメントシステムとして活用していく第3バージョンの3つに大きく区分することができる。

　また，第1バージョンの中ではBSCの業績評価指標を競合企業などを基準にベンチマークとして活用する事例が，第2バージョンの中では2つの組織の統合にあたって共通言語のように活用した事例が，それぞれ取り上げられている。さらに第2バージョン及び第3バージョンAの中では，BSCを外部への報告に活用する可能性について肯定的な見解が述べられている。

　それに加えて，第3バージョンBでは，BSCを利用して戦略を管理しながら成功を目指す企業を意味する戦略志向の組織体の考え方が示されている。また，第3バージョンBと第3バージョンCでは，BSCの因果関係や戦略達成にいたる動きを明示した戦略マップが示されている。

　ところで，BSCの活用目的については，櫻井（2003, pp.25-30）がその著書の中で事例も交えて明確に分かりやすくまとめている。ここでは，BSCの活用目的を整理するにあたり，その櫻井による分類を参考にしていく。

　櫻井はBSCの主要な活用目的として，戦略の策定と実行，報酬連動型の業績評価，経営品質の向上という3つを挙げている。

　このうち戦略の策定と実行については，BSCは戦略を業務レベルに落とし込むことができる戦略実行のシステムとしての役割とともに，戦略の策定にも役立つ，と述べている。次の報酬連動型の業績評価については，伝統的な目標管理が現代の企業のニーズに対応できなくなってきた中で，BSCは目標を分解して各人の目標を明示しインセンティブを設けることで，業績評価という面

から経営に役立つ，と述べている。さらに経営品質の向上については，1987年に制定された米国のMB賞や1995年から社会経済生産性本部が実施している日本経営品質賞などに挑戦する企業は，BSCと親和性があると述べている。

さらに，このような主要な3つの目的に加えて，①IR目的，②経営幹部や従業員間のコミュニケーションの円滑化，③システム投資の評価，④ビジネスの共通言語，という4つにも活用できると述べている。その上で，すべての目的に共通するのは企業変革ないし組織風土の変革である，と指摘している。このような櫻井の挙げているBSCの活用目的の区分は，非常に明確であり，筆者も同意する。

そこで，櫻井の挙げている活用目的と，上記で整理したBSCの3つのバージョンにおける活用目的をもとに，両者の共通項及び一般的な経営管理との関連性に注目しながら活用目的をまとめてみると，以下の4つに絞り込むことができる。

① 戦略的マネジメントシステムとしての活用

これは，櫻井が挙げた主要な目的の1つである戦略の策定と実行と重なり合うものであり，また，キャプランとノートンの第2バージョン及び第3バージョンとしての活用を意味している。ここで，BSCをマネジメントシステムとして位置づけている第2バージョンについても戦略的マネジメントシステムに含めることにしたのは，第2バージョンにおいても戦略との関連がある程度示されており，広い意味では戦略的マネジメントシステムの中に含めても良い，と考えたからである。また，この活用目的には，戦略志向の組織体の構築及び戦略マップによる戦略の検証も含まれると考えられる。

② 業績管理システムとしての活用

これは，櫻井が挙げた主要な目的の1つである業績連動型の業績評価と重なり合うものであり，キャプランとノートンの第1バージョンとしての活用を意味している。なお，キャプランとノートンはこの活用目的の中で，評価指標をベンチマークとして活用する事例も挙げている。

③ IR目的としての活用

これは，櫻井が付加的な目的の1つとして挙げているものである。また，キャプランとノートンも第2バージョン及び第3バージョンAにおいて，

BSCのIRへの活用可能性を示唆している。

④　コミュニケーションのツールとしての活用

　これは，櫻井が付加的な目的として挙げている経営陣や従業員のコミュニケーションの円滑化とビジネスの共通言語としての活用法に関連するものである。この2つは，本来櫻井のようにそれぞれ区分して示した方がより明確であるとも考えられるが，ここでは活用目的を広く括って，2つをまとめることとした。一方で，キャプランとノートンは，この活用目的について明確に示してはいない。しかし第2バージョンにおいて挙げている，異なる企業文化，言語，業務経験，バックグラウンドをもつ組織及び人材の統合の際にBSCを目標の焦点を絞るツールとして活用したロックウォーター社の事例は，目標の組織内への浸透の中で，コミュニケーションのツールという意味でも活用されたことを示しているものと考えられる。

　なお，上記のBSCの一般的な活用目的の中には，櫻井が挙げている経営品質の向上とシステム投資の評価については，含めてはいない。これは，経営品質の向上については，日本企業にとっては確かに1つの代表的な活用目的ではあるもののあくまでも賞の獲得が中心となっており，経営管理のための本質的な活用目的とは区分した方がいいと考えたこと，また，システム投資の評価についても，活用目的の1つであることは全く同感であるが，特定の分野を前提としたものであるため，一般的な活用目的をまとめるという目的から考えると除いた方がよいと考えたためである。

第5節　「BSC戦略マネジメントシステム」の定義と，その活用目的の日本企業のM&Aにおける課題解消への貢献に関する仮説の設定

　第4節において，BSCの活用目的をまとめてきた。この活用目的を，第4章においてまとめた日本企業のM&Aにおける6つの課題と関連づけてみると，BSCを活用目的に合わせて活用することが，それらの課題の解消にかなり貢献すると考えられる。

本節では，まず，M&Aのステップの中で，BSCを活用目的に合わせて活用する場合の基礎となるバージョンと活用法を明確にしていく。その上で，BSCの活用目的のM&Aの課題解消への貢献について，6つの課題ごとにまとめ，その上で，BSCをその活用目的に合わせて活用することが，M&Aにおける課題を解消しM&Aの成功に貢献する，という仮説を設定していく。

1. 活用の基礎とするBSCのバージョンとその活用法の明確化及びBSC戦略マネジメントシステムの定義

　第1節及び第4節において，BSCをその活用目的の変化によって，大きく3つのバージョンに区分してきた。そのうち最も発展したものが，第3バージョンB及びC，つまりBSCを戦略的マネジメントシステムとして活用していくものである。

　ところで，本研究では，第2章のM&Aの定義において述べたように，戦略上の目的を達成することをM&Aの目的の中心に位置づけている。したがって，BSCをM&Aを成功させるためのシステムとして活用する場合には，戦略を管理し進化させていく戦略的マネジメントシステムとしてBSCを活用することを中心にすることが望ましいと考えられる。

　ところで，戦略的マネジメントシステムとしてのBSCは，清水（2004, p.25）も述べているように，必然的に戦略マップと表裏一体の関係にあると考えられる。また，戦略マップは，その意義から考えて，M&Aのステップの中で，M&Aの戦略上の意義を検討し確認するフレームワークとして活用できる可能性が高い，と考えられる。したがって，本研究では，M&Aの中ではBSCを戦略マップと一体として活用していくことの有効性が高いと考え，そのようなシステムを前提に活用を考えていく。そして，このBSCと戦略マップの2つを戦略的マネジメントシステムとして一体として活用していくものをこれまで述べてきたBSCのバージョンとの関連で明確に位置づけるために，これ以降BSC戦略マネジメントシステムという名称で示すこととする。

　このように，本研究において，BSCをM&Aの中で活用する場合には，BSCと戦略マップを戦略的マネジメントシステムとして一体として活用していくBSC戦略マネジメントシステムを，買収側企業とターゲット企業の双方が導

入していることを前提としていく。その上で，BSC戦略マネジメントシステムを構成する戦略マップ，BSC，BSCの構成要素である評価指標の3つを，単独あるいは組み合わせることで，M&Aのステップの中で，それ以外の活用目的，つまり業績管理システムとしての活用，評価指標のベンチマークとしての活用，コミュニケーションのツールとしての活用という活用目的のためにも並行して活用していくことを考えている。なお，戦略的マネジメントシステムとしてのBSC戦略マネジメントシステムの全部または一部を，他の活用目的にも並行して活用することは，目的が違うため難しいという見解も考えられる。しかし，著者はそれは十分可能と考えている。なぜなら，戦略的マネジメントシステムであるBSC戦略マネジメントシステムの中で位置づけられる，戦略マップ，BSC，評価指標は，それ以外の活用目的と並行して活用しても，各活用目的の中で戦略志向がより強まるという面はあってもそれぞれの活用目的における有効性を失うことはないと考えられるからである。また逆に，それぞれの活用目的のために並行して活用することによって，戦略的マネジメントシステムの支援として機能し，さらにその有効性を高める可能性が高いと考えられるからである。

　したがって，第4節でまとめたBSCの活用目的は，上記のようにBSCと戦略マップからなるBSC戦略マネジメントシステムにおいても，その中に含まれるBSCを活用することによって，また一部は戦略マップも並行して活用することによって，基本的に機能させることが可能であると考えられる。そのためいずれもBSC戦略マネジメントシステムの活用目的と考えていくこととする。

2．BSC戦略マネジメントシステムの活用目的の，日本企業のM&Aにおける課題解消への貢献に関する仮説の設定

　BSC戦略マネジメントシステムの活用目的が，日本企業のM&Aにおける6つの課題に対して貢献する関係を図にすると，図5-8のようになる。それでは，以下それぞれの関係についてまとめていく。

　仮説①　戦略との整合性がなくても実行する場合がある

　この課題の解消には，戦略的マネジメントシステムとしての活用という活用

```
BSC戦略マネジメントシステムの                日本企業のM&Aにおける課題
一般的な活用目的

┌─────────────────────────┐                  ┌─────────────────────────┐
│ 戦略的マネジメントシステムとしての │    仮説①      │ 戦略との整合性がなくても実行する場 │
│ 活用                     │                  │ 合がある                  │
│ ┌─────────────────────┐ │                  └─────────────────────────┘
│ │ 戦略志向の組織体の構築   │ │    仮説②      ┌─────────────────────────┐
│ ├─────────────────────┤ │                  │ ターゲット企業の選択基準が明確にな │
│ │ 戦略マップによる戦略の検証 │ │                  │ っていない                │
│ └─────────────────────┘ │                  └─────────────────────────┘
└─────────────────────────┘    仮説③      ┌─────────────────────────┐
                                              │ ビジネス・デューデリジェンスが十分 │
┌─────────────────────────┐                  │ に行われていない           │
│ 業績管理システムとしての活用    │                  └─────────────────────────┘
│ ┌─────────────────────┐ │    仮説④      ┌─────────────────────────┐
│ │ 評価指標のベンチマークとしての │ │                  │ 統合をスムーズに行うための体制が不 │
│ │ 活用                  │ │                  │ 十分である                │
│ └─────────────────────┘ │                  └─────────────────────────┘
└─────────────────────────┘    仮説⑤      ┌─────────────────────────┐
                                              │ 実行段階の計画をモニターする体制や │
┌─────────────────────────┐                  │ 経営管理の仕組みが不十分である   │
│ IR目的としての活用          │                  └─────────────────────────┘
└─────────────────────────┘    仮説⑥      ┌─────────────────────────┐
                                              │ インセンティブの付与などの人材の維 │
┌─────────────────────────┐                  │ 持・管理が不十分である       │
│ コミュニケーションのツールとしての │                  └─────────────────────────┘
│ 活用                     │
└─────────────────────────┘
```

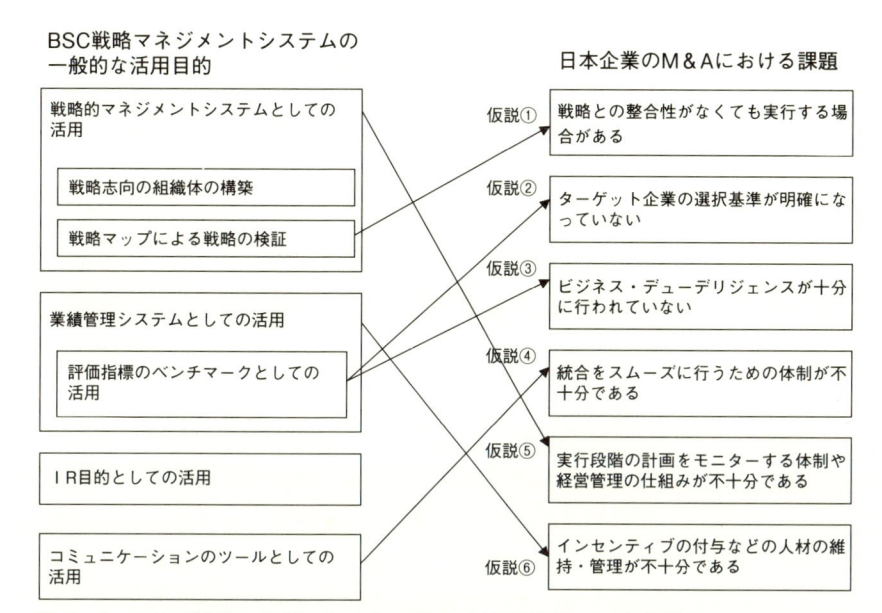

図5-8 BSC戦略マネジメントシステムの活用目的の日本企業のM&Aにおける課題解消への貢献に関する仮説

目的の中の戦略マップによる戦略の検証が貢献すると考えられる。具体的には，M&Aの実行前に，買収側企業の戦略マップを，戦略テーマを明確にし，その達成のために既存の経営資源だけでは不充分な部分を特定し，M&Aの対象として考えていくためのフレームワークとして活用していく。また，逆に戦略マップを，検討対象となっているM&A案件の戦略上の目的や意義，またその必要性を検討するフレームワークとしても活用していく。

これによって，戦略との整合性のないM&Aは実行しないという規律を強めることができる。さらに，間接的ではあるが，戦略マップをM&Aの実行段階においても一貫してM&Aの目的や意義の確認のための支援ツールとして活用していくことによって，戦略達成を中心に据えた評価や判断が促されることになる。

仮説②　ターゲット企業の選択基準が明確になっていない

この課題の解消には，評価指標のベンチマークとしての活用という活用目的が貢献すると考えられる。具体的には，実行前の段階において，ターゲット企

業の事業戦略達成上重要と考えられる評価指標の実績値を，外部から入手できる範囲で入手し，自社のものあるいは同業他社のものとベンチマークして比較することによって，ターゲット企業の業務の状況や戦略達成への貢献可能性の評価に活用していく。

　このように，実行前の段階において，戦略達成と密接な関係のある評価指標をターゲット企業の選択基準の1つとして活用することによって，ビジネス面でのより客観的なスクリーニングを効率的に行うことが可能になると考えられる。

　仮説③　ビジネス・デューデリジェンスが十分に行われていない
　この課題の解消には，評価指標のベンチマークとしての活用という活用目的が貢献すると考えられる。具体的には，ターゲット企業のビジネス面の評価のために，ターゲット企業の評価指標の採用の有無を確認し，採用している場合にはその実績値の水準を，自社や外部から入手した同業他社の実績値とベンチマークしながら比較分析していく。さらに，その結果をベストプラクティスの特定や移転をはじめ，どちらを基準に統合すべきかの判断基準としても活用していくのである。

　これによって，評価指標の採用の有無をもとに経営管理体制の状況を把握したり，評価指標の水準をもとに戦略達成への貢献可能性を評価することによって，焦点を絞った効率的なデューデリジェンスが可能になると考えられる。

　仮説④　統合をスムーズに行うための体制が不十分である
　この課題の解消には，コミュニケーションのツールとしての活用という活用目的が貢献すると考えられる。具体的には，統合を進めるにあたって，双方の従業員が，双方の戦略，またそれを達成するための具体的な目標を理解するためのツールとして，BSCと戦略マップからなるBSC戦略マネジメントシステムの全体を活用していくのである。

　これによって，双方の経営幹部や従業員の企業戦略や経営管理システム，さらに業績管理システムについての相互理解が促進され，統合が早くスムーズに進むことになると考えられる。

　仮説⑤　実行段階での計画をモニターする体制や経営管理の仕組みが不十分である
　この課題の解消には，戦略的マネジメントシステムとしての活用という活用

目的が貢献すると考えられる。具体的には，まず買収側企業の，BSCと戦略マップからなるBSC戦略マネジメントシステムを参考にしながら，ターゲット企業の目指すべき戦略的方向性を明確にして，ターゲット企業のBSC戦略マネジメントシステムを作成あるいは修正していく。その上で，そのBSC戦略マネジメントシステムを，新しい戦略をターゲット企業の組織に浸透させ組織を活性化させるための戦略的マネジメントシステムとして活用していくのである。

これによって，買収側企業の戦略達成を中心として，それと関連づけながらターゲット企業の戦略を設定し，それを達成するための経営管理システムを構築することが可能となり，さらに実行段階で買収側企業が作成した事業計画を実行後の段階においてモニターすることが可能になると考えられる。

このような活用法の有効性についてキャプランとノートン（Kaplan and Norton, 1993, p.142）は，戦略マップまで含めたBSC戦略マネジメントシステムを前提としているわけではないが，第2バージョンの中で挙げている合併後の統合段階でBSCを活用したロックウォーター社の事例に関して，「BSCは，変化のプロセスを促進するために使われたときに最もその効力を発揮する」と述べている。また，第3バージョンBの中で挙げられているケミカル・リーテイル・バンクの事例も，このような課題に対応する事例だと考えられる。

仮説⑥　インセンティブの付与などの人材の維持・管理が不十分である

この課題の解消には，業績管理システムとしての活用という活用目的が一部貢献すると考えられる。具体的には，BSCを業績管理システムとして活用し，それを人事評価や報酬と結びつけ，M&A実行後のターゲット企業の人材に対するインセンティブシステムとして活用していくことである。

これによって，ターゲット企業の従業員のモチベーションを高め，人材の維持などを促進することができると考えられる。

上記で検討したBSC戦略マネジメントシステムの活用目的と日本企業のM&Aにおける6つの課題との関係をもとにすると，BSC戦略マネジメントシステムの活用目的のM&Aの課題解消への貢献について，以下の6つの仮説を設定することができる。

① 実行前の段階を中心に，戦略マップをM&A案件と戦略との整合性をと

るためのフレームワークとして活用することができる。
② 実行前の段階において，評価指標のベンチマーク分析の結果をターゲット企業の選択基準として活用し，客観的な評価を効率的に行うためのシステムとして機能させることができる。
③ 実行段階のビジネス・デューデリジェンスの中で，評価指標のベンチマーク分析を行うことによって，それを，焦点を絞って効率的に行うためのシステムとして機能させることができる。
④ 実行後の段階において，BSCと戦略マップからなるBSC戦略マネジメントシステムを双方のコミュニケーションツールとして活用し，スムーズな統合を促すシステムとして機能させることができる。
⑤ 実行後の段階において，BSCと戦略マップからなるBSC戦略マネジメントシステムを経営管理システムとして活用し，計画の達成を促し，効果的な経営管理を行うためのシステムとして機能させることができる。
⑥ 実行後の段階において，BSCを業績管理システムとして活用し，インセンティブと結びつけることにより，人材の維持・管理を促すシステムとして機能させることができる。

最後に，このような6つの仮説をまとめて，「BSCと戦略マップからなるBSC戦略マネジメントシステムの全部または一部を，M&Aのステップの中でその活用目的に合わせて活用することが，M&Aの課題を解消しM&Aの成功に貢献する」という仮説を設定する。

注

1) BSCの起源と生成については，いくつかの見解がある。1つは，その起源をわが国のTQCにおける方針管理に求めようというものである（松原，2000）。2つめは，その起源をフランスで古くから用いられていたマネジメント・コントロールのためのツールであるタブロー・ドゥ・ボール（tableau de bord）に求めようというものである。また，3つめは，タブロー・ドゥ・ボールが骨格の基礎となった可能性はあるが，実質的にはサイモンズの診断的コントロール・システムがかなり影響を与えているというものである。起源について断定的なことはいえないが，櫻井（2000b, pp.3-6）が述べているように3つめの可能性が高いという見解の説得力が高いと考えられる。
2) MB賞は，経営品質を高めるために，重要な競争要因としての経営品質の理解と経営品質についての情報や戦略共有を促進するために作られた仕組みである。ある意味でこの

賞は，国際競争力回復を目指すアメリカの国家戦略の1つであり，特に製造業再生のための戦略的ガイドラインとしての性格をもっていたとも考えられている。米国では，多くの企業の90年代における驚異的成長の大きな理由の1つが，ボルドリッジ賞の制定によるもといわれている。具体的には，MB賞における7つのクライテリアのうち，「顧客と市場の重視」「人材の重視」「プロセス・マネジメント重視」の3つが，BSCの4つの視点との類似性があると考えられる。なお，同じような制度として，ヨーロッパのEFQM (European Foundation for Quality Management) フレームワークと日本で1996年から財団法人社会経済生産性本部が中心となって設置したJQA (Japan Quality Award：日本経営品質賞) がある。このうち日本のJQAは，米国のMB賞に影響を受け創設されたものである。その審査基準書によると，「わが国の企業・組織が，国際的にも競争力のある経営構造へ質的転換を図るために，顧客の視点から経営全体を運営し，自己革新を通じて新しい価値を創出しつづけることのできる「卓越した業績を生み出す経営の仕組み」を有する企業を表彰することを目的」としたものとされている（日本経営品質賞委員会，2003, p.2）。

3) バランスの意味については他にもいくつかの見解がある。例えば，野村総合研究所のコンサルタントらは，4つの意味に加えて，株主・顧客・サプライヤー・パートナー・従業員といった異なるステークホルダーの間のバランス，導入される組織の間のバランスといった意味もある，と述べている（柴山ら，2001, pp.38-40）。

4) 松原は，1992年に紹介されたものを業績評価システム，1993年のものを経営者情報システム，1996年のものを戦略的経営システムとし，そのうち3番目がその中核であり日本企業が採用すべきものである，と述べている。

5) この場合のマネジメント・システムとは，正式にはマネジメント・コントロール・システムのことと考えられる。その管理会計的な意味はAnthonyによって確立されているが，彼の定義によるとマネジメント・コントロール・システムとは，「経営管理者が，組織戦略を遂行するために組織構成員に対して影響を与えるプロセス」のことである (Anthony and Govindarajan, 2000, pp.6-7)。なおAnthonyは，BSCについて，「新しいボトルに入れたワインのようなもので，従来の業績評価システムと同じであり目新しいものではない」(Anthony and Govindarajan, 2000, pp.444-445)，と述べるなど，かなり厳しい評価をしている。

6) このようなプロセスの中で，戦略目標と成果尺度，パフォーマンス・ドライバーの因果関係について仮説検証のサイクルをまわしつづけることによって，当該組織の組織業績に最も効果がある重要業績指標を見出し，組織のノウハウとして蓄積することができるのである。森沢（2001, p.52）はBSCのこのような側面について，「ある意味のナレッジマネジメントそのものであるとも考えられるのではないか」と述べている。

7) 長谷川（2001, pp.58-59）は，キャプランとノートンの1992年における論文の中にはパフォーマンス・ドライバーや因果連鎖といった言葉は使われてはいないものの，すでにその萌芽的な概念が垣間見える，という見解を述べている。

8) ノートン (Norton, 2000b, p.14) は，ハケットグループの調査対象となった60社のほとんどの企業において，業績評価尺度のほぼ4分の3が財務指標となっていた，と指摘している。このようにBSCに対する関心は高まってはいるものの，その位置づけや構築

には課題が多いと考えられる。
9) 櫻井（2001a, p.23）は，BSCの意義について，「米国企業がBSCを重視する傾向は，アメリカ企業に欠けているとされていた総合的評価を戦略的な立場から可視的に表現しようとするためであり，総合的な評価という意味では，従来日本企業が行ってきた実務とあまり異なるところはないが，客観的な評価を行うという意味では日本企業にとっても意義のあるものである」という見解を述べている。この見解には賛同するが，それに加えて日本企業にとっては，過去あまり明確な戦略を立案してこなかった企業が，戦略を改めてしっかりと考えそれを遂行していくためのツールという意味も大きいと考える。
10) 飯塚（1998, p.75）は，経営戦略と管理会計の関係という視点からBSCを検討すると，BSCは戦略の測定と戦略の管理を具体化しているので，戦略の測定と戦略の管理を内容とする「戦略の管理会計」という新領域を管理会計に追加し，管理会計の範囲を拡大することに貢献している，と主張している。このように，BSCを高く評価する見解も多い。
11) キャプランとノートン（Kaplan and Norton, 1996b, pp.254-258）は，Echo Engineering社の場合は，従業員のモラル改善が，顧客満足度の増加，売掛金の減少，使用総資本利益率の増加といったことにつながるという相関関係，つまりリンケージが現れている，と述べている。
12) 2003年10月にBSCを数多くの日本企業に導入した経験をもつコンサルタントがBSCに関して述べたコメントをもとにしている。
13) 各視点のウエイトのつけ方についても，いろいろな考え方がある。櫻井（2000a, pp.49-50）は，それぞれの視点の相関関係をもとに，財務の視点を強調すべきであるとし，財務を60％その他を40％とするのが1つの目安であるとしている。
14) 2003年10月にBSCを数多くの日本企業に導入した経験をもつコンサルタントがBSCに関して述べたコメントをもとにしている。
15) このコメントは，以下の個所から引用している。Hegatry, Michael（1996），"Letters to the Editor," *Harvard Business Review*, Vol.74, No.2, p.172.

第6章
日本企業と投資ファンド運営会社のM&A事例研究
―BSC戦略マネジメントシステム活用との関連で―

　第5章では，BSCの意義や活用目的などをまとめた上で，BSCと戦略マップからなるBSC戦略マネジメントシステムの全部または一部を，M&Aのステップの中でその活用目的に合わせて活用することが，M&Aの課題を解消しその成功に貢献する，という仮説を構築した。

　本章では，その仮説の検証を目的として，日本企業と投資ファンド運営会社のM&Aの事例研究を行い，その中からBSC戦略マネジメントシステムの全部または一部を活用し，それがM&Aの成功に貢献していると考えられるポイントとその効果を高めると考えられる支援システムを抽出していく。

第1節　日本企業のM&A事例研究の概要

1．対象事例の選択基準

　対象事例の選択にあたっては，株式会社レコフが発行しているM&A専門誌『マール』をもとに，1998年1月1日から2000年12月31日の間に外部公表された，日本企業が関連したM&A案件である3,638件を母集団とした。

　1998年から2000年に発表されたM&A案件を対象にした理由は，①比較的新しい案件の方がより多くの情報が入手可能と考えられること，②成否の判断をするためには調査時点で実行から一定期間経過していることが望ましいと考え

られること，③2000年及び2001年の日本の会計基準変更後の財務諸表において成否を判断できる案件の方が望ましいと考えられること，からである。

上記の母集団の中から，以下のような基準をもとに，対象事例を選択した。
① 『マール』のM&Aデータ上で公表額が100億円を超えるもの
　　買収側企業の経営戦略や業績に一定のインパクトがあり，また情報が獲得しやすい規模が大きい案件を対象とするためである。
② 『マール』のM&Aデータ上で買収，営業譲渡，合併と区分されている，ターゲット企業の支配権を獲得するようなもの
　　自社が主体的に行うM&Aを前提として，それを成功させるための経営管理のモデルを構築するという本書の目的からすると，支配権を取るようなM&A案件を対象にしないと，事例研究の意義が薄れると考えたためである。
③ 『マール』のM&Aデータ上で，買収側企業あるいはターゲット企業のいずれかが日本に存在するもの
　　情報の入手可能性を高めるためである。

さらに，数社が共同して行った資本参加，保有株式の買い増し，金融目的のM&A，親会社のM&Aにともなうグループ企業のM&A，有形資産を主な対象とするM&A，直前に実施したM&Aのために財務数値上の成果の確認が難しいM&A，対象企業が成功したとは考えていないM&Aについては，調査の趣旨と違うため対象から除外している。

また，同一企業で複数の案件が選択された場合には，同一企業では実施状況はほぼ同じと考えられるので，最も金額の大きい案件を1つ選択することとした。

2．対象事例を選択する際のM&Aの成功についての定義

M&Aの成功の定義は，第2章で述べたようにさまざまなものが考えられる。そのうち，理論的には，市場の反応が企業価値・株主価値の変化を反映すると考えられるため，時価総額の変化が成功の判断基準の1つと考えられる。しかし，対象事例の選択を行った2003年3月の時点で考えると，日本企業の時価総額は，市場の効率性についての若干の疑問もあり，企業価値・株主価値を

必ずしも適正に評価しているとは考えられない場合も想定される。したがってここでは，M&Aの成功を，時価総額の上昇と相関関係が高いと考えられる財務諸表上の数値の改善をもとに考えることにした。

具体的には，M&Aの成功は本業での業績に成果が現れることがポイントと考えられるので，本業の業績を表す「営業利益」と，より客観的でかつ投資を除いた成果として早めに本業の成果が表れやすい「営業活動からのキャッシュフロー」の2つをM&Aの成功を判断する財務数値として採用することとした。

さらにM&Aによって獲得した事業の業績を評価するため，セグメント情報に注目し，M&Aによって取得した事業が含まれる事業セグメントまたは地域セグメントの「営業利益」あるいは「営業活動からのキャッシュフロー」が，M&Aを実行した事業年度の翌事業年度から2001年度にかけて増加している事例を，成功しているものとして抽出することとした。

M&Aを実行した事業年度の翌事業年度を基準年度とした理由は，実行した事業年度の業績には，そのM&Aの成果が一部の期間分しか反映されなかったり，M&A実行後の大規模な事業整理などの損失が反映されることもあるため，基準年度としては不適切な場合もあると考えたためである。

なお，セグメント情報には，「営業活動からのキャッシュフロー」は記載されていないため，そのかわりとして「営業利益」に減価償却費を加えたものを利用することにした。さらに，海外案件の場合は，地域別セグメント情報には減価償却費の記載がないので，「営業利益」のみで判断することとした。

3．選択したM&A事例

上記のような選択基準を適用することによって，成功したM&A事例として抽出した事例は，以下の3つである。

① 花王によるキュレル事業のM&A
② テルモによる3Mの人工心肺事業のM&A
③ 旭硝子によるPPGのヨーロッパガラス部門のM&A

なお，3つの事例を見てみると，テルモと旭硝子の事例は事業全体を対象としたものであるのに対して，花王の事例はブランドを中心とするM&A事例で

あり，若干内容に違いはある。しかし，事業全体，ブランドのいずれを対象とするものであっても共通している部分はかなりあると考えられる。したがって，この３つのM&A事例について調査を行うこととする。

４．調査内容

第２章でまとめたM&Aのステップに基づいて，まず各事例の目的とその前提となったM&Aの方針についてまとめた上で，M&A実行前の段階，M&A実行段階，M&A実行後の段階という３つの区分にしたがい，事例の具体的な実施状況や成果などについてインタビュー調査を行うこととした。具体的には，第３章第３節でまとめた先行研究において比較的多く指摘されていた点と，第４章での日本企業のM&Aの実施状況についての調査における質問を参考に，以下のような点についてインタビュー調査を実施した。

① 事例の概要
　　M&Aの目的
　　M&Aの方針
② M&Aの実施体制
　　M&A実行のインフラの状況
③ M&A実行前の段階
　　ターゲット企業の選択の状況
④ M&A実行段階
　　デューデリジェンスの実施状況
　　買収金額の評価の実施状況
　　交渉の状況
⑤ M&A実行後の段階
　　統合の状況
　　経営管理システムの状況
　　人材の維持・管理の状況
⑥ M&Aの成果

第2節　日本企業のM&A事例研究の結果

1．花王によるキュレル事業のM&A

　以下の内容は，2003年6月に，本案件を担当された担当者に対して行ったインタビューと公開情報をもとにまとめている[1]。

(1) 事例の概要

　この事例は，花王が米国子会社であるジャーゲンズ社を通じて，米国コンタクトレンズメーカーのボシュロム社のスキンケア部門に対してM&Aを行ったものである。1998年4月9日に公表されており，M&Aの対象となった事業の年間売上高は約5,000万ドル，買収金額は1億3,500万ドルであった。

1）M&Aの目的

　このM&Aの目的は，高級スキンケアローション「キュレル」[2]ブランドを中心とした事業を買い取り，従来の普及タイプと1997年に発売した洗顔用の「ビオレ」とあわせて，北米のスキンケア事業を強化することであった。

　後藤社長（M&A実行当時）は，このM&Aについて，「キュレルについては，そのブランドが花王本社や米国子会社であるジャーゲンズ社の技術などとうまくマッチして，米国のスキンケア事業の強化につながる。いずれはグローバルに展開できる」[3]と述べており，すでにもっていた技術との相乗効果と，グローバル展開までも考えた成長への貢献をM&Aの目的として強調している。

2）M&Aの方針

　花王は当時，2005年までに達成する連結ベースの財務的な目標として，売上高1兆円を達成すること，海外売上高の比率を23～24％から30％にまで高めること，EVAを1.5倍にすることを掲げていた。一方で花王は研究開発のレベルは高く，マーケティングも強化する必要性はないと考えていたが，有力なブランドがなく欧米でのプレゼンスが低いことが課題となっていた。

　しかし，ブランドについてはゼロから立ち上げて育てるのには時間がかかるので[4]，ブランドを買収[5]し，それをプラットフォームとして花王の研究開発

力で新製品などに結びつけていく，という戦略[6]を考えていた。

さらに，花王はM&Aの対象分野について，①市場がある程度の規模であること，②市場がフラグメンタルで（細分化されていて），ユニークなコンセプトを取り入れやすく後発でも投資をすれば十分に入りこめる余地があること，③現在もっている技術が生かせること[7]，という明確な選択基準を定めていた。

この基準にそって選択されたM&Aの優先分野が，肌に関連するスキンケアと毛髪に関連するヘアケアを中心とするパーソナルケア事業であった。さらに，パーソナルケアは投資額が小さいというメリットもあった。

さらにブランドについては，①価格競争に陥らないようなプレミアム製品であること，②ブランドとしてある程度認知されていること，③赤字でないこと，という選択基準も設定していた。

このような選択基準にそって，花王では，短期，中期に分けてM&Aの候補となりそうな企業やブランドをリストしたM&A候補リストを作成して，社長以下トップ数名に報告していた。リストは１年に２回見直され，それにそってM&Aのターゲット候補を絶えず探し，また必要に応じて接触していた。

そのような中で，キュレルブランドを中心とした事業の売却という案件がもちこまれたのである。

(2) M&Aの実施体制
1) M&Aを直接担当した米国子会社ジャーゲンズの状況

このM&Aの具体的作業を担当したのは，米国子会社であるジャーゲンズ社であった。ジャーゲンズ社は，1988年に花王に買収された企業であるが[8]，当初は花王本社とのコミュニケーションの問題もあり，なかなか業績が上がらなかった。しかし，ゲントナー氏が社長に就任してから，業績が回復した。ゲントナー氏は，過去花王の競合企業であるP&Gやユニリーバに勤務したこともあり，花王の洗剤や化粧品分野の世界レベルの技術を熟知していた。さらに国際志向も強く，慎重な性格が花王の気風にも合っていた。そして彼の社長就任後，業績の改善に合わせて現地への権限の委譲が進んでいったのである。

2）このM&Aの実施体制

このM&Aの対象は米国企業であり，米国事業についてはジャーゲンズ社に権限を委譲しているため，ジャーゲンズ社が中心となって作業を行った。具体的には，ジャーゲンズ社のゲントナー社長が中心となって，米国側約10名，日本側約10名の，財務，法律，人事や，生産をはじめ，ターゲットとなる事業のビジネスモデルに関連するほとんどの部門の専門家がプロジェクトチームを構成し，そのチームがM&Aに関連する作業を行ったのである。

(3) 実行前の段階

1）ターゲット企業の選択の状況

この案件は，投資銀行から紹介されたものである。対象となった「キュレル」ブランドは，既にM&Aリスト等で検討されていたものであったため，スムーズに本格的な検討に進んでいった。

なお，ブランドについては，マーケティング調査会社のエー・シー・ニールセン[9]などから，製品市場の動向・市場シェア・実売価格・販売個数などのデータを絶えず入手していた。そのためそのような情報に基づいて，M&Aの実行前段階でもある程度の評価ができる環境にあった。また，投資銀行からの情報も評価の参考になった。

(4) 実行段階

1）デューデリジェンスの実施状況

ブランド力が高いかどうかについて集中的に精査した。特に，マーケットシェアの動向，収支，利益率を中心的に精査した。また，エー・シー・ニールセンのデータをはじめ外部からの情報も参考にした。さらに，ブランドがM&Aの対象の中心であったので，商標権の登記状況，特許権の内容，技術の内容，他社への侵害をはじめとする訴訟の有無など，法務面のデューデリジェンスに時間をかけた。結果としては大きな問題はなかった。

2）買収金額の評価の実施状況

この案件では，花王として一般的な以下のような方針で評価を行った。

評価方法としては，類似会社比準法，EVA法[10]，DCF法を利用した。中で

も，類似会社比準法を中心に据え，過去の類似したM&A案件をもとに，売上高やEBITDAをもとにした倍率法を利用し，ブランドカテゴリーによってその倍率を調整することにした。また，DCF法については，過去のM&A案件のM&A実行後における業績推移を参考にして，楽観と悲観の2つのシナリオを作成し，7～8年の予測をもとに計算を行った。さらに，エリア拡大や新製品を生み出すケースなどのシミュレーションも実施した。

3）交渉の状況

この案件は，オークションになり，結果として競い勝ったものである。

(5) 実行後の段階

1）統合の状況

M&Aの実行後，ブランドについては特に変更はせず，ブランドの管理をはじめとした通常の業務は現地に任せることにした。また，花王の自社技術をもとに，新製品のアイテムを追加した。生産も，M&A実行後にコストシナジーが出るように既存の工場で自社生産することとした。ただ，欧米での規模があまり大きくないので，全体としてのコストシナジーはあまり大きく出てはいない。

2）経営管理システムの状況

このM&Aについては，キュレルのブランドに関与しているマーケティング部門の担当者が1名入社しただけである。そのため，経営管理システムについては特に変更はなく，全社で導入しているEVAが同じように導入されている。また，特に問題も発生していない。

3）人材の維持・管理の状況

上記のようにこのM&Aでは，1名が入社しただけである。そのため，人材面の特別な施策は行っておらず，また大きな問題も発生していない。ただ，EVA導入の中で，全従業員の賞与の一部がEVAの結果と連動する仕組みとなっており，EVAによる経営管理がインセンティブプランと結びついている。

(6) M&Aの成果

下記のように，M&A実行後の業績が含まれている欧米セグメントの業績を

表6-1　花王欧米セグメントの業績推移　　（単位：百万円）

事業年度	2000年3月期	2001年3月期	2002年3月期	2003年3月期
売上高	111,043	105,287	122,890	143,640
営業利益	3,462	5,910	7,867	10,161
資　産	96,465	103,836	120,599	142,064

注：なお，2003年3月期は欧米を欧州と米州に区分しているため，それを合計して記載している。また，欧米セグメントの中には，化学事業の業績も含まれている。
出典：花王有価証券報告書。

みると，営業利益は順調に増加している。また，連結の決算短信の中に記載されている，欧米での状況についての説明の中で，2000年3月期と2001年3月期の2期連続して，このM&Aの成果が順調に出てきていることが明確に示されている[11]。さらに，インタビューの中でも，財務数値はM&A実行時点での予想を実績が上回っており[12]，また，定性的な面でも，カテゴリーでの存在感が強くなったこと，新製品を生み出すといったシナジー効果が出ていること，同じ技術を違うブランドへ利用できたこと，といった成果が出ている，という回答を得ている。

このような事実をもとにすると，このM&Aの成果は順調に表れており，成功した案件と考えられる。

(7) BSC戦略マネジメントシステムの活用状況

花王によるキュレル事業のM&Aの中では，BSCと戦略マップからなるBSC戦略マネジメントシステムそのものは活用されていない。しかし，実質的にBSC戦略マネジメントシステムの全部または一部と考えられるものを活用し，それがM&Aの成功に貢献していると考えられるポイントや，その効果を高めると考えられる支援システムは見受けられる。以下，そのようなポイントについてまとめていく。

1) 実質的にBSC戦略マネジメントシステムと考えられるものを活用し，それがM&Aの成功に貢献していると考えられるポイント

a) M&Aの戦略上の目的と意義の明確化
　⇒M&Aの戦略との整合性の検討のために，実質的に戦略マップと重なり合うフレームワークを活用

花王は，キュレル事業のM&Aを実行する前の段階で，売上高の上昇・海外売上高比率の向上・EVAの50％上昇の3つを2005年までに達成する，という連結ベースでの財務的な目標を掲げていた。そのうち海外売上高比率の向上に関しては，欧米でのプレゼンスの低さが課題となっていた。つまり，海外では，研究開発力やマーケティングの体制については問題はなかったものの，ブランド力の弱さが課題と考えられていたのである。しかし，自ら新しいブランドを立ち上げて育てるのは時間がかかると考え，ブランドを中心としたM&Aを選択肢として挙げ，実行したのである。
　このような状況を戦略マップと関連づけてみると，以下のようになる。
　まず，財務の視点において，海外売上高比率の向上という収益機会の拡大を意味する基本戦略が掲げられている。さらにそれが全社の売上高の上昇に貢献して収益増大戦略の成果につながり，さらにEVAの増大につながることによって長期の株主価値の改善が図られることが想定されている。次にそれを達成するために顧客の視点において，差別化されたプレミアムスキンケア製品を提供するという，新製品で革新を起こすことと重なり合う戦略テーマが選択されていると考えられる。具体的には，技術開発力に裏打ちされた品質などの，製

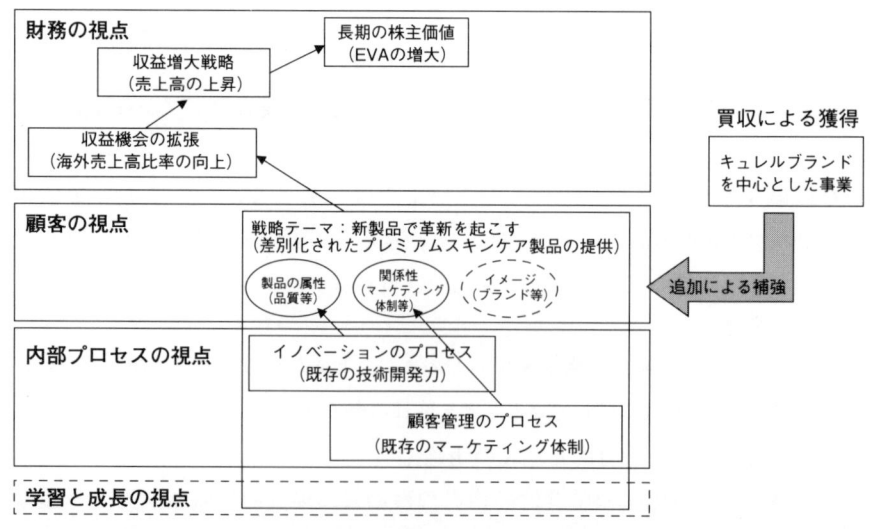

図6-1　花王によるキュレル事業のM&Aにおける戦略マップ(一部)のイメージ図

品の属性と，充実したマーケティング体制に裏打ちされた関係性に，ブランドを加えることによって戦略テーマの実現を図ることを想定していたと考えられる。さらに内部プロセスの視点においては，戦略テーマを実現するために，既に高い水準にある技術開発力を中心とするイノベーションプロセスとマーケティング体制を中心とする顧客管理プロセスにおいて高い成果を生み出すことが期待されていた。

しかし，このような戦略を達成していくためには，既存の経営資源の中ではブランド力が不十分な状況にあり，さらにブランドを自ら構築するのにはかなり時間がかかり，それでは期限内に設定された戦略目標の達成が難しくなると判断して，M&Aを戦略達成の選択肢として位置づけ，この案件の実行に踏み切ったと考えられるのである。

上記は，あくまでも仮説として，戦略マップにそって，このM&Aの戦略的な位置づけを展開してみたものである。しかし，結果としてみると，花王はあくまでも無意識ではあるが，実質的に，戦略マップと重なり合うフレームワークにそって戦略テーマを明確にし，それをもとに戦略目標の達成可能性を各視点間の因果関係に着目して検討し，その中で既存の経営資源だけで達成することが難しい部分について，M&Aを選択肢として挙げ，さらにそれを実行した場合の成果を検討していた，と考えることもできる。

このように，戦略マップと重なり合うフレームワークにそった無意識での戦略との整合性の検討が，結果としてM&Aの成功に貢献していると考えられるのである。

b) 実行前の段階における，M&Aの対象となったブランドに関する定量的な情報の入手と評価
　⇒ターゲット企業の選択基準として，実質的に評価指標と考えられるものを活用

前述のように，花王ではエー・シー・ニールセンの定量的なデータを入手し，それをもとに一定の事前評価を行い，その結果に基づいて，M&A候補のリストを作成している。この案件でM&Aの対象となったキュレルブランドは，そのリスト上に，以前からM&Aの候補として挙げられていたブランドである。

またデータの中には，製品市場の動向・市場シェア・実売価格・販売個数などの情報が含まれており，その中には，顧客の視点と関係の深い評価指標と考えられるものが含まれている。

つまり，実行前の段階で，外部から入手できる実質的に評価指標と考えられる数値データをもとに，一定の仮説的な評価を行い，それが，ターゲット企業のスクリーニングの精度を高め，結果としてM&Aの成功に貢献していると考えられる。

　c) デューデリジェンスにおけるブランド評価に関連する定量データの入手と評価
　　⇒ビジネス・デューデリジェンスの中で，実質的に評価指標と考えられるものを活用

デューデリジェンスの中で，ブランド力の高さを評価する際に，マーケットシェアの動向，収支，利益率などを精査している。これらと実行前の段階で活用した数値データは，一種のブランドの評価指標と考えられる。つまり，ビジネスデューデリジェスの段階で，実質的に評価指標と考えられるものを活用することによって，効率的に焦点を絞ったブランドの評価を行うことができ，それが評価の精度を高め，結果としてM&Aの成功に貢献していると考えられる。

　d) 経営管理システムとしてのEVA™の導入
　　⇒経営管理システムとして，実質的に評価指標と考えられるものを活用

花王では全社ベースで，経営管理システムとしてEVA™を導入している。EVA™による経営管理の中では，EVA™を論理的に分解したバリュー・ドライバーをもとにその上昇策が検討されていく。バリュー・ドライバーは戦略との関連づけは行われていないものの，BSCにおける評価指標とかなり重なり合うものと考えられる。つまり，BSCにおける評価指標へ発展できる可能性があるバリュー・ドライバーを，経営管理システムとして実質的に活用していると考えられる。これによって，目標が明確になり，効果的な経営管理を行うことができ，それがM&Aの成功に貢献していると考えられる。

　e) インセンティブのシステムとしてEVA™を活用
　　⇒人材の維持・管理のシステムとして，実質的に評価指標と考えられる

ものを活用

　花王では全社ベースでEVA™を導入し，その結果に基づいて，ボーナスの一部を支払う仕組みを採用している。EVA™を導入する際には，通常それとあわせてBSCにおける評価指標とかなり重なり合うと考えられるバリュー・ドライバーを活用していく。花王の場合もそのような指標を活用しているようである。このように，BSCにおける評価指標へ発展できる可能性があるバリュー・ドライバーを，インセンティブシステムに結びつけ人材の維持・管理のシステムとして活用していたと考えることができる。これによってモチベーションが高まり，それがM&Aの成功に貢献していると考えられる。

2) 1)の効果を高める支援システム

a) 既存事業の強化を目的とした案件であること

　対象となったキュレル事業のM&Aは，北米でのスキンケア事業という既存事業の強化が目的となっていた。したがって，業界の競合企業などの情報の入手がしやすい状況にあった。このような情報の入手しやすさが，戦略マップと重なり合うフレームワークにそったM&Aの意義や目的の確認や，ターゲット企業の事前評価やデューデリジェンス，さらに実行後の段階における経営管理システムや人材の維持・管理のシステムの中での評価指標と考えられるものの活用において，間接的にその効果を高めることの支援となったと考えられる。

b) 強力なリーダーが案件を一貫して担当していること

　米国子会社であるジャーケンズ社のゲントナー社長が，リーダーシップを発揮して一貫して案件を担当している。ゲントナー社長は業界にも精通しており，過去経営者として実績も挙げていた。このように，M&Aの実行段階から実行後の統合まで，能力の高いリーダーのもと一貫した方針で作業を遂行することができている。

　このようなリーダーの存在は，実行前の段階での戦略マップと重なり合うフレームワークにそった戦略上の確認や，ターゲット企業の事前評価やデューデリジェンス，さらに実行後の段階における経営管理システムや人材の維持・管理のシステムの中での評価指標と考えられるものの活用において，さまざまな課題をその後の段階に引継ぎ，その解消と戦略達成へ向けて組織全体をまとめ，発生した問題にも柔軟に対応できるという面から，間接的にその効果を高

めることの支援となったと考えられる。

2．テルモによる3Mの人工心肺事業のM&A

　以下の内容は，2003年6月に，本案件を担当されたテルモの取締役及び担当者に対して行ったインタビューと，その際入手した資料及び公開情報をもとにまとめている[13]。

(1) 事例の概要

　この事例は，テルモが，米国3M社のヘルスケア事業部門の一部である人工心肺関連事業を買収したものである。M&Aの対象となった事業は，従業員数が全世界で約500名[14]，売上高はM&A実行直前期の1998年12月期において1億60万ドルであった。M&Aは，テルモの米国子会社であるテルモ・メディカル社が行い，M&A実行後は同分野の既存事業と統合して，1999年7月にテルモ・カーディオバスキュラー・システムズ社を設立している。1999年4月15日に公表され，買収金額は150億円前後であった。

1）M&Aの目的

　このM&Aの目的は，1982年に世界に先駆けて発売したホローファイバー型人工肺以降展開してきた人工心肺[15]事業を，世界市場で強化することと，一定のポジションを占める事業に乏しい米国での事業基盤を確保することの2つであった[16]。

　このM&Aは，上記のような目的をもつテルモと，業績悪化でリストラを進めている3Mの思惑が一致する中で，実行されている。人工心肺事業は，3Mにとっては世界第4位のシェアをもつものの，同社の売上の1％以下を占めるに過ぎない事業であった。しかし，テルモ側からみると，3Mとテルモの事業を単純合計すると年間売上高は200億円となり，世界3位の規模に達するため，魅力的な事業であった。さらに，過去，人工心肺の一部の機器の自社開発を時間とリソースの面から断念したため，M&Aを選択肢と考えてもいた。

　また，テルモの人工心肺事業は，人工肺本体及び血液回路を主力製品としているのに対して，3M社の同事業は，人工肺のほか，カニューラ（身体から

血液を回路に導くための管），血液ガスモニター機器，ローラーポンプ[17]（心臓の代りに血液を循環させるポンプ）等を主力製品としており，2社の事業内容にはほとんど重複がなかった。実際に，テルモの商品と3Mの商品の重複部分は，3Mの売上120億円の10％のみであった。したがって，このM&Aは相互補完を実現し，人工心肺システムのすべてを供給できるようにするものであった。さらに地域的にも，テルモは日本とアジア中心に事業展開をしていたが，3Mの事業は米国中心であり，相互補完的であった[18]。

２）人工心肺事業の市場の状況

このM&Aの発表時点における人工心肺事業の市場規模は，世界全体で1,300億円程度とみられていた。また，市場成長率は，先進国で2～3％，インド，中国，東欧，中南米などでは8～10％程度と考えられていた。

また，人工心肺市場は，特に先進国マーケットの伸びが低成長にとどまる中で，先進各国が医療費抑制政策を実施したため，市場環境は徐々に厳しくなっていた。その結果，M&Aによる上位メーカーのシェア上昇が続き，M&A実行前の過去数年で，主要企業が13社から6社へ集約された。1998年のテルモの市場シェアは16％で，Medtronic（メドトロニック）の27％，Sorin-cobe（ソーリン・コーブ）の27％に次ぐ第3位の地位となっていた。

３）M&Aの方針

テルモでは，①テルモの戦略に合致し，補完・補強関係といったシナジーが見込めること，②同じ製品を自社開発する場合に比べて，かなり「時間を買う」ことができること，③各分野で強いプレゼンスを有していること，④ユニークな商品・技術・特許をもっていること，といった選択基準をもとに，M&Aの候補となりそうな企業をリストしたM&A候補リストを作成していた。

さらに，テルモの和地社長は，M&Aの方針について以下のように述べていた。

「M&A至上主義は取らないが，必要と判断すれば他分野でもM&Aや提携を進める」[19]，「医療デバイスの分野は幅広く，欧米大手でもすべてをやっているわけではない。いつも言っているのは，グローバルニッチを狙えということだ。（競争の激しさによって）事業を分類し，競争が激しくないところに出ようとしている。医療デバイスは，事業が細分化され，新しい市場も立ち上がっ

ている。かつては，技術開発は全部自前だったし，今でも自前の技術を大切にしないとメーカーとしての存在意義がないと言っているが，自前だけではスピードに追いつかないこともある。そんな時に買収や提携を考える。買収の目的は，①スピード，②なかった技術を手に入れる，③買収によって世界第3位以内に入ることだ」[20]。

　このように，競争優位を構築しやすい分野を対象に，M&Aを1つの選択肢として考えるとともに，M&Aの目的も明確にしていた。

(2) M&Aの実施体制

　テルモでは，社内にM&A専門部門はなく，経営企画部門が中心となってプロジェクトチームを編成し実行する体制をとっている。この案件は，中尾常務，当時の経営企画部門担当者，人工心臓事業の担当者の日本側3名に，当時の米国テルモ社長が加わったプロジェクトチームが中心となって実行している。なお，メンバーのうち，米国テルモ社長と経営企画部門担当者は人工心臓ビジネスに詳しく，中尾常務を含めた3名は，この案件を実行する前に人工心臓に関連する小型のM&Aを担当し，M&Aの経験もあった。

(3) 実行前の段階

1) ターゲット企業の選択の状況

　この案件の数年前に，M&Aのターゲットとなった3Mの医療事業部との提携の話があったが，途中で中断するという経緯があった。ただ，その後3Mが業績不振に陥ったため事業再構築を行うことになり，ノンコアと位置づけられた医療事業は売却対象となった。その中で投資銀行から案件がもちこまれ，オークションとなり，その結果テルモがM&Aを行うことになったのである。

　また，基本合意書の締結前までに，おおよその買収金額，隠れ債務の有無，ビジネス上の弱み，3Mのマネジャーの資質と能力などについて，可能な範囲で確認した。さらに，M&Aの契約を統轄する弁護士の選定を慎重に行った。

　なお，この案件を含め海外案件については，メディカル分野に強い投資銀行が業界情報を把握しており，これがかなり参考になった。

また，一般に生産財の場合は顧客との関連が密接であるため，競合製品や補完品の評判や顧客満足度などの情報は事前にある程度入手でき，さらに同業の場合には，キーマンの動向や研究開発の水準などの情報もある程度得られる状況にあった。

(4) 実行段階
1) デューデリジェンスの実施状況
　ビジネス面でのデューデリジェンスは，人事，生産，技術，特許，財務などを対象として，現状の確認を中心に行った[21]。その中で，3Mのマネジャーと話す機会をもつなど，人物の評価も行った。ただ，オークション方式だったので，工場などの現場の視察などはあまりできなかった。しかし，事前に提携交渉をしていたので，ある程度状況が分かっており，これが役に立った。
　また，将来の債務につながる可能性のある環境や品質の問題についてもよく確認し，将来的に何かあった場合には相手の負担とすることにした。結果としては，大きな問題はなかった。
　また，法律面のデューデリジェンスや契約関係のアドバイスを有能な弁護士に依頼することができたが，非常に能力が高く意味があった。
　さらに，財務面のデューデリジェンスについては，リスク面を中心によく調査した。

2) 買収金額の評価の実施状況
　DCF法を利用した。具体的には，割引率については10〜15％と幅をもたせた。さらに，3つのシナリオ，つまり①売上高のシナジーを考えずリストラを実行した場合，②営業利益を保守的に想定した場合，③売上高のシナジーとリストラの両方を考慮した場合についての評価額を計算した。

3) 交渉の状況
　この案件は，オークションになり，結果として競い勝ったものである。

(5) 実行後の段階
1) 統合の状況
　M&A実行後，テルモのアメリカ法人社長を経営者とした。しかし，2年後

に大きな経営上の問題が発生し，退任させることとなった。その後，半年間中尾常務が現地へ行き立て直しを行った。その後新たな経営者をスカウトした。

さらに具体的な業務の統合については，販売は統合し，生産はM&A実行前のままにし，開発は3M方式，ITと管理はテルモ方式，処遇・福利厚生は両方のバランスをとるという方針で行った。欧州は，ドイツにあった3MのCV（カーディオバスキュラー）本部を新会社とし，そこへ統合した。日本では，3Mの対象事業の担当者が1年間テルモに出向し，テルモに3Mのノウハウを導入することにした。企業文化の統合については気を配った。

しかし，統合の初期段階で，欠品やITシステムの遅れ，商品不整合，売掛金回収遅延，在庫問題，購買品質問題，資金問題，売上低迷，損失拡大などさまざまな問題が発生することとなった。特に，テルモの現地法人の人工心臓部門と，3Mの人工心臓部門という現業部門だけで統合を行ったため，管理機能を担う部門が欠落したまま新会社を設立することになってしまい，結果として管理体制が非常に弱くなってしまったことが大きな問題であった。さらに3Mが，債権回収をはじめとする管理業務を本社で集中して行っていたこともこの問題に拍車をかけた。

また，3Mの生産部門も実行前に考えていたよりも全体的に水準が低かった。さらに，3Mのマネジャーの能力が予想していたよりも低く，マネジャーの能力の評価の重要性と部門間統合の難しさを痛感した。また，雇用を守る方針が人材の入れ替えを遅らせる結果となった[22]。

このような統合時のトラブルは，事前には予想できなかったが，結果としては中尾常務を中心とした日本からの支援によってすべて解決した。

2）経営管理システムの状況

経営管理システムについては，BSCや評価指標は導入しておらず，テルモの通常の管理システムを導入している。

3）人材の維持・管理の状況

雇用を守る方針をとったが，これがM&A実行後すぐに成果が出ないという問題につながった。ただ，その後，人材の入れ替えを行い，結果としては成果が出ている。

(6) M&Aの成果

表6-2　テルモ米州セグメントの業績推移　　（単位：百万円）

事業年度	2000年3月期	2001年3月期	2002年3月期	2003年3月期
売上高	28,747	32,117	35,849	37,260
営業利益	−597	1,089	1,509	2,252
総資産	30,850	32,607	34,887	34,046

出典：テルモ有価証券報告書。

　上記のように，M&A実行後の業績が含まれている米州セグメントの業績をみると，営業利益は順調に増加している。また，連結の決算短信の中でも，2000年3月期から2003年3月期にかけて4年連続して，心肺システム事業においてM&Aの成果が順調に出てきていることが明確に示されている[23]。

　また，中尾常務もインタビューの中で，「買収後の業績は，2002年までは，売上高，利益，EBITDAをはじめ順調に推移している。具体的には，シェアが16％から24％へ上昇し，業界1位のシェアである25～26％とほとんど差がなくなり，2004～2005年には，シェアトップになれる可能性が出てきた。このM&Aは，両社の品揃えの相互補完関係が非常によく，結果として成功と考えている。フルラインをまとめて購入する顧客は現時点でも少ないが，顧客との接点が広がることにより[24]，マーケティングがしやすくなったことと，テルモは本気だと顧客が見てくれたというメリットが大きい。さらに，R&Dでもかなり効果があり，新分野への展開のきっかけとなるとともに，今後の人工心肺事業への長期的な展望も開けることにつながっている」と述べている。

　一方で，中尾常務は「製造の面ではあまりメリットはなく，また人材の面でも入れ替わりが激しく，結果としてはあまりメリットはなかった」と一部期待はずれの面もあったことを指摘している。

　ただ，全体としてみると業績も順調に推移しており，成功したM&Aと考えられる。

(7) BSC戦略マネジメントシステムの活用状況

　テルモによる3Mの人工心肺事業のM&Aの中では，BSCと戦略マップからなるBSC戦略マネジメントシステムそのものは活用されていない。しか

し，実質的に BSC 戦略マネジメントシステムの全部または一部と考えられるものを活用し，それが M&A の成功に貢献していると考えられるポイントや，その効果を高めると考えられる支援システムは見受けられる。以下，そのようなポイントについてまとめていく。

1）**実質的に BSC 戦略マネジメントシステムと考えられるものを活用し，それが M&A の成功に貢献していると考えられるポイント**

　a）M&A の戦略上の目的と意義の明確化

　　⇒M&A の戦略との整合性の検討のために，実質的に戦略マップと重なり合うフレームワークを活用

テルモは，３M の人工心肺事業の M&A を実行する前の段階で，当該事業の世界市場での強化とプレゼンスの低い米国での事業基盤の確保という目標を掲げていた。また，先進各国の医療費抑制政策によって市場環境が厳しくなる中で，競合他社も M&A によって規模拡大を図っていた。そのような環境下で，具体的に顧客との接点を拡大し，研究開発の幅を広げ，新分野への展開の契機となるように，人工心肺事業において自社生産していない機器への進出を図り，シェアを拡大することを考えていた。しかし，過去自社開発を時間とリソースの点から断念したこともあり，新しい機器への進出に関しては M&A を選択肢として掲げ，実行に移したのである。

このような状況を，戦略マップと関連づけてみると，以下のようになる。

まず，財務の視点において，人工心肺事業の米国での収益基盤の確保という収益機会の拡張を意味する基本戦略が掲げられている。さらにそれが当該事業の世界市場における強化につながり収益増大戦略の成果となり，長期の株主価値の改善が実現することが想定されている。次に，顧客の視点においては，その戦略を達成するために，既存製品との相互補完につながるような周辺製品の開発による製品ラインナップの増大といった，新製品で革新を起こすという戦略テーマと，製品の品揃えを充実させることによって顧客との接点を増やしマーケティングのシナジーを実現するといった，顧客価値を向上させるという戦略テーマが選択されていると考えられる。さらに，内部プロセスの視点においては，そのような戦略テーマを実現するために，技術開発力を中心とするイノベーションプロセスと既存のマーケティング体制を中心とする顧客管理のプ

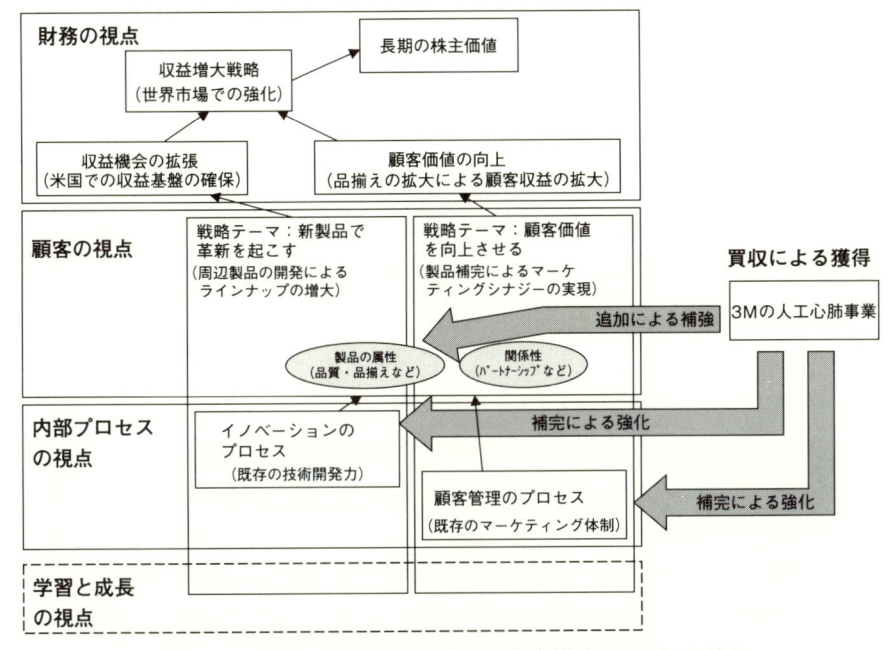

```
財務の視点
  収益増大戦略 → 長期の株主価値
  (世界市場での強化)
  収益機会の拡張      顧客価値の向上
  (米国での収益基盤の確保)  (品揃えの拡大による顧客収益の拡大)

顧客の視点
  戦略テーマ：新製品で    戦略テーマ：顧客価値     買収による獲得
  革新を起こす         を向上させる
  (周辺製品の開発による    (製品補完によるマーケ    3Mの人工心肺事業
  ラインナップの増大)     ティングシナジーの実現)
                          追加による補強
  製品の属性          関係性
  (品質・品揃えなど)    (パートナーシップなど)

内部プロセス                補完による強化
の視点
  イノベーションの
  プロセス
  (既存の技術開発力)
                  顧客管理のプロセス        補完による強化
                  (既存のマーケティング体制)

学習と成長
の視点
```

図 6-2　テルモによる 3 M 人工心肺事業の M&A における
　　　　戦略マップ（一部）のイメージ図

ロセスにおいて成果を生み出していくことが期待されていた。

　しかし，このような戦略の達成には，周辺機器の開発・販売が必要と考えていたが，過去，その自社開発を時間とリソースの関係で断念した経緯から，M&Aを積極的に選択肢として考える中で，選択基準を満たす案件が出てきたため，実行に踏み切ったと考えられるのである。

　上記は，あくまでも仮説として，戦略マップにそって，このM&Aの戦略的な位置づけを展開してみたものである。しかし，結果としてみると，テルモはあくまでも無意識ではあるが，実質的に戦略マップと重なり合うフレームワークにそって戦略テーマを明確にし，それをもとに戦略目標の達成可能性を各視点間の因果関係に着目して検討し，その中で，既存の経営資源だけで達成することが難しい部分について M&A を選択肢として挙げ，さらにそれを実行した場合の成果の可能性を検討していた，と考えることもできる。

このように，戦略マップと重なり合うフレームワークにそった無意識での戦略との整合性の検討が，結果としてM&Aの成功に貢献していると考えることができる。

2）1）の効果を高める支援システム

a）既存事業の強化を目的とした案件であること

　M&Aの対象となった人工心臓事業は，以前から手掛けている既存の事業であり，この案件では，そのラインナップの強化とすでに進出していた北米での事業の強化が目的となっていた。したがって，情報の入手がしやすい状況にあったため，これが戦略マップと重なり合うフレームワークにそったM&Aの意義や目的のスムーズな確認に対する間接的な支援となったと考えられる。

b）ターゲット企業は以前からよく知っている企業であること

　この案件のターゲット企業は，以前提携交渉をした企業であったため，実行前の段階ですでにある程度の情報は入手できていた。これが戦略マップと重なり合うフレームワークにそったM&Aの意義や目的のスムーズな確認に対する間接的な支援となったと考えられる。

c）強力なリーダーが案件を一貫してフォローしていること

　M&A案件を統括するリーダーであった中尾氏は，人工心臓事業に精通しており，また，過去M&Aの経験もあった。さらに，統合段階でマネジメントが原因でトラブルが発生し，現場で経営を担当した米国テルモの社長が退任した際も，中尾氏が一定期間現地に乗り込んで問題解決を図るなど，一貫して強いリーダーシップで案件をリードしている。

　このように，中尾氏の存在が，実行前の段階における戦略マップと重なり合うフレームワークにそった戦略上の確認をその後の段階に引継ぎ，その達成へ向けて組織全体をまとめ，トラブルにも柔軟に対応するという面から，間接的にその効果を高めることの支援となったと考えられる。

3．旭硝子によるPPGの欧州ガラス部門のM&A

　以下の内容は，2003年6月に，本案件を担当された旭硝子のリュックビラム副社長執行役員に対して行ったインタビューと公開情報をもとにまとめている[25]。

(1) 事例の概要

　この事例は，旭硝子が，米国のガラス・化学の大手企業であるPPGインダストリーズ（本社：米国ピッツバーグ市）から，欧州のガラス事業をM&Aによって取得したものである。具体的には，PPGのフランスとイタリアにある板ガラス・自動車用加工ガラスの工場，流通拠点などが対象となり，対象となった事業の売上高は約4億5,000万ドル，従業員数は2,750人であった。M&Aの実行は，旭硝子の欧州子会社であるグラバーベル（ベルギー）社を通じて行っている。1998年5月7日に公表され，買収金額は3億3,300万ドルであり，旭硝子が手がけたM&Aとしてはその時点で過去最大のものであった[26]。

1) M&Aの目的

　このM&Aの目的は，旭硝子のガラス事業の欧州でのシェアアップと工場ネットワークの拡大による効率的な生産物流体制の構築であった。

　そのうちシェアアップについては，特に自動車ガラス部門において，自動車メーカーが供給業者を各部品ごとに2社程度に絞るという動きがあり，グラバーベル社も自動車用ガラスの欧州におけるシェアを高める必要に迫られていた。このM&AによってEU地域内でのシェアが従来の約15%から約25%へと上昇し，1位のサンゴバン（フランス），2位のピルキントン（英国）に次ぐ僅差の3位になることが想定されていた。

　また工場ネットワークの拡大については，グラバーベル社はM&A実行前の段階で，ベルギー，オランダ，チェコ，ロシアに工場をもっていた。このM&Aによって，立地が重複しないフランスやイタリアにあるPPGの工場[27]を傘下に収めることになり，顧客の近くに工場をもつことによって，物流コストの節約が可能となり，結果として効率的な生産，物流体制を構築できることが想定されていた。さらに，PPGの低コストの生産能力にも魅力があった。

　さらに，当時EUでは，建築用ガラス市場において複層ガラスなどの高付加価値製品へのシフトで安定した伸びが見込め，自動車用についても，トヨタのフランス進出などで，新たなビジネスチャンスが開けつつあった。このように，市場の拡大にともなう売上の成長が見込めたことも，M&Aの実行を決断する1つの要因になった。

　このM&Aによって，世界規模での生産拠点の構築という目標に合わせて，

EUとその周辺市場への製販体制が完成することになった。実際に旭硝子の石津進也社長は，このM&Aが終了した時点で，「ガラス市場での再編はほぼ終わった」[28]と述べている。

2）M&Aの方針

旭硝子では，M&Aに関する明確な方針を示してはいないが，この案件を実施した当時，以下のような戦略的な方針を打ち出していた。

石津社長は，1998年に「シュリンク・トゥ・グロウ」（成長のための縮小）路線を打ち出し，このM&A案件の実行後の1999年2月9日に発表した「緊急構造改革」計画の中で，海外の合理化は国内より大胆にできると強調し，米国PPGの欧州拠点はホワイトカラーを数百人単位で削減する予定と発表した[29]。さらに，石津社長は，ガラスをはじめとする素材事業で利益を生み出すための方策について，「今は世界価格で勝負しなきゃいけない。これは素材メーカーの宿命ですね。ですから，我々ができるのはコスト削減，これしかない」[30]と述べ，コスト競争力の重要性を強調している。

M&Aの候補リストは，ガラス事業については，もともと寡占状態で市場や競合企業の状況が把握できているため，作成していない。しかし電子部材，特殊化学品などの分野では，M&Aの候補リストを適宜作成している。具体的には，事業分野ごとに，今後の技術開発の予測をまとめた技術ロードマップと，材料から中間財，さらには完成品へ至る上流から下流への展開図であるバリューチェーン図を作成していく。その上で自社で保有していないが保有したい技術・製品について，内部開発や技術提携を模索し，その際早めに補塡したい場合に，M&Aを選択肢として考えている。その際，まずそのような製品や技術を保有している会社をリストし，技術レベル，財務状況，買収できる可能性などを考慮して候補企業を絞り込んでいる。

(2) M&Aの実施体制

旭硝子には，社内にM&A専門部門はなく，通常は経営企画室が中心となってプロジェクトチームを編成し実行する体制をとっている。この案件については，グラバーベル社において，コントローラー，財務担当者，弁護士，技術の専門家，販売管理担当者からなるチームを編成して対応した。さらに，この案

件をリードしたのは、当時のグラバーベル社の経営者であり、インタビュー時点では旭硝子の板ガラスカンパニーのプレジデントであるビラム副社長である。また、この案件の遂行あたっては、投資銀行は依頼していない。

この案件をリードしたビラム氏は、倒産状態にあったグラバーベル社に1982年に入社し、経営を軌道に乗せた人物であり、欧州を中心にこの業界では非常に経験豊かな人物であった。

(3) 実行前の段階

1) ターゲット企業の選択の状況

ガラス業界は非常に狭い業界であり、グラバーベル社と PPG の欧州ガラス部門は、もともとお互いをよく知っている状況にあった。この M&A のきっかけは、塗料などの化学事業の強化のためにガラス事業の売却を検討していた PPG が旭硝子に M&A を打診してきたことであった。その後後述のようなやりとりがあり、最終的に旭硝子の欧州子会社であるグラバーベル社が M&A を行うことになった。

また、事前に、工場の状態、コスト競争力、売上規模などについて調査を試みたが、実際にはシェアアップや売上の規模や予測などの調査は可能であったが、それ以外は難しかった。

なお、ターゲット企業の評価については、アナリストレポートや顧客からの情報などが有効であった。顧客からも営業部門を通じて品質や顧客対応などに関する情報を入手したが、これらの情報も有効であった。

(4) 実行段階

1) デューデリジェンスの実施状況

この案件のビジネス・デューデリジェンスのおける重要なポイントは、PPG のガラス部門における生産性の水準とコスト競争力であった。このうち生産性の水準についてはある程度調査ができたが、コスト競争力については十分な情報が得られなかった。また法律面では、独占禁止法が気になったが、結果としては問題とならなかった[31]。また、財務面のデューデリジェンスも行ったが、これに関しても問題はなかった。

第6章　日本企業と投資ファンド運営会社の M&A 事例研究　145

2）買収金額の評価の実施状況

買収金額の評価については，DCF法とEBITDA倍率法を利用した。そのうち，DCF法についてはシナリオ分析を行った。

3）交渉の状況

最初，PPGから旭硝子にM&Aの打診があり，案件の検討が開始された。その際，旭硝子は合弁会社設立を提案したがPPGに断られた。その後，旭硝子がM&Aの提案をしたが，これも決裂した。そのあと，旭硝子の欧州子会社であるグラバーベル社がM&Aを行うという提案を行い，過去グラハーベル社とPPGのヨーロッパガラス部門は同じ企業グループに属していたこともあったため，その後はスムーズに交渉が進み契約締結に至ったのである。

(5) 実行後の段階

1）統合の状況

M&A実行後の組織体制については，グラバーベル社とPPGのガラス部門をそれぞれ一般ガラス部門と自動車ガラス部門に分け，それぞれを統合するという形態をとった。また，統合後の一般ガラス部門の責任者にはグラバーベル出身者が就任し，自動車ガラス部門の責任者にはPPG出身者が就任した。

また，組織などの統合は3ヶ月で行ったが，全体的な統合のために，それぞれの部門の代表メンバーから構成された統合チームを編成し，18ヶ月間にわたって活動を行った。結果として，統合は早くスムーズに行われた。

統合が順調に進んだ理由として，はっきりとした方針があったこと，グラバーベル社自体が買収された企業であり過去M&Aの経験があったこと，柔軟性が高いことをはじめ2社の企業文化が類似していたこと，の3つが挙げられる[32]。

また，自動車ガラス部門については，マネジメントがよくなかったためM&A実行前の目標をすぐには達成できず，成果が出るまでに時間がかかった。その具体的な理由は，自動車ガラス部門では，M&Aの実行後に，生産能力の関係から，グラバーベル社の2つの工場とPPGの5つの工場のうち規模の小さいPPGの2つの工場を閉めるべきであったが，閉鎖するタイミングが遅れたことが挙げられる。ただ，ビラム氏のリードによって結局は閉鎖を行った。こ

のようにやるべきことがすぐに実行できなかった理由は，2社の自動車ガラス部門が欧州ではあまり強くなく，双方がなかなか主導権が取れなかったためである。このような経験から，弱い部門同士や弱い企業同士のM&Aはいずれも主導権が取れないために成功が難しい，と考えている。

2）経営管理システムの状況

経営管理システムのうち，個人業績の評価に関しては，定性的な目標をもとにしたMBO（management by objective：目標管理）を導入している。なお，BSCや評価指標は導入していない。

3）人材の維持・管理の状況

給与水準は双方とも地域毎で設定していたため，それを引き継ぐこととした。一方で，ボーナスのシステムは統一した。具体的には，企業全体の業績を表す財務数値として営業利益と営業キャッシュフローを選択し，それらと連動させてサラリーの20～30%程度のボーナスを支払うことにした。結果としてスムーズに統合が行われた。

(6) M&Aの成果

M&A実行後の案件が含まれているヨーロッパセグメントの業績は，表6-3にあるように基本的に売上高・営業利益ともに増加基調となっている。ただ2003年は営業利益が前年比で減少している。この理由は，有価証券報告書によると，板ガラスの価格の下落や自動車の生産台数減少という外部環境の変化によるものである[33]。

また，このM&Aの責任者であるビラム氏は，このM&Aの成果について，「非常に成功したM&Aと考えており，その成果に満足している。特に，PPGの製造部門に，低コストの生産方式を導入することができたことをはじめとし

表6-3　旭硝子欧州セグメントの業績推移　　　（単位：百万円）

事業年度	1999年3月期	2000年3月期	2001年3月期	2002年3月期	2003年3月期
売上高	192,937	199,384	190,365	224,201	258,491
営業利益	12,745	12,418	18,115	24,030	19,439
総資産	245,516	202,461	190,382	232,451	317,290

出典：旭硝子有価証券報告書。

て，生産面，運搬費，原材料の購入価格の面でシナジー効果を実現することができたこと，また，双方の従業員が一緒に働くことを歓迎し，人事面での問題がまったく発生しなかったこと，さらに，M&Aの翌年から製品の価格が上昇するという幸運もあり，業績は順調に推移したことが非常に良かった点である。特に一般ガラス部門は順調であった」と述べている[34]。

ただ，一方で，ビラム氏は，M&Aの成果に大きな影響は与えなかったが，M&A実行後に判明した予想外の事項として，①投資抑制のため設備が古く生産コストが予想したよりも高かった，②従業員が必要以上に多かった，③コンピュータの2000年問題への投資が不十分であった，という3つを挙げていた。

また，M&A実行後約4年経過した2002年の時点で，このM&Aが契機となって，今まで取引のなかった米国フォードグループの英国ランドローバー，スウェーデン・ボルボと取引をはじめることが決まり，日産自動車と仏ルノーが立ち上げた共同購買会社や，独ダイムラークライスラーからの新規受注も決定するなど，さまざまな成果も出ている。

このM&A案件を実行したあと，板ガラス事業についてはビラム氏のリードの下で，チェコやロシアなど新興市場にも積極的に進出し，M&A実行前には大差をつけられた欧州第3位の地位であったものが，サンゴハンに次ぐ板ガラス欧州第2位の地位に浮上している。

このように，全体としてみると成功したM&Aと考えられる。

(7) BSC戦略マネジメントシステムの活用状況

旭硝子によるPPGの欧州ガラス部門のM&Aの中では，BSCと戦略マップからなるBSC戦略マネジメントシステムそのものは活用されていない。しかし，実質的にBSC戦略マネジメントシステムの全部または一部と考えられるものを活用し，それがM&Aの成功に貢献していると考えられるポイントや，その効果を高めると考えられる支援システムは見受けられる。
以下，そのようなポイントについてまとめていく。

1）実質的にBSC戦略マネジメントシステムと考えられるものを活用し，それがM&Aの成功に貢献していると考えられるポイント

a）M&Aの戦略上の目的と意義の明確化

⇒M&Aの戦略との整合性の検討のために，実質的に戦略マップと重なり合うフレームワークを活用

　旭硝子はこのM&Aを実行する前の段階で，前述のように，ガラス事業の欧州でのシェアアップと，工場ネットワークの拡大による効率的な生産・物流体制の確立という目標を掲げていた。そのうちシェアアップは，自動車メーカーが各部品の供給業者を2社程度に絞るという動きに対応するためのものであり，また，工場ネットワークの拡大は，工場から遠い顧客への物流コストの圧縮を主な目的とするものであった。このような，2つの課題を解消するためには，自ら生産拠点を立ち上げていくことは非常に時間がかかると考え，M&Aを選択肢として考え，実行に移したのである。

　このような状況を，戦略マップと関連づけてみると，以下のようになる。

　まず，財務の視点において，自動車メーカーの有力サプライヤーとして指定され，欧州におけるシェアアップを図るという，顧客価値の向上と，工場ネッ

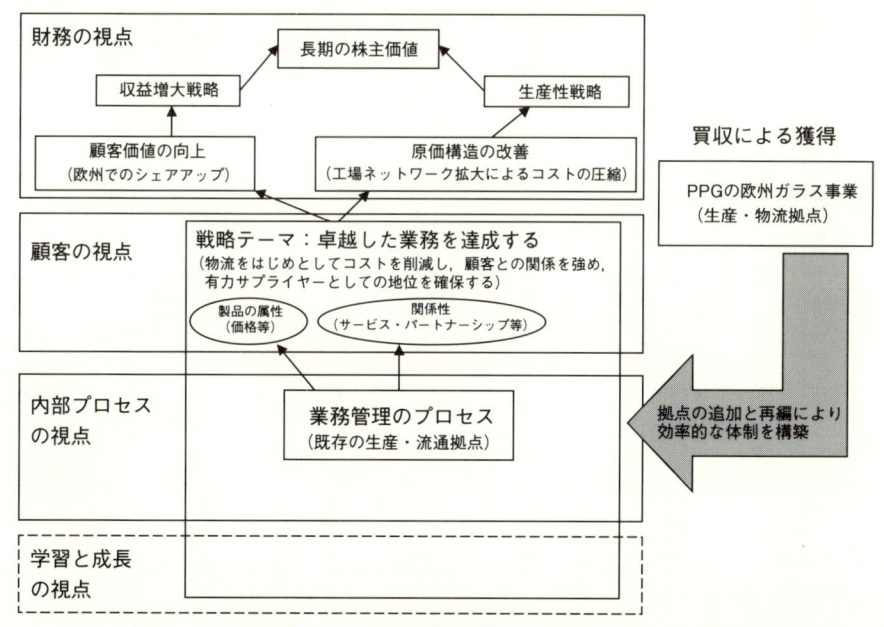

図6-3　旭硝子によるPPG欧州ガラス事業のM&Aにおける戦略マップ（一部）のイメージ図

表6-4 成功した3つのM&A案件の実施状況のまとめ

インタビュー項目	花王によるキュレル事業のM&A	デルモによる3Mの人工心肺事業のM&A	旭硝子によるPPGの欧州ガラス部門のM&A
1 案件の概要			
案件の目的	既存事業の既存地域（北米）での強化。	周辺事業のM&Aによる既存事業の強化。	既存事業の既存地域（欧州）での強化。
M&Aの方針	・対象分野などは明確にしていた。 ・M&A候補リスト作成。	・対象分野のM&Aは明確にしていた。 ・M&A候補リスト作成。	・M&Aの前提となる戦略的な方針は明確にしていた。
2 M&Aの実施体制			
M&A実行のインフラの状況	米国子会社が中心となり、本社が支援してプロジェクトチームを編成した。	担当役員、経営企画部門、事業担当者、米国法人社長でチームを編成した。	欧州子会社でチームを編成した。
3 M&A実行前の段階			
ターゲット企業の選択の状況	・投資銀行からの紹介。 ・事前に候補として考えていたものであった。	・投資会社からの紹介。 ・以前提携交渉をした相手方であった。	・旭硝子グループとして複数回接触し、欧州子会社が買収することとなった。 ・以前、欧州子会社と同一の企業グループの傘下企業であった。
4 M&A実行段階			
デューデリジェンスの実施状況	ブランド力、法務面を中心に実施した。	法律・財務、人事、技術、特許、環境などについて実施した。	・法律・会計については実施した。 ・生産性とコスト競争力が問題になったが、後者の情報が十分には得られなかった。
買収金額の評価の実施状況	・DCF法、類似会社比準法（売上、EBITDA）、EVA法を利用。 ・シナリオ分析を実施。	・DCF法を利用。 ・シナリオ分析、割引率のシミュレーションを実施。	・DCF法、類似会社比準法（EBITDA）を利用。 ・シナリオ分析を実施。
交渉の状況	オークション。	オークション。	当初は先方からM&Aの依頼があり、最終的には欧州子会社がM&Aを提案した。
5 M&A実行後の段階			
統合の状況	・ブランド管理は現地に任せている。自社技術を活用し、新製品を発売。 ・生産は自社工場にて実施。	・販売は統合、生産はそのまま、開発は3M、ITと管理はデルモ、という方針で実施。 ・管理部門、生産部門でトラブルが発生した。 ・役員主導で対応し解決した。	・統合チームを編成し、一般ガラスと自動車ガラスに分けて全体的に統合。 ・小規模工場の閉鎖に時間がかかった。 ・欧州担当役員が対応し解決した。

経営管理システムの状況	EVA を導入している。	社内の管理システムを活用している。	MBO を導入している。
人材の維持・管理の状況	入社したのは、ブランド担当の1名だけであり、特別な施策はない。	・文化と雇用を重視。 ・ただ、一定期間後に人材は一部入れ替えた。	給与は地域で水準をあわせた。ボーナスは統一した。
6 M&Aの成果			
①該当セグメント業績	売上高、営業利益ともに順調。	売上高、営業利益ともに順調。	売上高は増加したが、営業利益は外部環境の変化でH15年は減益。
②公開情報での記載	有価証券報告書に順調という記載あり。	有価証券報告書に順調という記載あり。	特に記載なし。
③担当者のコメント	・業績は順調。 ・存在感が高まった。 ・新製品発売によるシナジーが生み出せた。 ・技術との相乗効果。	・業績は順調。 ・フルラインで商品提供ができるメリットが大きい。 ・R&Dにも効果が出た。	・生産、運搬、原料費などでのシナジーが大きい。 ・人事面での統合は非常にスムーズであった。

トワークの拡大によってコストの圧縮を図るという，原価構造の改善と考えられる基本戦略が掲げられている。さらにそれらが収益増大戦略及び生産性戦略の成果につながり，それによって長期の株主価値の改善が図られることが想定されている。次にそれを達成するために顧客の視点において，物流コストをはじめとしたコストを削減し，顧客との関係を強め有力サプライヤーとしての地位を確保するという，卓越した業務を達成することと重なりあうような戦略テーマが選択されている。具体的には，コストの削減によって価格競争力を高めるといった，製品の属性と，工場ネットワークの拡大によって顧客との関係を強め有力サプライヤーとなるといった，関係性を充実させることが想定されている。さらに内部プロセスの視点においては，その戦略テーマを実現するために，既存の生産拠点を整理・統合するとともに必要な拠点を追加し，業務管理プロセスの効率を高め，効率的な生産・物流体制を構築することが期待されていた。

　しかし，このような戦略を達成していくためには，既存の経営資源の活性化のみでは，短期間に設定された戦略目標を達成することは難しいと判断して，M&Aを戦略達成の選択肢として位置づけ，この案件の実行に踏み切ったと考えられるのである。

　上記は，あくまでも仮説として，戦略マップにそって，このM&Aの戦略的な位置づけを展開してみたものである。しかし，結果としてみると，旭硝子はあくまでも無意識ではあるが，実質的に戦略マップと重なり合うフレームワークをもとに戦略テーマを明確にし，それもとに戦略目標の達成可能性を検討し，その中で既存の経営資源だけで達成することが難しい部分について，M&Aを選択肢として挙げ，さらにそれを実行した場合の成果について検討していた，と考えることもできる。

　このように，戦略マップと重なり合うフレームワークにそった無意識での戦略との整合性の検討が，結果としてM&Aの成功に貢献していると考えることができる。

　2）1）の効果を高める支援システム
　a）既存事業の強化を目的とした案件であること
　対象となったPPGの欧州ガラス事業部は，事業内容が既存事業と同じであ

り，対象となった地域もガラス事業の欧州子会社であるグラバーベル社がすでに20年弱も事業を行っている地域であった。したがって，情報も入手しやすく，これが戦略マップと重なり合うフレームワークにそったM&Aの意義や目的のスムーズな確認に対する間接的な支援となったと考えられる。

b）ターゲット企業は以前からよく知っている企業であること

ターゲット企業は競合企業であり，また以前同じ企業グループに属している企業であったため，相手の事業内容や状況などについて，実行前の段階ですでにある程度の情報は入手できていた。したがって，これが戦略マップと重なり合うフレームワークの上での，M&Aの意義や目的のスムーズな確認に対する間接的な支援となっていたと考えられる。

c）強力なリーダーが，案件を一貫して担当していること

旭硝子のガラス事業の欧州子会社であるグラバーベル社の社長（当時）であったビラム氏が，一貫して案件を統轄し遂行している。彼は業界での経験が長く，M&Aの経験もあった。このビラム氏の存在が，実行前の段階における戦略マップと重なり合うフレームワークの上での戦略上の確認を，その後の段階に引継ぎ，その達成へ向けて組織全体をまとめ，トラブルにも柔軟に対応するという面から，間接的にその効果を高めることの支援となっていたと考えられる。

第3節　投資ファンド運営会社のM&A事例研究

投資ファンド運営会社は，投資家から資金を集めてファンドを設定し，その資金をいろいろな企業に投資し，投資した企業の価値を高め，その上で株式公開や株式譲渡によって投資回収を図り目標とする投資利回りを確保する，という事業を行っている。

そのようなファンドの中には，第3章で取り上げたアンスリンガーとコープランドの研究（Anslinger and Copeland, 1996）の中でも述べられているように，年率18～35％といった非常に高い持続的なリターンを獲得している例もある。また，アイエロとワトキンス（Aiello and Watkins, 2000）の研究のよ

に，高い成果を上げているLBOなどのファンドのM&Aの方法を，M&Aを成功させるためのポイントとしてまとめている例もある。さらに投資ファンド運営会社は本業として投資を行い，担当者の中にはM&Aに関連する金融業務や戦略コンサルティングのプロフェッショナルがかなり含まれている。

したがって投資ファンド運営会社のM&Aの実施状況の中には，一般企業の参考になるポイントがかなりあると考えられる。さらに，その中にはBSC戦略マネジメントシステムの全部または一部を活用している事例もある可能性がある。

そこで本節では，投資ファンド運営会社の中から，M&Aの中でBSCと戦略マップからなるBSC戦略マネジメントシステムの全部または一部を活用し，それがM&Aの成功に貢献していると考えられる企業を選択し，そのような事例とその効果を高めると考えられる支援システムを抽出していく。

1．対象企業の選択基準

日本の投資ファンド運営会社は，活動をはじめて間もない場合が多く，まだ投資案件の中で回収にまで至っているものは限られている。しかし，M&Aの実施状況の中から，BSC戦略マネジメントシステムの全部または一部を活用し，それがM&Aの成功に貢献していると考えられる事例を抽出するという目的からすると，一定水準以上の投資リターンを確保している実績のある投資ファンド会社を選択する必要がある。

このような点を鑑み，①すでに投資の回収をある程度行っている，②投資後に実際に業績を高めた事例をもっている，③BSC戦略マネジメントシステムの全部または一部をM&Aのステップの中で活用しているという3つの選択基準によって，調査対象会社を選択することとした。

これらの基準をもとに，日本の投資ファンドの中からアドバンテッジ・パートナーズを選択した。

なお，アドバンテッジ・パートナーズの上記3つの基準についての状況は，下記のとおりである。

① 2004年11月時点で，累計で15社の投資実績があり，そのうち4社が株式公開ないしは株式売却によって資金回収を果たしていた。

②　事前のヒアリングで,資金回収できた投資案件については満足できるリターンが確保できているとのことであった。
③　事前のヒアリングで,M&Aのステップの中で,BSC戦略マネジメントシステムそのものではないが,その構成要素である評価指標と重なり合うKPIを活用しているとのことであった。

2．調査内容

調査内容は,第2節において日本企業のM&A事例研究の中で行った調査に準じるものとした。ただ,投資ファンド運営会社は自ら事業を行っているわけではないため,一般事業会社のM&Aとは,①戦略上の意義や目的を考える必要がない,②実行後の統合を考える必要がない,といった相違がある。したがってその点を考慮し,インタビューの内容を若干修正することとした。

具体的にインタビューの対象とした点は,以下のとおりである。
①　全段階を通して
　　M&Aの対象分野の状況
　　M&A実行のインフラの状況
②　M&A実行前の段階
　　ターゲット企業の発掘と選択の状況
　　ターゲット企業に対する事前調査の状況
③　M&A実行段階
　　デューデリジェンスの実施状況
　　買収金額の評価の実施状況
　　交渉と契約締結の状況
④　M&A実行後の段階
　　経営管理システムの状況
　　人材の維持・管理の状況

3．調査結果

以下の内容は,2005年1月に,アドバンテージ・パートナーズの共同代表の1人である,リチャード・フォルソム氏に対して行ったインタビュー[35]に対す

る回答に基づいてまとめている。

(1) アドバンテッジ・パートナーズの概要

アドバンテッジ・パートナーズは，1992年に設立したプライベートエクイティファンド（未公開株への投資ファンド）運営会社である。本格的な投資は，1997年に設立したMBIファンド1号から開始し，同2号，3号と，2005年1月末の時点で3つのファンド[36]を立ち上げている。なお，MBIとはManagement Buy Inの略称であり，投資後必要に応じて経営陣を送り込んで事業の再生を図るような事業投資の形態のことを意味している。

(2) アドバンテッジ・パートナーズのM&Aの実施状況

 1) 全段階を通して

 a) M&Aの対象分野の状況

M&Aの対象としている事業分野は，①市場が成長している業種（情報システム，メディア・エンターテイメント，ソフトウェア，電子エレクトロニクスなど），②規制緩和等で市場がダイナミックに変化している業種（金融サービス，商社，製薬・ヘルスケア，通信・電力など），③市場が安定しており，マーケティング戦略の巧拙が勝敗に影響する業種（食品その他消費財，外食，専門小売，一般製造業など）という3つである。

 b) M&A実行のインフラ整備の状況

2005年1月の時点で，プロフェッショナルスタッフが25名おり，そのうちパートナーがプリンシパルを含め7名となっている。また，そのほとんどが金融機関出身者や戦略コンサルティングの経験者である。

 2) 実行前の段階

 a) ターゲット企業の発掘と選択

ターゲット企業の発掘は，銀行及び銀行系の証券会社のM&A部門からの紹介が比較的多くなっている。それ以外にも，外資系の投資銀行，あるいはそのOBが独立してつくったM&A専門のブティック，会計事務所などからの紹介もある。

なお，ターゲット企業の候補として検討する企業の数は，年間で100～140件

程度である。そのうち実際に投資の実行にまで至る案件の数は，これまでの実績では毎年2～4件程度となっている。

ターゲット企業を選択する際には，必ず以下の3点を考慮している。
① 当社が設定している M&A の対象分野に該当する企業であること
　　ターゲット企業の事業が，上記の3 (2) 1) a) で挙げた3つの業種のいずれかに該当することを条件としている。
② 一定の持株比率が確保できること
　　原則として50％超の持株比率を確保することを条件とし，それが難しい場合でも最低限1/3超の持株比率を確保することを条件にしている。また，持株比率が50％以下となる場合は，経営方針について，既存オーナーとの合意を得ることを条件としている。
③ 事業規模が一定水準以上であること
　　年間売上高が，50～1,000億円以上であることを条件としている。

b) ターゲット企業に対する事前調査の状況

ターゲット企業に対する事前調査として，本格的なデューデリジェンスの前に，0次評価，1次評価，2次評価の3段階にわたる調査を行っている。具体的な内容は，以下のとおりである。
① 0次評価
　　紹介者から，1～2枚程度の業種やターゲット企業の状況だけを記載した社名のない企業概要を受け取り，それを業界や競合企業の状況に関する外部情報と関連づけながら調査していくことが多い。また，この段階で，秘密保持契約を締結し，財務諸表や営業報告書などを入手することもある。期間的にはスタッフが延べ1～3日程度をかけて行っている。この段階で候補企業を約半分に絞り込んでいく。
② 1次評価
　　0次評価を通過した企業に対する調査である。具体的には，事業の魅力度と案件の成立可能性という2つの観点から調査を行っていく。この段階で，候補企業の経営者との面談も行う。
　　さらにこの段階で，企業価値を増大させるためのロジックをもとに，企業価値の増大を KPI[37] に分解した収益ツリーを作成し，それぞれの KPI の

水準や改善可能性に関する調査を行っていく。なお、アドバンテッジ・パートナーズにおいてKPIと呼んでいるものは、実質的には企業価値を指標に展開していったバリュー・ドライバーと重なり合うものと考えられる。この調査によって、0次評価を通過した候補企業を約1/3に絞り込んでいく。

③ 2次評価

1次評価を通過した企業に対する調査である。

1次評価に続いて、収益ツリーをもとに、KPIの水準や改善可能性に関する調査を継続していく。

さらに、この段階で、ターゲット企業の事業分野に詳しい業界エキスパートや市場調査会社などを使って、顧客の購買動向調査などを行ったり、会計事務所や法律事務所に簡単なレビューを依頼することもある。また、案件自体が意味をなさなくなるディールブレーカーが発見された段階で、検討を停止する。2～3名の担当者で集中的に調査を行い、定期的なミーティングを行っていく。この段階で候補企業をさらに半分に絞り込み、LOIの締結へつなげていく。

3）実行段階

a）デューデリジェンスの実施状況

具体的には、法律、会計、環境、ビジネスなどを対象としている。デューデリジェンスにおける目的は、①対象案件におけるディールブレーカー、つまり検討の中止に至るような重大な問題がないかを確認すること、②より精度の高い買収後の事業計画を作成すること、の2つと考えている。さらにこの段階で、1次評価と2次評価で作成した収益ツリーをもとに、引き続きKPIの水準や改善可能性に関する調査を行うとともに、先方が作成した事業計画をビジネス・デューデリジェンスの結果も参考にして修正し、堅実な計画とコミットすべき計画を作成していく。

b）買収金額の評価の実施状況

投資ファンドなので、将来の売却を前提に、売却時点での回収見込額と目標利回りをもとに、投資時点における投資額の上限を逆算していく。

具体的には、将来の投資の回収見込額を、将来の財務予測数値をもとに類似

会社比準法（EBITDA，PERなどを用いる）に基づいて計算し，それと想定している投資額との関係からIRRを計算し，それが目標とする数値を上回れるかどうかを判断基準としている。また，投資額が大きい場合には，借入金や社債を使うことによって，元本の3倍まで投資額を増大させることもある。

c) 交渉と契約締結の状況

ターゲット企業と接触してから最終結論を出すまでの一般的な期間は，短い場合で2～3ヶ月，通常は3～6ヶ月程度である。ただ，アドバンテッジ・パートナーズ側から接触した場合は，1～2年程度の期間をかけることもある。

4）実行後の段階

投資を実行した後，①経営改善，②必要な人材の投入，③資金提供という3つの面から企業価値向上のための支援を行い，その上で，株式公開や株式譲渡によって，投資額の回収を行っていく。なお，①と②の支援策の具体的な内容は，以下のとおりである。

① 経営改善
- 他社のベストプラクティスの導入や，全面的なコスト洗い直しによる，単なる人員削減に頼らない経営効率の改善
- 新規事業立案やマーケティング戦略の見直しによる，売上高の拡大
- 社員を巻き込んだ組織変革運動
- 旧来のビジネスドメインを変革するための戦略的提携や買収の促進

② 必要な人材の投入

事業の拡大を可能とするようなリーダー的人材を登用し，必要に応じて幹部を外部からスカウトしている。また，フェアな評価体系を導入するようにしている。

a) 経営管理システムの状況

KPIを導入している。またKPIの数値の水準やその変化から，ビジネスの状況を把握し，改善すべき点について対策を立て，実行している。なお，この場合のKPIは，実質的にはバリュー・ドライバーと重なり合うものと考えられる。

b）人材の維持・管理の状況

　投資後は，現経営陣の続投ないしは必要に応じて新しい経営者や経営幹部の派遣を行っている。さらに，KPI を業績評価にも活用し，報酬の基準としても活用している。

4．調査結果の検討と BSC 戦略マネジメントシステムの活用状況

　アドバンテッジ・パートナーズの M&A の実施状況の中では，BSC と戦略マップからなる BSC 戦略マネジメントシステムそのものは活用されていない。しかし，実質的に BSC 戦略マネジメントシステムの全部または一部と考えられるものを活用し，それが M&A の成功に貢献していると考えられるポイントは見受けられる。以下，そのようなポイントについてまとめていく。

１）実質的に BSC 戦略マネジメントシステムと考えられるものを活用し，それが M&A の成功に貢献していると考えられるポイント

　a）事前調査の段階での収益ツリーをもとにした KPI の調査
　　⇒ターゲット企業の選択基準として，実質的に評価指標と考えられるものを活用

　M&A 実行前の段階で行うターゲット企業の事前調査の１次評価・２次評価の段階で，企業価値を増大させるためのロジックをもとに，企業価値の増大を KPI に分解した収益ツリーを作成し，その水準や改善可能性などについての調査を行っている。KPI は，戦略との関連付けは行われていないものの，BSC における評価指標とかなり重なり合うものと考えられる。

　したがって，これは，戦略と関連づけることによって BSC における評価指標へ発展できる可能性がある KPI を，実行前の段階において，ターゲット企業の選択基準として活用しているものと考えられ，それがスクリーニングの精度を高め，結果として M&A の成功に貢献していると考えられる。

　b）本格的なデューデリジェンスにおける収益ツリーと KPI の活用
　　⇒ビジネス・デューデリジェンスの中で，実質的に評価指標と考えられるものを活用

　本格的なデューデリジェンスの段階で，事前評価で作成した収益ツリーをもとに，KPI の水準や改善可能性に関する調査を行っている。これは，戦略と関

連づけることによって BSC における評価指標へ発展できる可能性がある KPI を，効率的で焦点を絞ったビジネス・デューデリジェンスを行うために活用しているものと考えられ，それが評価の精度を高め，結果として M&A の成功に貢献していると考えられる。

　c）経営管理システムとしての KPI の導入

　　　⇒経営管理システムとして，実質的に評価指標と考えられるものを活用

　実行後の段階で，KPI を経営管理システムとして導入している。具体的には，各機能や各部門の業績を KPI によってモニターし，評価し，さらに報酬の基準としている。さらに，KPI の数値の水準や変化から，ビジネスの状況を把握し，課題が発見された場合にはその改善を行っている。この場合の KPI は，BSC における評価指標とかなり重なり合うものと考えられる。

　つまり，戦略と関連づけることによって，BSC に発展できる可能性がある KPI スコアカードを，経営管理システムとして実質的に活用しているものと考えられる。これによって，目標を明確にし，効果的な経営管理を行うことができ，それが M&A の成功に貢献していると考えられる。

　d）インセンティブのシステムとして KPI を活用

　　　⇒人材の維持・管理のシステムとして，実質的に評価指標と考えられるものを活用

　アドバンテッジ・パートナーズが採用している KPI は，各機能や各部門の業績をモニターし，評価するために活用され，さらに報酬の基準にもなっている。この場合の KPI は，BSC における評価指標とかなり重なり合うものと考えられる。

　つまり，戦略と関連づけることによって，BSC における評価指標へ発展できる可能性がある KPI をインセンティブシステムに結びつけ，人材の維持・管理のシステムとして活用していたと考えることができる。これによって，モチベーションが高まり，それが M&A の成功に貢献していると考えられる。

第4節　M&A事例研究の結果とBSC戦略マネジメントシステムの活用状況

(1) M&A事例研究の中でのBSC戦略マネジメントシステムの活用状況

　本章で取り上げた事例の中では，BSCと戦略マップからなるBSC戦略マネジメントシステムそのものは活用されていない。しかし，実質的にBSC戦略マネジメントシステムの全部または一部と考えられるものを活用し，それがM&Aの成功に貢献していると考えられるポイントや，その効果を高めると考えられる支援システムは見受けられる。以下，そのようなポイントについてまとめていく。

　1）実質的にBSC戦略マネジメントシステムと考えられるものを活用し，それがM&Aの成功に貢献していると考えられるポイント

　　a）M&Aの戦略上の目的と意義の明確化
　　　⇒M&Aの戦略との整合性の検討のために，実質的に戦略マップと重なり合うフレームワークを活用

　日本企業3社は，M&Aの戦略上の目的と意義を明確にしていく際に，実質的に戦略マップと重なり合うフレームワークにそって，その戦略上の意義と目的を検討していた。

　具体的には，3社ともあくまでも無意識ではあるが，実質的に戦略マップのようなフレームワークにそって戦略テーマを明確にし，それをもとに戦略目標の達成可能性を検討し，その中で既存の経営資源だけでは達成することが難しい部分について，M&Aという手法を選択肢として挙げ，さらにそのM&Aを実行した場合の成果について検討していた，と考えられる。このような検討が，結果としてM&Aの成功に貢献していると考えることができる。

　　b）実行前の段階における，M&Aの対象に関する定量的な情報の入手と評価
　　　⇒ターゲット企業の選択基準として，実質的に評価指標と考えられるものを活用

　日本企業の事例のうち，花王の事例では，定量的なデータも一部参考にしながら事前評価を行い，その結果に基づいてM&A候補企業のリストを作成して

表6-5 日本企業及び投資ファンド運営会社のM&A事例研究における BSC戦略マネジメントシステムの活用状況

BSC戦略マネジメントシステムの活用可能性があるM&Aのステップ	日本企業のM&A事例研究			投資ファンド運営会社の事例
	花王によるキュレル事業のM&A	テルモによる人工心肺事業のM&A	旭硝子による欧州硝子事業のM&A	アドバンテッジパートナーズ
全段階を通して				
M&Aの方針	○(実質的な戦略マップの活用)	○(実質的な戦略マップの活用)	○(実質的な戦略マップの活用)	
M&A実行前の段階				
ターゲット企業の選択	○(実質的な評価指標の活用)			○(実質的な評価指標の活用)
M&A実行段階				
デューデリジェンス	○(実質的な評価指標の活用)			○(実質的な評価指標の活用)
買収金額の評価				
M&A実行後の段階				
統合				
経営管理システム	○(実質的な評価指標の活用)			○(実質的な評価指標の活用)
人材の維持・管理	○(実質的な評価指標の活用)			○(実質的な評価指標の活用)

注:○実質的に,BSCと戦略マップからなるBSC戦略マネジメントシステムの全部または一部を,活用目的に合わせて活用していると考えられる箇所。

いる。具体的な数値データには,製品市場の動向・市場シェア・実売価格・販売個数など,顧客の視点と関係の深い評価指標と考えられるものが含まれている。またアドバンテッジ・パートナーズの事例においても,事前調査の段階で企業価値をKPIに分解した収益ツリーを作成し,その水準や改善可能性を調査している。つまり,この2つの事例では,実行前の段階で,外部から入手あるいは想定できる実質的に評価指標と考えられる数値データをもとに,一定の仮説的な評価が行われており,それが,ターゲット企業のスクリーニングの精度を高め,結果としてM&Aの成功に貢献していると考えられる。

 c) デューデリジェンスにおけるM&Aの対象の評価に関連する定量データの入手と評価

⇒ビジネス・デューデリジェンスの中で，実質的に評価指標と考えられるものを活用

　日本企業の事例のうち，花王の事例では，デューデリジェンスの段階で，ブランド力の高さを評価する際に，マーケットシェアの動向，収支，利益率などを精査している。その上で，実行前の段階で入手したb)の数値データとともに，ブランドの評価を行っている。またアドバンテッジ・パートナーズの事例においても，デューデリジェンスの段階で，事前評価で作成した収益ツリーをもとにKPIの水準や改善可能性に関する調査を行っている。つまり，この2つの事例では，ビジネスデューデリジェスの中で実質的に評価指標と考えられるものが活用され，効率的に焦点を絞った評価が行われており，それが評価の精度を高め，結果としてM&Aの成功に貢献していると考えられる。

　d) 経営管理システムとしてのEVA™やKPIの活用
⇒経営管理システムとして，実質的に評価指標と考えられるものを活用

　日本企業の事例のうち，花王の事例では，全社ベースで，経営管理システムとしてEVA™を導入している。EVA™による経営管理の中では，通常それをを論理的に分解したバリュー・ドライバーをもとにその上昇策が検討されていく。バリュー・ドライバーは，戦略との関連付けを明確にすることによって，BSCにおける評価指標へ発展できる可能性があるものであり，これを経営管理システムとして実質的に活用していると考えられる。また，アドバンテッジ・パートナーズの事例においても実質的にバリュー・ドライバーと考えられるKPIを経営管理の中で活用している。つまりこの2つの事例では，実質的に評価指標と考えられるものを経営管理の中で活用することによって，目標が明確となり，効果的な経営管理に結びつき，それがM&Aの成功に貢献していると考えられる。

　e) インセンティブのシステムとしてEVA™やKPIを活用
⇒人材の維持・管理のシステムとして，実質的に評価指標と考えられるものを活用

　日本企業の事例のうち，花王の事例では，全社ベースで経営管理システムとしてEVA™を導入している。さらにEVA™の結果に基づいて，ボーナスの一部を支払う仕組みを採用している。また，アドバンテッジ・パートナーズの事

例でも，実質的にバリュー・ドライバーと考えられる KPI を，業績のモニターや評価あるいは報酬の基準として活用している。

つまりこの2つの事例では，BSC における評価指標へ発展できる可能性があるバリュー・ドライバーと考えられるものを，インセンティブシステムに結びつけ，人材の維持・管理のシステムとして活用していたと考えることができる。これによってモチベーションが高まり，それが M&A の成功に貢献していると考えられる。

2) 1）の効果を高める支援システム

次に，1）の実質的に BSC 戦略マネジメントシステムを活用していると考えられるポイントの効果を高めると考えられる支援システムとしては，以下のような点が挙げられる。

a) 既存事業の強化を目的とした案件であること

日本企業の3つの事例は，いずれもすでに進出している地域における，既存事業の強化を目的として行ったものであり，情報が入手しやすい状況にあった。

このような情報の入手しやすさや既存事業との関係の深さは，戦略マップと重なり合うフレームワークにそった意義や目的の確認や，ターゲット企業の事前評価やデューデリジェンス，さらに実行後の段階における経営管理システムや人材の維持・管理のシステムの中での評価指標と考えられるものの活用についても，間接的にその効果を高めることの支援となったと考えられる。

b) ターゲット企業は以前からよく知っている企業であること

テルモと旭硝子の事例においては，以前から良く知っている企業がターゲット企業になっている。具体的には，テルモの事例では以前提携交渉をした相手がターゲット企業であり，旭硝子の事例では以前同じ企業グループに属していた競合企業がターゲットになっている。そのため，ターゲット企業の事業内容や状況などについて，実行前の段階で既に一定の情報が入手できていた。このような事前情報の多さは，戦略マップと重なり合うフレームワークにそった M&A の意義や目的のスムーズな確認に対する間接的な支援となったと考えられる。

c) 強力なリーダーが案件を一貫して担当していること

日本企業の3つの事例とも，対象事業やM&Aについて経験のある各社の経営幹部が，実行前の段階から実行後の段階に至るまで，リーダーシップを発揮して案件を遂行している。しかも，いずれも社長ではなく，事業の責任者であったことも共通している。これは，責任者がある程度M&A案件に時間を割くことができるとともに，社長が冷静な視点でM&A案件を判断できることにつながっている，と考えられる。

具体的には，花王と旭硝子の事例では，米国，欧州の現地法人の社長が案件の遂行をリードし，テルモの事例では，本社の事業担当役員がリーダーシップを取っている。

このようなリーダーの存在は，実行前の段階における戦略マップと重なり合うフレームワークにそったM&Aの意義や目的の確認や，ターゲット企業の事前評価やデューデリジェンス，さらに実行後の段階における経営管理システムや人材の維持・管理のシステムの中での評価指標と考えられるものの活用において，さまざまな課題をその後の段階に引継ぎ，その解消と戦略の達成に向けて組織全体をまとめ，また発生した問題にも柔軟に対応できるという面から，間接的にその効果を高めることの支援となっていたと考えられる。

ただこれは，リーダーの個人的能力に依存して効果を高めているものであり，組織的な仕組みではない。したがって，継続してこのような効果を生み出していくためには，組織的な仕組みや体制の構築も必要であると考えられる。

注

1) このインタビューは，2003年6月5日に，花王本社において行っている。回答者である上山茂氏は，インタビュー時点では花王の家庭品国際事業本部・戦略企画グループの部長であり，ブランドに関するM&Aを手がけていた。また過去花王の米国子会社であるジャーケンズ社に所属していたこともあった。
2) キュレルは，乾燥した肌にうるおいを与える商品として，病院の皮膚科や消費者などから幅広い支持を得ていた。
3) この後藤社長（当時）のコメントは，（日経ビジネス，1999年6月14日，p.78）に記載されていたものである。また，この点については，忌部副社長（当時）も「世界で通用するような「グローバルブランド」をいくつ育てられるかが，今後の国際競争を勝ち抜くポイントになる」（日経ビジネス，1999年1月11日，p.48）と述べている。

4) 後藤卓也社長は，花王ブランドを世界に認知させようとせず既存ブランドを買収するという方針について，「ブランドを育てるのは，カネと時間がかかりすぎてしまう。米国の最終品メーカーと提携し，原材料として入り込めればいい」(日経ビジネス，2001年5月28日，p.78) とし，カネと時間の両面からの効率を強調している。
5) ブランドなどのM&Aについて横山・本田 (1998, p.83) は，「ノウハウやブランドの取得に限っては，日本企業も自力だけよりも合従連衡により他力を使うことを考えるところが多いようである。ノウハウにしろブランドにしろ入手したいものが比較的明確である。これに対して，自前開発の成功確率はきわめて低いか時間がかかることが多い。ノウハウやブランド取得の合従連衡が多いのは価値が評価しやすいという側面があってのことかもしれない」と述べている。
6) 花王はビオレやソフィーナで培ったR&Dが強みとなっており，一方，M&Aの当事者となった米国の子会社であるジャーケンズ社は，スキンケア部門 (ハンドとウォッシュ) に強みがあった。その結果，お互いの強みを生かせるスキンケアの分野がM&A対象分野として特に挙がってきたのである。また，後藤社長 (当時) は，投資効率という面からも「利益をあげるまでのスピードを重視し，手を組める相手とはどんどん組んで，短期間で利益を生む事業を育てたい」(日経ビジネス，1999年1月11日，p.48)，また，「これからのブランド戦略は，投資効率を重視して進めなければならない。ブランド戦略を押し出していくからには，同じコンセプトで押していく。また，押していける国に進出するという形になる」(日経ビジネス，1999年6月14日，p.77) と述べており，スピードとブランドのグローバル展開，さらに投資効率を意識していくことの重要性を強調している。
7) 後藤社長 (当時) は，M&Aについて，「我々の技術や研究開発，商品開発が付加されるという見通しがない限りやりません。2年かかるか3年かかるか分かりませんが，今やっている研究テーマを発展させることのできる可能性のあるものじゃないとやらない」(日経ビジネス，2001年5月28日，p.78) と述べており，シナジー重視を強調している。
8) 1888年創業で，P&Gよりも50年ほど歴史が短いものの，すでに100年あまりの歴史があるジャーケンズ社は，社員わずか450人の小さな会社であった。ただ，花王がM&Aを行ったときには研究員は3人しかおらず，製品開発力では他社に大きく後れをとっていた (日経ビジネス，2002年7月29日，p.144)。
9) エーシーニールセン (AC Nielsen) は1923年に設立された世界最大の市場調査会社である。全世界100ヶ国以上で，9,000社以上の一般消費財メーカーやサービス産業のクライアントに対して，市場調査，情報及び分析のサービスを提供している。提供しているサービスは，リテール調査サービスとカスタマイズド調査サービスの2つに分けられる。そのうちリテール調査サービスは，バーコードのスキャニングや専門担当者による店内監査データを基に，製品市場の動向，市場シェア，価格やプロモーションの評価などを行うものである。一方でカスタマイズド調査サービスは，新製品販売後の販売予測，ブランドエクイティーの評価，広告効果の測定，消費者の購買動機などクライアントのニーズに対応してさまざまな調査を行うものである (www.acnielsen.co.jp)。
10) EVA™法は，将来のEVA™の予測金額を一定の割引率で現在価値に割引いた結果をもと

11) 具体的には，2000年3月期では「前期にブランドを買収したプレミアム・スキンローションの『キュレル』は好調に推移しております」，2001年3月期では「米国のアンドリュージャーゲンズ社では，キュレルなどは伸張しました」と記載されている。
12) 花王では，赤字ブランドは購入しないという方針をとっているため，過去のM&A案件のほとんどは，M&A実行直後からEVA™が黒字となっている，とのことであった。
13) このインタビューは，2003年6月5日に，テルモ本社において行っている。回答者は取締役常務執行役員（WWカーデュオバスキュラー・カンパニープレジデント）である中尾浩治氏，同社国際部欧米事業推進室の室長代行である橋本雅弘氏，同社カテーテルカンパニープレジデント（米国ビジネス担当）経営企画室の室長代行である新宅祐太郎氏（いずれもインタビュー実施時点）の3氏であった。
14) 従業員約500名とともに，米国ミシガン州とカリフォルニア州にある工場などの設備も新会社へ移管されている（日本経済新聞，1999年4月16日，p.15）。
15) 人工心肺は，肺や心臓の外科手術を行う間，一時的に心臓を止める必要があり，その際に肺や心臓の機能を代替する人工臓器システムである。具体的には，肺の代りにガス交換を行う人工肺，心臓の代りをするポンプ，それらを結ぶ血液回路，さらにモニター類などから構成されている。
16) このM&A案件は，野村證券のアナリストである渡辺英克氏も積極的に評価している。彼は評価できる点として，①汎用品から高機能品までグローバルに展開するという中長期的な経営課題を実現するためのM&Aである，②製品の重複はほとんどなく，人工心肺をシステム化する上で意義が大きい，という2点を挙げている（NOMURAファックス・メッセージ・テルモ，野村證券金融研究所，1999年4月16日，p.1）。
17) 3M社のローラーポンプは，サーンズ（sarns）のブランドで世界の外科医に浸透しており，テルモが強みとしている遠心ポンプと一緒に販売できることとなると，品揃えの強化が図られると考えられていた（NOMURAファックス・メッセージ・テルモ，1999年4月16日，p.1）。
18) このM&Aは，3Mが日本国内において，バクスター，JMSという競合企業をチャネルとして使っているという問題の整理にもつながった。
19) この和地社長のコメントは，（日本経済新聞，1999年4月16日，p.15）に記載されたものである。
20) この和地社長のコメントは，（日経バイオビジネス，2003年1月，p.106）に記載されたものである。なお，中尾常務はインタビューの中で，M&Aの方針について，M&Aのターゲットは R&D やマーケティング面でのメリットを考えて検討している，と述べている。
21) テルモでは，この案件の経験をもとに，その後に実施した案件では，R&D，知的財産，ITマーケティング，品質保証，生産などの業務に精通している専門家によるチームを本部主導で立ち上げており，デューデリジェンスチームの充実を図っている。
22) テルモでは，この案件での経験をもとに，その後に実施した案件では，統合計画表を作成し，専任の統合マネジャーに一定期間統合を支援させ，また統合段階で技術者の相互交流を図る機会を設けるなど，体制の充実を図っている。

23) 具体的には，2000年3月期では「昨年7月に米国3M社から買収した人工心肺システムの売上が寄与したことから，為替の円高にも拘わらず，1,339億円（前期比7.7%増）の売上高となりました」，2001年3月期と2002年3月期では，いずれも「人工心肺システム，人工臓器システムなどの売上増加によって最高売上高を更新した」，2003年3月期では，「人工心肺システムの売上が好調であった」と記載されている。
24) テルモの回答によると，人工心肺機器を病院などが購入する際には，フルセットで購入することはあまりなく，部品ごとにいろいろなメーカーから購入しているケースが一般的である，とのことであった。したがって，フルラインで事業展開するメリットとしては，何度もいろいろな製品をもって営業に行けることをはじめとする顧客との接点の増加と，テルモのこの事業へのコミットメントをアピールすることができること，という2点を挙げていた。
25) インタビューは，2003年6月24日に，旭硝子本社において行っている。インタビューの回答者であるリュックビラム副社長執行役員（インタビュー実施時点）は，板ガラスカンパニーのプレジデントで，ヨーロッパのガラス事業の子会社であるグラバーベル（Glaverbel）社の責任者である。また，このインタビューには，旭硝子の経営企画室の統括主幹である神谷雅行氏と主幹の藤崎哲也氏（いずれもインタビュー実施時点）が同席し，両氏らからも一部コメントをいただいた。
26) この内容は，（日本経済新聞，1998年5月7日，p.1）と（日経産業新聞，1998年9月4日，p.13）の記載に基づいている。
27) 具体的には，フランスとイタリアにある板ガラスの4工場と自動車ガラス加工の5工場がM&Aの対象となった（日経産業新聞，1998年9月4日，p.13）。
28) この石津社長のコメントは，（日経ビジネス，1998年9月28日，p.115）に記載されたものである。
29) この内容は，（日経金融新聞，1999年2月19日，p.17）に記載されたものである。
30) この石津社長のコメントは，（日経ビジネス，2000年5月29日号，pp.78-81）に記載されたものである。
31) 独占禁止法については，欧州で第2位の競合ガラスメーカーであるピルキントン社が，この案件の直前に実施した比較的大きなM&Aにおいて問題にはならなかったので，この案件でも問題にならないと考えていたが，実際に問題にはならなかった，とのことであった。
32) 旭硝子では，調査対象の案件以降，案件によっては統合計画を作成しているとのことである。
33) 具体的には，ヨーロッパの板ガラス部門について「ヨーロッパにおいては，景気減速の影響により供給過剰となり価格が下落しましたが，東欧の需要は堅調に推移した上，ロシアのボアグラスワークス社を連結対象に加えたこともあり，売上高は増加しました」，ヨーロッパの自動車ガラス部門について「ヨーロッパにおいては，自動車生産台数が低迷したものの，高付加価値品及び補修用ガラスの出荷数量が伸び，売上高は若干増加しましたが，一部製品における生産性が悪化しました」と記載されている。
34) ビラム氏は，過去旭硝子の欧州でのM&Aを担当してきた経験に基づいて，M&Aを成功させるためのポイントを3つ挙げている。

- ① M&A のステップの中では，実行後の統合の段階が最も重要である。
  特に，統合段階でのターゲット企業のメンバーとの十分なコミュニケーションと，早く統合をすすめ早めに従業員に目標提示を行うことが，モチベーションを高め戦略を遂行するために重要である。逆にデューデリジェンスそのものは，統合に比べるとやや重要度は落ちる。
- ② 強い企業と弱い企業との M&A は実行しやすく，成功しやすい。
  強い企業が主導権をもって統合を進めるため，早めに成果が出やすい。
- ③ 企業文化を始めとする相性のよさが重要である。

35) 株式会社アドバンテッジ・パートナーズに対するインタビューによる調査は，2005年1月25日に，同社の東京オフィスで行っている。また，記載した内容は，その際のインタビューの内容と，その際に入手した資料をもとにしている。

36) その後2005年3月時点で，ダイエー向けのファンドを435億円で立ち上げ，合計で設定ファンドの残高は1,000億円を超えるまでになっている。

37) KPI（Key Performance Indicator）について，櫻井（2003, p.74）は，「戦略を成功させるための重要成功要因を具現化する活動を指標として測定するもの」と定義している。

第7章

GEのM&A実施状況の事例研究
―BSC戦略マネジメントシステム活用との関連で―

　本章では，第6章に引き続き，第5章で設定した仮説の検証を目的として，海外企業の中からGeneral Electric社（以下GE）を選択し，そのM&Aの実施状況について事例研究を行い，その中からBSC戦略マネジメントシステムを活用し，それがM&Aの成功に貢献していると考えられるポイントとその効果を高めると考えられる支援システムを抽出していく。

第1節　事例研究の概要

1．調査対象企業の選択基準

　調査対象としてGEを選択した理由は，以下の2つである。
① 　GEは，アシュケナスら（Ashkenas et al., 1998；安田，1998）やダイヤーら（Dyer et al., 2004., p.114）をはじめとした研究者の間で，M&Aを数多く実行し成功させてきた企業として取り上げられてきていること。
② 　表7-1にあるように，GEはM&Aを実施しながら全社ベースのROE（GEの場合はReturn on average shareowners' equity）とROA（GEの場合はReturn on total capital invested）は，1999年から2003年にかけての過去5年間にわたり20％以上の水準を維持し，収入（Revenue）と当期純利益（Net Income）も，基本的には増加基調となっていること。

表7-1 General Electric の業績推移　（収入と当期純利益：百万 US ドル）

事業年度	1999	2000	2001	2002	2003
ROE	26.8%	27.5%	27.1%	25.8%	22.1%
ROA	25.8%	27.4%	27.0%	24.5%	19.9%
収入	112,150	130,385	126,416	132,210	134,187
当期純利益	10,717	12,735	13,684	14,118	15,002

出典：*General Electric 2003 Annual Report*, p.66.

ただ GE は，製造・金融分野を中心にさまざまなビジネスを行っている。今回はその中から，GE Capital[1]が分割されて出来上がったセグメントの1つである，Consumer Finance セグメントを調査対象として選択する。その理由は，Consumer Finance のセグメントは，GE のセグメントの中でも過去比較的多くの M&A を実行してきたセグメントであり，また表7-1にあるように業績も順調に伸ばしてきているため，M&A の実施状況についての情報を入手しやすく，また GE の中でも M&A に関連するノウハウが集積されている可能性が高いと考えたためである。

さらに，具体的な調査は，そのセグメントの日本法人である GE コンシューマー・ファイナンス株式会社に対して行うこととする。その理由は以下のとおりである[2]。

① 事前の情報収集によって，Consumer Finance セグメント全体の収入や利益の中で，日本法人は比較的高い比重を占め，業績も順調であり，また日本において毎年1件程度の M&A を実行してきている，という情報が得られた。したがって，成功している事例に基づいた情報が得られる可能性が高いと考えたこと。

② 事前の情報収集によって，GE グループ全体として M&A の実施状況はかなり共通している，という情報が得られた。したがって，日本法人に関して調査を行うことによって，GE 全体，特にファイナンス分野のセグメント全体における M&A の実施状況がかなり把握できると考えたこと。

2．調査内容

調査内容は，第4章において日本企業の中で M&A を数多く行っている3社

に対して行った調査に準じるものとした。具体的にインタビューの対象とした点は，以下のとおりである。

① 全段階を通して
戦略とM&A方針のすりあわせの状況
M&A実行のインフラの状況
② M&A実行前の段階
ターゲット企業の選択の状況
③ M&A実行段階
デューデリジェンスの実施状況
買収金額の評価の実施状況
交渉と契約締結の状況
④ M&A実行後の段階
統合の状況
経営管理システムの状況
人材の維持・管理の状況

第2節 事例研究の結果

以下の内容は，2004年3月に，GEのConsumer Financeセグメントの日本法人である，GEコンシューマー・ファイナンス株式会社のM&Aを担当する部門である，事業企画部（Business Development and Planning）に所属する方々に対して行ったインタビューに対する回答に基づいてまとめている[3]。

1. GE Consumer Financeセグメントとその日本法人の概要

GEのConsumer Financeセグメントは，主に個人向けのカードローンや住宅及び自動車ローンなどの業務を行っている。もともとはGEキャピタルの1つの事業部門であったが，イメルト氏がCEOに就任して以降に行われた大規模な組織再編によって[4]，GEキャピタルは4つのセグメントに集約され，そのうちの1つとなっている。

表7-2　Consumer Finance セグメントの業績推移　（百万 US ドル）

事業年度	1999	2000	2001	2002	2003
収　入	7,562	9,320	9,508	10,266	12,845
利　益	848	1,295	1,602	1,799	2,161

出典：*General Electric 2003 Annual Report*, p.48.

　Consumer Finance セグメントは，2003年12月期の時点で，GE の13あったセグメントの中で，収入では4位，当期純利益では3位と，比較的規模の大きいセグメントとなっている。また，GE では，2004年1月の時点で，13のセグメントを11のセグメントに再編し，成長を目指す7つのセグメントを Growth Engine，安定的にキャッシュを生み出す4つのセグメントを Cash Generator として区分している。Consumer Finance セグメントは，Growth Engine の1つとして位置づけられている。

　実際の Consumer Finance セグメントの収入や利益は，その Growth Engine という位置づけを反映し，表7-2 に記載されているように，2003年までの過去5年間にわたって順調に成長してきている。

　この急激な成長を実現するため，新しい市場への参入を中心に M&A を活用してきている。実際に Consumer Finance セグメントが立ち上がって以降，2003年までの約10年間で，全世界で約50件の M&A の案件を実行している。その結果として，2004年3月時点で世界38ヶ国にビジネスを展開するまでとなっている。今回，調査対象として選択した GE コンシューマー・ファイナンス㈱はその日本法人であり，1998年の消費者金融大手のレイクの M&A や2003年のクレジット・カード分野におけるジーシー㈱の M&A によって規模がかなり拡大し，GE グループの日本におけるビジネスの中でも大きな比重を占めている。

2．GE コンシューマー・ファイナンス㈱の M&A 実施状況
(1) 全段階を通して
　　a) 戦略と M&A 方針のすりあわせの状況

　M&A の対象として考えている企業は，本業と同じないし関連する事業を行っている企業である。さらに，M&A 実行後に自らオペレーションを行うこと

ができることも対象企業選択の条件としている。

　また，そのような方針に基づいて，候補企業をすべて網羅したリストであるロングリストと，その中でかなり可能性が高い企業のリストであるショートリストを作成しており，定期的に見直している。通常はこのリストに記載されている企業が対象になることが多いが，まれにリストに記載されていない企業が対象になることもある。

　b）M&A 実行のインフラの状況

　事業企画部（business development and planning）[5]が，GE コンシューマー・ファイナンス㈱の M&A 専門部門である。常勤メンバーは 4 名から 5 名で，案件の組成（候補企業の発掘）からクロージング（案件の実行段階での終了時点）までを主に担当している。実際に案件が組成されると，finance や operation をはじめとする各ファンクションからメンバーが集まってプロジェクトチームを作り，デューデリジェンスなどを行い，クロージングまでを担当する。クロージングが終了すると，通常は事業担当者に引き継いでいく。

　また，案件は大きく 3 種類，つまり商品やサービスなどの特殊性といった Specialty が重要なもの，事業の運営状況といった Operation が重要なもの，M&A の法律・会計・税金面に関連する具体的な実行形態といった Structure が重要なものの 3 つに分けられる。一般的には，LBO のような Structure が複雑なものはあまり多くはなく，案件を実行した後のビジネスの部分が重要な案件が多い。したがって，ビジネスの中身をよく知っていることの重要性が高いと考えている。

　また，米国本社にデューデリジェンスを担当するチームがある。このチームは，operation, compliance, HR（human resource），CRM（customer relation management），finance, risk, quality といった部門のベテランの担当者から構成されており，通常はそれぞれの業務を担当しているが，M&A 案件が組成されると，プロジェクトチームを編成して案件のデューデリジェンスの支援を行っている。大きな案件については日本まで来て，デューデリジェンスや交渉の支援をすることが多い。そのような場合には，各部門から 1～2 名が参加することになるので，結果として日本のメンバーも加えると，デューデリジェンスのチームが総勢 40 名になることもある。彼らの役割は，基本的には M&A 案件の

リードと，各国のベストプラクティスをガイドすることである。

(2) 実行前の段階

　a）ターゲット企業の選択と事前調査の状況

　ターゲットとなる企業の発掘は，事業企画部が行っている。具体的には事業企画部のメンバーが直接候補企業を発掘して接触する場合も含め，投資銀行などからのもちこみや，逆に投資銀行に対して発掘の依頼をするなど，さまざまな方法でネットワークを駆使して行っている。一方で社内の事業部門から候補企業があがってくるということはない。各事業部でも候補企業を考えていると思われるが，事業企画部がM&Aに関連する業務を担当することになっているため，結果として事業企画部が事業部門の意向も考えながら発掘をしている。

　なお，M&Aの候補として考えている企業の数は，少しでも可能性がある企業まで含めると，絶えず40～50社程度である。そのうち実際に実行するM&A案件の数は，毎年1件程度である。

　候補企業を選択する際には，必ず以下の5つの点を考慮している。

　① 戦略的な重要性が高い案件か

　　中長期事業計画において，戦略的に重要性の高い案件であることが必要である。具体的には独自の成長ではなかなか獲得できない顧客チャネルを有していたり，新規のターゲット・セグメントでそれなりのプレゼンスを確立している場合は，対象企業として優先順位が高くなる。

　② 株式の支配権の獲得ができるか

　　80％以上の株式の獲得が望ましい。また，合弁の場合には，明確な理由があり，単なる投資とならずに，自ら主体的に事業を行うことができる場合のみを対象としている。さらに合弁の場合には，一般的にお互いの分野や強みが明確な場合は実行しやすく，また成果も出やすい傾向がある。

　③ 規模が一定以上であるか

　　小型の案件でもM&A実行のための手間は同じであり，小型の案件は高い戦略的重要性がある場合に限定している。

　④ M&Aの対象となる企業や事業とGEバリューを共有できるか

　　企業文化や従業員の質は特に重視している。

⑤ コンプライアンスに関連する問題はないか

(3) 実行段階

a) デューデリジェンスの実施状況

デューデリジェンスは，法務，会計，ビジネス，人事，環境，システム，リスク，企業文化などを対象に実施している。その中で環境は法務に含めて行っている。また，リスクは金融業界独特の対象項目であり，重視している。基本的に対象項目は増加してきている。最近は特に，統合の段階に関連する項目をかなり重点的に調査するようになってきており，またコストもかけている。

ビジネス面では，CRM，ブランド，ターゲットセグメント，チャネルなどの状況の確認を中心に行っている。また，デューデリジェンスの中で，ターゲット企業が事業運営の業績管理に活用している財務指標と非財務指標からなる評価指標の数値データを調査の対象としている。具体的には，数値データの水準を GE 社内の評価指標の数値と比較することによって，管理レベルの高さやオペレーションレベルの高さを評価し，実行後の統合の段階で採用すべき具体的な施策の検討につなげている。ただ，データの定義が違っていたり，データそのものがないため，活用できないこともある。ただそのような場合は，経営管理レベルの評価の参考情報として活用している。

このような現状分析の結果をもとに，M&A 実行後の運営プランを作成する。そのプランは，M&A 実行後もインテグレーションのチームに引き継がれ，本格的な事業計画のベースとなり，M&A 実行後の業績評価の基準としても活用している。運営プランは買収後に変更されることもあるが，案件の承認に関わることなので基本的には簡単には変えられないようになっている。また，この事業計画の達成については，M&A 実行後の一定期間は事業企画部門が責任を負っている。

このように，デューデリジェンスの段階からオペレーションの状況をいくつかの視点からできるかぎり調査し，それをもとに M&A 実行後の事業プランを作り上げ，それを統合段階で評価基準として活用していく，という一貫した体制をとっている。

b）買収金額の評価の実施状況

　買収金額の評価については，類似会社比準法やDCF法を使用することもあるが，その結果はあくまでも参考程度の利用にとどめている。その理由は，この２つの方法は，売り手にとっては売却金額の相場を知るといった意味で参考になると考えられるが，買い手としてはそれほど意味がないからである。具体的には，DCF法は，割引率の小さな変化でも評価額がかなり変化する可能性が高く，残存価値がかなり主観的であり，また当初２〜３年間の業績予想のチェックには向いていない。さらに類似会社比準法も，同業他社との総合数値比較という程度の意味しかなく，各オペレーションを深く掘り下げて分析するものではないからである。ただ，金融以外のGEのセグメントでは，DCF法をある程度利用している。

　そのかわりに，米国会計基準での営業利益や当期純利益[6]などの予想を作成し，その利益水準をもとに目標ROEなどが達成できるか否かを基準に評価している。具体的には，以下のようなステップで評価していく。

　まず，詳細なデューデリジェンスの結果に基づいて，デューデリジェンスの各担当者が事業計画を作成していく。それをもとに事業企画部の担当者が，米国会計基準に基づいた財務数値の予測を行い，買収金額がいくらまでであれば，ROEやROAなどの指標について，あらかじめ決めておいた目標[7]が達成できるかどうかを検討していく。その際，ROEやROAなどの目標数値の達成可能性に関する検討は，GEコンシューマー・ファイナンス㈱についてだけではなく，Consumer Finance セグメントの連結ベースについても行っている。なお，将来予想は通常５年程度の期間について作成しているが，その中では特に最初の２〜３年を重視している。また，その際には，予測数字が十分に実現可能かどうかをよく検討している。

　またその検討の中で，リスクとして認識された事項をもとに，シナリオ分析を行っている。通常は３つのシナリオ，つまりベースシナリオ，ワーストシナリオ，アップサイドシナリオの３つを作成し，その上で感度分析も行っている。さらにシナジーが見込まれる場合には，クロスセルなどオペレーションの面で可能性のあるものに絞り込んで反映している[8]。その上で，EPS（earning per share：１株当たり利益）が希薄化しないかについても確認している。

c）交渉と契約締結の状況

案件の組成以降の秘密保持契約締結からクロージングまでの期間は，通常は短い場合には3ヶ月，最長で1年程度となっている。案件によっては，いわゆる「機が熟する」まで何回も検討することも多い。

また，投資銀行などのアドバイザーは，交渉の段階で，直接の交渉では対応が難しいようなポイントの交渉を代わりにやってもらうという意味で有効な場合もあり，依頼することもある。経験のある弁護士と会計・税務面で信頼できる公認会計士を，早い段階から確保することも重要である。

一定金額以上の投資案件の場合は，GEのファイナンスグループの役員会で，実行するかどうかの意思決定を行っている。通常は規模の小さいものは少ないので，ほとんどの案件の意思決定を役員会で行っている。また，その意思決定にあたっては，その案件だけの財務指標の目標達成の可否だけではなくGE全体の予算達成の可否，また他のM&A案件を実行した場合の機会費用との比較なども行っている。

役員会へ提出する書類のフォーマットが決まっており，ある意味ではこれがマニュアル的な位置づけとなっている。また，内容は頻繁にアップデートされている。さらにデューデリジェンスのレポートも重視するポイントが決まっている。

(4) 実行後の段階

a）統合の状況

GE Consumer Financeセグメントでは，統合の段階で行うべきプロセスや活動をAcquisition Integration Frameworkとしてまとめている。これは，ジェネラルマネジャー，デューデリジェンスチーム，インテグレーションマネジャー，業務担当マネジャーに対して，統合の意味を理解し，そのために，誰が，何を，いつ実行しなければならないか，を理解させるためのものである。

内容は，Operation, Finance, Legal, Human Resource, Otherの大きく5つに分けられており，さらに，それぞれの項目を細分化してまとめられている。それらの項目について，デューデリジェンスの段階から検討をはじめ，M&A実行後の100日間に行うべきポイントをまとめた100日統合プランを作成して実行

している。

アシュケナスら（Ashkenas et al., 1998）は，このGEの100日プランについて，以下のように説明している。

GEでは，M&Aの契約が締結され株式取得が正式に発表されたあと，社内のルールとターゲット企業の管理職チームから提案された改善策の双方に基づいて，100日プランを作成している。その内容は，M&A実行後の100日間で，新会社をGEグループに組み入れるために行う作業の概要を示すものである。具体的には，統合すべき業務機能，資金管理や業務手続きをあるべき姿にするための布石策，給与と福利厚生制度の移行作業，顧客対応方針などである。

また，GEでの100日プランは単なる計画づくりではなく，100日の間に何をするのかというスケジュールを立てることによって人々を刺激し，その時点での重要課題に取り組んでいるというやりがいを感じさせ，企業統治に熱意と活力を吹き込むという意味もある。さらに，管理職の行動を促して，個人的な思惑や政略によって身動きが取れなくなるような事態を回避するという効果もある。

さらに，GEでは，Integrationをスムーズに進めるための専任の担当者であるインテグレーションマネジャーが，各案件ごとに決められている。また本社の専任の担当者が，各M&A案件のインテグレーションの進捗状況を定期的にチェックしている。

b）経営管理システムの状況

財務指標と非財務指標の両方が含まれている30項目程度の評価指標があり[9]，その実績値と計画値を四半期毎にチェックしている[10]。非財務指標には，成長，価格，延滞，オペレーション，従業員などの管理に関連する指標が含まれている。また，各業務について，関連する指標の最高水準と考えられる数値を基準に，さらに事業の特性や地域性を考慮した目標を設定し，評価指標として活用している。この評価指標は，100日プラン終了後に，すべてのターゲット企業に導入している。その際には，データの定義が一致していることを確認し，場合によっては同じデータが出るようにシステムの整備を行うこともある。さらに，この指標の数値を改善するために，シックスシグマを利用するという位置づけとなっている[11]。

c) 人材の維持・管理の状況

上記の評価指標を，人材の維持・管理にも活用し，人材の評価にも結びつけている。さらに評価指標の目標の達成状況が報酬にも結びつけられている。

第3節 調査結果の検討と BSC 戦略マネジメントシステムの活用状況

GE コンシューマー・ファイナンス㈱の M&A の実施状況の中では，BSC と戦略マップからなる BSC 戦略マネジメントシステムそのものは活用されていない。しかし，実質的に BSC 戦略マネジメントシステムの全部または一部と考えられるものを活用し，それが M&A の成功に貢献していると考えられるポイントや，その効果を高めると考えられる支援システムは見受けられる。以下，そのようなポイントについてまとめていく。

1．実質的に BSC 戦略マネジメントシステムと考えられるものを活用し，それが M&A の成功に貢献していると考えられるポイント

a) デューデリジェンスにおける財務・非財務の評価指標の活用
⇒ビジネス・デューデリジェンスの中で，実質的に評価指標と考えられるものを活用

CE Consumer Finance では，デューデリジェンスの中で，通常の財務の数値データと事業運営の業績管理に活用している財務指標と非財務指標からなる評価指標の数値データを調査の対象としている。具体的には，数値データの水準を GE 社内の評価指標の数値データの水準と比較することによって，管理レベルやオペレーションレベルの高さを評価し，ターゲット企業の評価を行ったり，実行後の段階で採用すべき具体的な施策の検討につなげている。また，データの定義が違っていたり，データそのものがなく活用できない場合には，管理水準があまり高くない1つの根拠と考えている。これは，実質的に評価指標と考えられるものを，ビジネスデューデリジェスの中で，効率的で焦点を絞った精度の高い評価を行うために活用し，それが M&A の成功に貢献している

と考えることができる。
　b）経営管理システムとしての評価指標の導入
　　⇒経営管理システムとして，実質的に評価指標と考えられるものを活用

　GE Consumer Finance には，財務指標と非財務指標の両方が含まれている30項目程度の評価指標があり，その実績値と計画値を四半期毎にチェックしている。非財務指標には，成長，価格，延滞，オペレーション，従業員などの管理に関連する指標が含まれている。また，各業務について，関連する指標の最高水準と考えられる数値を基準に，さらに事業の特性や地域性を考慮した目標を設定し，評価指標として活用している。

　この評価指標は，100日プラン終了後に，すべてのターゲット企業に導入されている。その際には，データの定義が一致していることを確認し，場合によっては同じデータが出るようにシステムの整備を行うこともある。さらに，この指標の数値を改善するために，シックスシグマを利用している。GEの評価指標は，戦略との関連付けは行われていないものの，BSCにおける評価指標とかなり重なり合うものと考えられる。つまり，戦略との関連づけを明確にすることによって，BSCにおける評価指標へ発展できる可能性がある評価指標を，経営管理システムとして実質的に活用しているものと考えられる。これによって，目標を明確にし，効果的な経営管理を行うことができ，それがM&Aの成功に貢献していると考えられる。

　c）インセンティブのシステムとして評価指標を活用
　　⇒人材の維持・管理のシステムとして，実質的に評価指標と考えられる
　　　ものを活用

　GE Consumer Finance が採用している財務指標と非財務指標の両方からなる約30項目程度の評価指標は，報酬に結びつけられている。GEの評価指標は，戦略との関連づけは行われていないものの，BSCにおける評価指標とかなり重なり合うものと考えられる。つまり，戦略との関連づけを明確にすることによって，BSCにおける評価指標へ発展できる可能性がある評価指標を，インセンティブシステムに結びつけ，人材の維持・管理のシステムとして活用していると考えることができる。これによってモチベーションが高まり，それがM&Aの成功に貢献していると考えられる。

2．前項の効果を高める支援システム

a）ターゲット企業の選別基準の設定

GE コンシューマー・ファイナンス㈱は，ターゲット企業の選別基準に関して，戦略的重要性，持株比率，投資金額，バリューの共有，コンプライアンスといった基準を設定している。

このうち，80％以上の獲得が望ましいという持株比率の基準は，M&A のターゲット企業に対する支配力を強めることによって組織の一体化を図りやすくし，間接的に実行後の段階において評価指標の導入を行いやすくする，といった効果を生み出していると考えられる。さらに，バリューの共有についても，企業文化の類似性が高くなることによって，間接的に実行後の段階において評価指標の導入が行いやすくなるという効果を生み出していると考えられる。

このように，上記のようなターゲット企業の選別基準を設定したことは，実行後の段階を中心に，評価指標の効果的な活用の間接的な支援となっていると考えられる。

b）本部主導でのデューデリジェンスチームの編成と，そのチームによるデューデリジェンスのリード

GE コンシューマー・ファイナンス㈱では，それぞれの M&A の案件ごとに，米国本部でデューデリジェンスチームを編成し，彼らが中心となってデューデリジェンスを行っている。そのチームのメンバーは，通常はそれぞれの担当業務をもっているが，M&A の案件の際に，プロジェクトチームを編成してデューデリジェンスを担当している。彼らは，日々業務を行っている本社の中核メンバーとして，ビジネスの各担当分野に精通しており，またデューデリジェンスの経験も豊富であるため，高水準で均質なデューデリジェンスを行うことが可能となっている。また，彼らは，M&A 案件のリードと，各国のベストプラクティスのガイドを行うという役割も負っている。

このように，GE コンシューマー・ファイナンス㈱では，業務と M&A とをよく知っている経験豊かなメンバーからなる本部のデューデリジェンスチームの強い関与が，高水準で均質なビジネス・デューデリジェンスの支援となっていると考えられる。

さらにこれによって、業務やM&Aについての知識や経験の蓄積が進み、評価指標を活用したターゲット企業の評価もより適切に行うことが可能になっていると考えられる。

　c) デューデリジェンスの結果を実行後の段階で活用する仕組み

　GEコンシューマー・ファイナンス㈱は、デューデリジェンスの結果を、実行後の段階の統合において活用する仕組みをもっている。具体的には、デューデリジェンスの結果を反映しながら、それと並行して統合プランを作成していくという体制になっており、統合をかなり意識したデューデリジェンスを行っている。また、社内の業績管理に活用している約30項目の評価指標を、デューデリジェンスの段階でも業務水準の評価や問題点の把握に活用し、実行後の統合の段階で本格的に業績の評価指標として導入している[12]。

　具体的には、デューデリジェンスの段階において、GE Consumer Financeにおいて評価指標として採用されている財務数値あるいは非財務数値について、ターゲット企業のデータを入手できる範囲で入手し、オペレーションの水準を評価したり、集計している管理データの数や計算方式、あるいは精度をもとに、管理水準の評価に活用している。また、その結果をもとに、必要に応じて統合段階で採用すべき具体的な施策の検討につなげている。さらに統合の段階では、100日プラン終了後に、その指標をターゲット企業の業績の評価指標として本格的に導入している。

　このようにGEコンシューマー・ファイナンス㈱では、評価指標をデューデリジェンスの段階から活用できる範囲で活用し、それを統合段階で本格的に導入することによって、企業の適切な状況把握や重要な課題の効果的な改善、さらに実行後の段階におけるスムーズな統合の支援として機能させていると考えられる。

　d) 買収金額の評価と実行後の段階での業績管理を連携させる仕組み

　GEコンシューマー・ファイナンス㈱は、買収金額の評価についても、実行後の業績管理と連携させる方法を採用している。具体的には、企業評価の手法として一般的なDCF法や類似会社比準法は、参考程度にしか利用していない。その代わりに、ビジネス・デューデリジェンスの結果も反映しながら、予想買収金額とそれを前提とした予測財務諸表を作成し、それをもとに今後2～

３年先のROE，ROAなどの予測を行っていく。その上で，目標となるROEやROAを達成するためには，どの程度の買収金額にしなければならないか，という視点から買収金額を逆算してシミュレーションしていくことによって，評価額を計算する方法を採用している。

このように，GEコンシューマー・ファイナンス㈱では，買収金額の評価を，M&A実行後の比較的短期間に，外部公表資料である財務諸表の上で財務目標を達成し成果を出すことの可否を基準に行うことによって，実行後の業績管理と連携させている。これは，M&A実行直後から予測どおりの成果を出すことを意識させることにつながり，それが計画と業績管理との連携の支援として機能していると考えられる。

 e) M&A専門部門の買収金額の評価に対する規律の設定

GEコンシューマー・ファイナンス㈱では，M&Aを専門に担当する事業企画部門が，買収金額の評価の前提となる財務数値を中心としたM&A実行後の運営プラン，つまり事業計画を作成することになっている。その上で，事業企画部門が，M&A実行後一定期間の計画達成について責任を負っている。

このシステムは，事業企画部門が買収金額の評価をより厳密に行うという面での規律を高め，さらにその精度を高めることの支援となっていると考えられる。

 f) 100日プランやインテグレーションマネジャーなどの統合を促進する仕組みの存在

GEコンシューマー・ファイナンス㈱では，M&A実行後におけるターゲット企業の統合をスムーズに行うために，統合のための100日プランを立て，スムーズな統合を支援する担当者である統合（インテグレーション）マネジャーに各案件を担当させる，といった仕組みをもっている。

このようなシステムは，M&A実行後のターゲット企業のスムーズな統合を支援していると考えられる。

なお，これらのシステムを採用している意味をまとめて考えてみると，GEは数多く行うM&Aを成功させるために，それをあまり特別なことと位置づけず，通常の事業投資と同じように扱おうとしていると考えられる。具体的には，b)からe)の４つは，M&Aを通常の経営管理システムの中で扱っていくこ

とを支援する仕組みと考えられ，f) は，早めに通常の経営管理システムが採用できるように，早期の統合を支援する仕組みと考えられる。

3．GE の評価指標について

本章で抽出した，GE の財務指標と非財務指標からなる約30項目の評価指標をもとにした業績管理システムは，シックスシグマと関連づけて設定されているものであり，第5章でまとめたノートンの区分によると，いろいろな指標を種類分けして品質プログラムの延長として設定する「KPI スコアカード」に近いものと考えることができる。したがって，純粋な意味での BSC とはいえないものの，戦略という視点を加えることによって十分に BSC あるいはその中の評価指標へ発展できるものと考えられ，実質的にはかなり BSC と重なり合うシステムであると考えることができる。

この評価指標を，GE から情報が入手できた範囲で BSC の4つの視点と関連づけてみると，表7-3のように，基本的にそれぞれの視点に重なり合わせることが可能である。

なお，GE は，かなり以前から，BSC とかなり類似した非財務指標を含めた業績評価尺度を採用してきている。それは，ソロモン（Solomons, 1965, pp. 284-286）によると，重要成果領域と呼ばれるもので，8つの業績評価尺度から構成されている。それらは，収益性，生産性，市場でのポジション，製品リーダーシップ，人材開発，従業員の態度，社会的責任，短期と長期の目標のバランスという8つである。

櫻井（2003, pp. 34-35）は，この GE の重要成果領域をキャプランとノートンの BSC モデルと対比して，表7-4のようにまとめている。

さらに櫻井は，2つの相違点として，①GE のモデルでは，株主，顧客，経営者，従業員といったステークホルダーの立場が明確に示されていないことと，②キャプランとノートンのモデルでは，顧客，サプライヤー，政府，コミュニティといった外部ステークホルダーの立場が"顧客"だけで表されていること，③GE のモデルでは短期・長期目標が含まれていること，という3つを挙げている。

一方で，ノートン（Norton, 2002, p.15）も，この GE の重要成果領域につ

表7-3 キャプラン・ノートンのBSCモデルにおける4つの視点とGEの評価指標との関連

BSCの4つの視点	GEの評価指標の分類
財務の視点	財務に関連する数値
顧客の視点	成長に関連する数値，価格に関連する数値，延滞に関連する数値
内部ビジネス・プロセスの視点	オペレーションに関連する数値
学習と成長の視点	従業員に関連する数値

出典：GEのインタビューに対する回答をもとに著者作成。

表7-4 キャプラン・ノートンのBSCモデルとGE社の重要成果領域の関連性についての櫻井の解釈

視　点	GEの重要成果領域
財　務	収益性
顧　客（社会）	市場でのポジション，社会的責任
内　部	生産性，製品リーダーシップ
学　習	人材開発，従業員の態度

出典：櫻井（2003，p.34）をもとに著者作成。

表7-5 キャプラン・ノートンのBSCモデルとGE社の重要成果領域の関連性についてのノートンの解釈

視　点	GEの重要成果領域
財務の視点	短期の収益性
顧客の視点	マーケットシェア
内部ビジネス・プロセスの視点	生産性，製品リーダーシップ，社会的責任
学習と成長の視点	人材開発，従業員の態度
その他	短期的目標と長期的目標のバランス

出典：Norton（2002，p.15）をもとに著者作成。

いて，1950年代に開発された最初のBSCである，と述べ，表7-5のようにBSCの4つの視点との関係をまとめている。

その上でノートンは，GEの重要成果領域について以下のように述べている。

「短期の収益性は，純利益から資本コストを差し引いた残余利益によって測定しており，これは株主価値を重視した現在の評価指標の先取りである。また，このスコアカードの弱点は，顧客の視点が表面的にしか扱われていないことである。具体的には，顧客の視点としてはマーケットシェアが対応しているが，それは遅行指標であり，顧客満足や顧客保持といった視点がほとんどない。ただ，これは，当時の戦略が顧客志向ではなくて，製品志向であったことが背景にあるためと考えられる。さらに，最後の短期的目標と長期的目標とのバランスには，BSCにつながるバランスを維持するという概念が入っていると考えることができる」。

櫻井とノートンの解釈の相違点は，社会的責任を顧客の視点に含めるか，内部ビジネス・プロセスの視点に含めるのか，という点である。しかし著者は，社会的責任は企業の外部との接点ということに着目して，櫻井の主張の方に同意する。

なお，このGEの重要成果領域は，本章で取り上げたGE Consumer Financeの評価指標とは，財務に関連する数値と収益性，オペレーションに関連する数値と生産性，従業員に関連する数値と人材開発及び従業員の態度など，重なり合う点は見受けられるが，完全には重なり合ってはいない。これは，GE Consumer Financeの評価指標は，比較的最近採用されたもののようであるのに対して，GEの重要成果領域は1950年代において採用されたものであり，時代背景が違うこと，また，GE Consumer FinanceはGE Capitalの流れを汲む金融部門であるのに対して，GEの重要成果領域は，その内容から考えると製造部門を前提としたものであると考えられ，前提となる事業の内容が違うこと，などが理由と考えられる。

注

1）GE Capitalは，General Electricの製品のクレジット販売を促進することを目的に，1933年に設立されたGeneral Electricの子会社である。金融コングロマリットとして成長し，1996年には27の異なったビジネスを展開し，世界で5万人を超える従業員を抱え，28億ドルの純利益をあげるまでになった。またその時点で，半分を超えるビジネスが，M&Aによって獲得されたものとなっている（Ashkenas et al., 1998, p.166）。
2）調査開始前に，GEの日本法人に過去在籍していたことがある方や，M&Aに関連する業

務を行っている実務家の中でGEのM&Aの状況に詳しい方に，GEのM&Aの実施状況について，簡単なヒアリングを行っている．
3) インタビューによる調査は，2回にわたり実施している．1回目は，2004年3月11日に，GEコンシューマー・ファイナンス㈱の東京オフィスで，事業企画部のリーダーである同社専務取締役・山口公明氏と，ディレクター・斎藤貴茂氏，シニア・アナリスト・田中剣洋氏（いずれもインタビュー実施時点）の3名に対して行っている．また，2回目は，2004年4月13日に，同社東京オフィスで，山口公明氏，クオリティーマスターブラックベルト・伊地知剛氏（インタビュー実施時点）に対して行っている．
4) GEキャピタルは，2002年8月に4つのセグメントに再編され，さらに2004年1月のGE全体の事業部再編により事業構成が見直され，調査対象となったConsumer Financeセグメントと，主に企業向けにリースや融資などを行うCommercial Financeセグメント，損害保険や生命保険などを行うInsuranceセグメント，企業の設備管理及び資金調達を行うEquipment Serviceセグメントの4つに引き継がれている．
5) GEでは，各上級副社長（各事業グループを統括する担当者）が，M&Aに関連する業務を担当するビジネス・ディベロップメント・オフィサー（BD：Business Development, BD officer）を部下として抱えている．また，各事業グループの中の大規模な単一事業にも，専任のBDオフィサーが置かれている．BDオフィサーの多くはコンサルティングファーム出身で，M&Aに関する企業選定・分析・交渉といった業務を専門とし，GEキャピタルの成長を支えている（Ashkenas et al., 1998, pp. 166-168）．
6) 山口氏は，「GEではキャッシュフローも検討しているが，基本的には当期純利益を最も重要な財務数値と位置づけている」と述べている．
7) 安田（1998, p.98）は，1990年代後半時点で，GEキャピタルがM&Aのターゲットとなった事業に課している目標は「ROE20％，年成長率10％」であった，と述べている．
8) このように，GEコンシューマー・ファイナンス㈱はシナジーの評価には慎重である．GEがM&Aによるシナジー効果をあまり重視していない背景について，安田（1998, p.99）は，Consumer Financeセグメントの母体であるGEキャピタルが，ポートフォリオの視点で事業を拡大してきているため，事業間の相乗効果よりも，個別事業が独自のスキル・アプローチ・文化によって成長と収益性を追求することを最優先させてきた，という戦略的な方針がある，と指摘している．
9) 安田（1998, p.100）は，このようなGEの業績管理システムについて，「ROEと成長，そして経済価値を最大化する感度が高い施策についての具体的オペレーションの実行目標が示され，四半期ごとに戦略会議を開き，数値化された経営指標をベースに事業評価と事業計画を議論している」と解説している．
10) 安田（1998, p.100）は，このように，客観的な経営指標数値をシステム化して管理できる仕組みを作ったことが，①巨大な組織で官僚化を防ぎ，"事業を買って育てる"起業家をどう維持するか，②異なる性質の28事業（当時は28の事業分野に分かれていた）の独自性を寛容しながらも，どうやって一体感を生み出すか，③オペレーショナル・エクセレンシーと財務力に基づく高成長・高収益の実現へどうコミットさせ続けていくか，というGEキャピタルの3つの課題に対してかなり貢献している，と述べている．
11) 安田（1998, p.98）は，GEキャピタルの事業育成法の特徴について，財務力をもとに

した財務体質の改善と,世界一流のオペレーショナル・エクセレンスを移転する力の2つを挙げている。このうち,2点目については,対象分野のナンバーワンがもつノウハウと,シックス・シグマ運動で培った高品質化へ取り組みによって,具体的なオペレーション改善・顧客開拓の目標が設定され実行されている,と解説している。

12) このように,非財務指標を企業の調査分析に活用する考え方は,松田(1983, pp. 128-130, p. 144)が提示した,企業の経営業績及び経営活動について,企業の収益力,資金力,組織力と関連づけて分析するという経営監査の中にもその萌芽が見える。具体的には,組織力の中の組織・人事監査手続きの中に,従業員数推移,役員数推移,従業員1人当たりの工場または店舗面積などを含めている。

第8章

M&Aにおけるビジネス面での外部専門家の支援状況の事例研究
―BSC戦略マネジメントシステム活用との関連で―

　ビジネス面を中心にM&Aの支援を行っている外部専門家は，M&Aを実行する際に，ビジネス・デューデリジェンスや統合をはじめとするさまざまな場面で，さまざまな支援を行っている。彼らはM&Aの案件を数多く担当する中で，その経験などをもとに，実務において高い水準のノウハウをもっている可能性が高いと考えられる。したがって本章では，第6章と第7章に引き続いて，第5章の仮説の検証を目的として，そのような業務を比較的多く担当している監査法人やコンサルティング会社などが実際に提供しているM&Aに関連する業務サービスの事例研究を行い，その中から，BSC戦略マネジメントシステムの全部または一部を活用し，それがM&Aの成功に貢献していると考えられるポイントと，その効果を高めると考えられる支援システムを抽出していく。

第1節　事例研究の概要

1．対象企業の選択基準

　M&Aに関連するビジネス・デューデリジェンスや実行後の段階における統

合などに関連する支援は，一般に大手監査法人や監査法人系のコンサルティング会社が手がけることが多い[1]。したがって，今回の対象企業等の選択にあたっては，大手監査法人と監査法人系のコンサルティング会社を母集団とした。

まず，大手監査法人については，2004年1月時点において売上規模で上位4位に入っている4大監査法人を選択の対象にした。しかし，そのうち，ビジネス・デューデリジェンスや統合の支援を業務として行っていない場合や，広報などの関係でインタビューが難しいという回答を受けた場合は，調査の対象から除外することとした[2]。

一方で，監査法人系のコンサルティング会社については，当初，大手4大監査法人と提携関係にあるコンサルティング会社を選択の対象として想定した。しかし，監査法人系のコンサルティング会社は，合併や米国のエンロン事件を原因とする監査法人からの分離の要請によって，かなり再編成が行われている。したがって，コンサルティング会社ごとに調査を行っても，同じチームで業務を担当していたコンサルタントが重複して選択されてしまう可能性もある。したがって，調査対象の重複を避けるために，4大監査法人系のコンサルティング会社に所属していた経験のあるコンサルタントで，ビジネス面からのM&Aの支援業務を数多く行ってきている方を個人的に探し，選択の対象とすることとした。ただし，そのうち秘密保持等の関連で調査へのご協力が難しいと回答された場合は，調査の対象から除外することとした。

その結果，調査対象として選択された監査法人およびコンサルティング会社等は，以下の4社である。

・中央青山監査法人　トランザクションサービス部
・監査法人トーマツ　ファイナンシャル・アドバイザリー・サービスグループ
・アビームコンサルティングの岡氏（元アンダーセン・コンサルティング）
・税理士法人トーマツの畠山氏（元デロイト・トーマツ・コンサルティング）

2．調査内容

日本企業のM&Aの課題として抽出されたポイントのうち，主に以下の3つに関して，具体的な実施内容及び状況についてインタビュー調査を実施した。

① 実行前の段階における業務内容
② 実行段階における業務内容
　（ビジネス・デューデリジェンス，買収金額の評価）
③ 実行後の段階における業務内容

第2節　事例研究の結果

本節では，M&Aのビジネス面での支援業務を行っている監査法人や監査法人系のコンサルティング会社の担当者へのインタビューや，彼らから入手した資料をもとに，彼らの支援状況についての事例研究の結果をまとめていく。

1．中央青山監査法人

以下の内容は，2004年2月に，中央青山監査法人トランザクション・サービス部の担当者に対して行ったインタビューに対する回答と，その際に入手した資料に基づいてまとめている[3]。

(1) M&Aに関連して行っている業務

トランザクション・サービス部門は総勢120名で，中央青山監査法人の中で，M&Aと企業再生に関連する業務を担当する専門部門である。この部門では，案件の仲介を除いた，M&Aに関連するほとんどの業務を担当している。

(2) 実行前の段階における業務内容

実行前の段階では，M&Aの戦略目標を明記した戦略概要書の作成，M&Aの目的に合うターゲット企業のリストの作成，初期的なシナジー分析と案件の成功度合いを測定するための明確な財務指標の設定，M&Aの成果についてのシミュレーションなどの支援を行っている。

このうち戦略概要書は，現在の事業戦略を達成するために不足している点に注目して，M&Aの目的を記載したものである。具体的には，まず売上高の増大やシェアの増大といった戦略を設定し，それを実現するためには，顧客ベー

スを確保する，生産ラインを増やす，といった具体的なM&Aの目的に展開していく[4]。

次のターゲット企業のリストの作成については，戦略概要書で明確にした目的にそって，業種・規模・地域などの条件をもとに候補を挙げ，その上で戦略上の目的が達成できそうか，また買収できる可能性は高いか，という2つの観点から候補を絞り込んでいく。その際，供給業者あるいは顧客からのヒアリング情報や業界紙なども参考にしていく。ただ，一般に自社の業界であれば，業界地図が把握できているため，事前に定性的な情報はある程度入手できている傾向が強い。

その上で，初期的なシナジー分析としては，有価証券報告書・帝国データバンク・各種調査会社・業界紙といった公開情報などをもとに，対象となったM&Aによって得られると考えられるシナジーを測定するための明確な財務目標を設定していく。例えば生産量の拡大によるコストダウンを目的とした同業界の企業のM&Aの場合には，「原価率」や「1単位当たりの調達コスト」などを財務目標の例として設定する。これをM&A実行後のモニタリングにも用いていく。

(3) 実行段階における業務内容

1) ビジネス・デューデリジェンス

総合的デューデリジェンスという名称で，総合的にターゲット企業の状況を把握することを目的としてデューデリジェンスを実施している。

そのうちビジネス・デューデリジェンスの目的は，①将来の収益性についての調査や分析あるいは評価によって，買収金額決定のための情報を入手すること，②統合計画を策定するための情報を収集すること，の2つと考えている。

具体的には，以下のようなステップでデューデリジェンスを実施している。

最初に，会社の全般的状況と，経営の状況と経営陣についてレビューを行う。その中で，ターゲット企業の事業が属する業界について，①競合状況の分析，②今後の業界再編の可能性，③今後の成長可能性（成熟産業・成長産業のどちらに該当するか），④過去の価格と数量の推移，⑤事業のキー・ドライバー，⑥法的規制，⑦参入障壁，⑧その他といった点に関する調査を行っていく。

その上で，ターゲット企業について，マーケット・オペレーション・IT・人的資源という4つの対象分野に関して，さらに詳細な調査分析を行っていく。なお，4つの対象分野とそれぞれの分野の分析対象は，表8-1のとおりである。

　その上で，それぞれの分析の対象について，分析のポイントを意味する分析

表8-1　中央青山監査法人のビジネス・デューデリジェンスの対象分野

ビジネス・デューデリジェンスの対象分野	分析の対象
マーケット	顧客・販売
オペレーション （会計プロセス）	調達，生産，在庫，物流，その他 決算，外部報告，経営管理
IT	アプリケーションシステム，ITコスト，ITプロジェクト，ハードウェア・ネットワーク・インフラストラクチャー
人的資源	組織体制，人員構成・人事評価・報酬体系，リテンション，企業風土，企業文化

出典：中央監査法人トランザクション・サービス部作成の資料をもとに著者作成。

表8-2　中央青山監査法人のビジネス・デューデリジェンスにおける課題解決のためのワークシート（一部抜粋）

分析の対象	分析の視点	想定される必要検討事項	効果の事例
顧客・販売	・顧客のリピート率の向上 ・顧客構成比率の隔たりの有無 ・顧客別の取引条件（リベート等）は管理できているか	・取引条件の見直し ・販売商品の見直し ・商品別・顧客別の販売価格の見直し ・販売拠点の統廃合 ・受注プロセスの標準化	・販売活動の効率化 ・顧客満足度の向上 ・販売コストの削減
生産	・重複する販売先はないか ・受注プロセスが顧客要求を満足するものになっているか ・重複する生産機能や製品はないか ・販売機能や在庫機能とうまく連携がとれているか ・生産能力と販売能力はバランスがとれているか	・生産拠点の統廃合 ・生産計画を策定するプロセスの見直し	・生産コストの削減 ・生産リードタイムの短縮 ・在庫の削減

出典：中央監査法人トランザクション・サービス部作成の資料をもとに著者作成。

の視点，課題を改善するための方策を意味する想定される必要検討事項，課題の改善効果を意味する効果の事例の3つをまとめていくことによって，発見した問題点を実行後の段階で改善していくためのワークシートを作成していく。

例えば，マーケットの中の顧客・販売と，オペレーションの中の生産についての事例は，表8-2のとおりである。

また，このようなデューデリジェンスの結果を，可能な限り買収金額の評価に反映させている。

2）企業・事業価値評価

企業価値評価は，主に，乗数法や類似業種比準法などの比準法と，DCF法を利用して行っている。一方で時価純資産や簿価純資産法などの純資産方式は，ほとんど利用していない。

比準法（乗数法）では，EBITDA倍率法とPERをよく使っている。ただ，ITベンチャー企業をはじめ，創業間もない会社については，売上高の乗数（PSR：Price Sales Ratio）を用いることが多い。また，バリュー・ドライバーが過去の経験の中で蓄積されてきている業界については，バリュー・ドライバーの乗数も使っている。具体的には，ホテルや病院での稼働率と部屋数，コールセンターでの従業員数，ケーブルテレビでの世帯数と普及率などである。

DCF法では，企業価値の計算結果について，売上高や費用をはじめとする前提を替えることによって感度分析を行い，その結果をもとにキー・バリュー・ドライバー（事業価値増加要因）を特定している。さらに，そのキー・バリュー・ドライバーをもとにシナリオを作成している。

また，出来上がったバリュエーションモデルをもとに，想定されるシナジー効果の数量化とモデル化を行っている。

(4) 実行後の段階における業務内容

最近は，ビジネス・デューデリジェンスからM&A実行後の統合段階における支援まで，一貫して行う例が増えてきている。

統合については，①市場顧客（製品・サービスなど），②組織（業績評価の仕組みなど），③業務プロセス（情報システムなど），④人的資源（企業文化な

ど）といった4つのポイントについて支援している。

　さらに，M&Aの目的を，「シナジーを生み出すことによって企業価値を増大させていくこと」と定義して，実行後の段階において，バリュー・ドライバー[5]をもとに効果の大きいシナジーを選別し，それを生み出すことを重視した支援を行っている。なお，具体的なシナジーとしては，売上高の成長，コスト削減，プロセスの効率改善，財務リエンジニアリング，節税対策の5つを想定している[6]。

　さらに，実行後の段階における統合をスムーズに行っていくために，Day1計画と100日統合計画の2つの作成支援を行っている。

a）Day1計画

　Day1とは，M&A実行後の最初の日のことであり，この計画は，M&Aの実行日までに実行しておかなければいけない項目についての計画を意味している。

　この計画における目的は，①合併などを予定通り実行する「M&Aの実行」，②登記や許認可事項の承認などを予定通り完了させる「法の遵守」，③事業上の契約の切り替え，雇用契約，システムの移行，配送経路の統合，リベートや研究開発費の扱いの共通化，商品知識の共有などを予定通りスムーズにおこなう「スムーズな事業継続」という3つである。

　これから分かるように，Day1計画は，やるべきことを予定通り実行するための計画であり，どちらかというと企業価値の減少を防ぐことを目的としたものである。

　具体的には，財務経理，人事，IT，物流，製造，R&D，販売＆マーケティング，購買，コミュニケーション，といった機能別に，実行すべきことを計画としてまとめている。また実行にあたっては，機能と責任者を明確にしている。

b）100日統合計画[7]

　100日統合計画とは，Day1以降の100日間で実行すべきポイントについての計画のことである。100日はほぼ1四半期に該当するので，M&A実行後の第1四半期で行うべき項目の計画とも考えられる。100日統合計画は，売上高の増加やコスト削減といったM&Aによって実現できると考えられるシナジーを

生み出し，さらに高めることを目的としており，企業価値の増大を目的としたものである。

具体的には，バリュー・ドライバーを，フリーキャッシュフローをもとに考えた財務的影響度の大きさと，社内でのディスカッションをもとに評価した成功の可能性の高さをもとに，企業価値の増大につながりやすい順に優先順位をつける支援をしている[8]。このような優先順位づけをする理由は，優先順位がないと一般にやりやすいことを優先してしまい，結果として企業価値が思ったほど増大しない可能性があるからである。

c）モニタリング

モニタリングとは，M&A実行後の状況に関する管理のことである。モニタリングの意義は，①M&Aの目的（シナジー）の再確認，②M&Aの成否の判断基準の明確化（シナジーの達成度合い），③撤退基準の明確化の3つと考えている。具体的には，進捗管理と業績管理の2つに分けて行っている。このうち進捗管理は，Day 1計画と100日統合計画が予定通り進んでいるかどうかに関する管理のことである。一方で，業績管理は，シナジーを創出することを目的とする100日統合計画のDay 1以降の実行結果に関する管理を意味している。

具体的には，①総合的デューデリジェンスによって明らかになったシナジー項目の確認，②シナジー項目についての数値目標の再確認，③モニタリング指標の設定，④指標を把握するための仕組み構築，⑤モニタリング体制整備のためのアクション，⑥詳細な統合計画の策定，という6つのステップにしたがって支援している。

このうちモニタリング指標は，シナジーに焦点を合わせて設定し，業績評価指標と整合性をとり，現場レベルでの目標となるサブ目標へとブレークダウンしていく。さらにこの指標を，目標の共有化を実現し，企業全体のベクトルをM&Aの成功に向けるために活用していくのである。

近藤（2003）は，モニタリング指標について，M&Aのそもそもの目的である各種シナジーの創出を表す数値目標のことであり，それぞれの指標と指標の関係を目的と手段とに位置づけることによって，現場レベルで管理されるサブ指標の達成がどのようにM&Aのシナジー達成に貢献しているのかを把握できるようになり，これが結果として有効なシナジーモニタリングにつながってい

く，と述べている。

(5) BSC 戦略マネジメントシステムの活用状況

中央青山監査法人のM&Aに関する支援業務の特徴は，案件の初期から終わりまで一貫してシナジー（およびバリュー・ドライバー）に着目して，最適なM&Aを実行させようとしていることである。そのために，デューデリジェンスの段階から企業評価，統合，モニタリングまで，一貫してVBM（Value Based Management：バリュー・ベースト・マネジメント）[9]に近い考え方を導入している。そして，その中で，企業価値を上昇させるためのポイントを抽出し，それを実行に移すための方策を考え，実行に移し，またそれが予定通り進んでいるかを評価し，それを成功・失敗の判断にまでも活用しているのである[10]。

このように，中央青山監査法人のM&Aに関する支援業務の中では，BSCと戦略マップからなるBSC戦略マネジメントシステムそのものは活用されていない。しかし，VBMはBSCと密接な関係があり，また中央青山監査法人の業務の中にも，実質的にBSC戦略マネジメントシステムの一部と考えられるものを活用し，それがM&Aの成功に貢献していると考えられるポイントや，その効果を高めると考えられる支援システムは見受けられる。以下，そのようなポイントについてまとめていく。

1 ）実質的にBSC戦略マネジメントシステムと考えられるものを活用し，それがM&Aの成功に貢献していると考えられるポイント

a）戦略概要書の作成

⇒M&Aの戦略との整合性の検討のために，実質的に戦略マップと重なり合うフレームワークを活用

中央青山監査法人が作成する戦略概要書の中では，財務数値の目標を達成するためには，顧客との関係やビジネスのプロセスをどうしなければいけないか，といった因果関係に基づいて，M&Aの具体的な目的が明確にされていく。これによって，戦略マップと重なり合うようなフレームワークの上で，因果関係をもとにM&Aの戦略との整合性を検討することができ，これがM&Aの成功に貢献していると考えられる。

b）ビジネス・デューデリジェンスにおける4つの対象分野とキー・バリ

ュー・ドライバーの調査

　　⇒ビジネス・デューデリジェンスの中で，4つ視点における評価指標と考えられるものを活用

　中央青山監査法人は，ビジネス・デューデリジェンスの対象分野として，マーケット，オペレーション（会計プロセスを含む），IT，人的資源の4つを挙げ，企業価値の上昇を中核とした評価指標であるキー・バリュー・ドライバーも調査の対象としている。またこれらの4つの対象分野は，BSCの財務の視点を除く3つの視点と重なり合っている。つまり，マーケットが顧客の視点，オペレーションが内部ビジネスプロセスの視点，人的資源とITが学習と成長の視点，とそれぞれ重なり合っていると考えられるのである。さらに，バリュー・ドライバーは戦略との関連づけは行われていないものの，BSCにおける評価指標とかなり重なり合うものと考えられる。つまり，戦略と関連づけることによって，BSCにおける評価指標へ発展できる可能性があるバリュー・ドライバーを，BSCの財務の視点を除く3つの視点と重なり合う区分に合わせて，デューデリジェンスの中で活用していると考えられるのである。これによって，効率的に焦点を絞ったデューデリジェンスが可能となり，それがM&Aの成功に貢献していると考えられる。

　c）買収金額の評価におけるバリュー・ドライバーの活用

　　⇒買収金額の評価において，実質的に評価指標と考えられるものを活用

　中央青山監査法人では，買収金額の評価において，類似会社比準法とDCF法を利用する際にバリュー・ドライバーを活用している。具体的には，類似会社比準法については，バリュー・ドライバーが過去の経験の中で蓄積されてきている場合，ホテルや病院については稼働率と部屋数，コールセンターについては従業員数，ケーブルテレビについては世帯数と普及率といったバリュー・ドライバーを乗数の基準として使っている。一方でDCF法については，フリーキャッシュフローの将来予測においてシナリオを作成する際に，バリュー・ドライバーを基準にシナリオを作成し，さらにそれをベンチマーク企業と比較している。

　前述のように，バリュー・ドライバーはBSCにおける評価指標とかなり重なり合うものと考えられる。つまり，戦略と関連付けることによって，BSC

における評価指標へ発展できる可能性があるバリュー・ドライバーを，買収金額の評価に実質的に活用しているものと考えられる。これによって，評価の精度を高めることができ，これが M&A の成功に貢献していると考えられる。

　d）モニタリング指標の設定と管理
　　⇒経営管理システムとして実質的に評価指標と考えられるものを活用

　中央青山監査法人は，M&A によるシナジーの可能性が高い部分に関して，数値目標を設定し，業績評価指標と整合性をとり，現場レベルでの目標であるサブ目標へとブレークダウンしている。さらにこの指標を，目標の共有化を実現し，企業全体のベクトルを M&A の成功に向けるために活用している。これは，基本的には企業価値の上昇を中心とした経営管理システムと考えられる。この場合の評価指標は，BSC における評価指標とかなり重なり合うものと考えられる。つまり，戦略との関連づけを明確にすることによって，BSC における評価指標へ発展できる可能性があるバリュー・ドライバーを，経営管理システムとして実質的に活用しているものと考えられる。これによって，目標を明確にし，効果的な経営管理を行うことができ，それが M&A の成功に貢献していると考えられる。

2）1）の効果を高める支援システム

　a）100日プランの作成

　100日プランとは，M&A 実行後の100日間で実行すべき事象についてのプランであり，M&A によって実現できると考えられるシナジーに優先順位をつけ，それにより効果的に企業価値の増大を行っていくことを目的としたものである。これにより，実施すべきことが明確になり，このことが実行後の段階において，評価指標と考えられるものを経営管理システムとして導入する際に，その導入をスムーズに行い，さらにその効果を早くスムーズに生み出すことの支援となっていると考えられる。

2．監査法人トーマツ Financial Advisory Service（FAS）

　以下の内容は，2004年3月に，監査法人トーマツの中で M&A と企業再生に関連する業務を担当するファイナンシャル・アドバイザリー・サービスグループの幹部に対して行ったインタビューに対する回答と，その際に入手した資料

に基づいてまとめている[11]。

(1) M&A に関連して行っている業務

ファイナンシャル・アドバイザリー・サービスグループは総勢約70名で，監査法人トーマツグループの中で，財務戦略とコーポレートファイナンス，企業再編，デューデリジェンスなどのトランザクションサポート，M&A，企業再生などに関連する業務を担当する専門部門である。M&A の分野では，案件のマッチング（売買仲介）を除くほとんどの関連サービスを提供している。

(2) 実行前の段階における業務内容

M&A の実行前の段階では，トーマツコンサルティングが，戦略立案のコンサルティングの中で M&A を選択肢として提案することがある。トーマツターンアラウンドサポート㈱では，再生に関連して戦略立案に携わることがある。

(3) 実行段階における業務内容

1）ビジネス・デューデリジェンス

ビジネス・デューデリジェンスは，通常，外部環境と内部環境とに区分して，それぞれの状況をいくつかのツールを使って分析し問題点をまとめる，という方法で実施している。外部環境分析については，一般に用いられる3C分析[12]や 5 Forces 分析[13]などのフレームワークを使うこともある。内部環境分析については，ビジネスプロセスに注目して，バリューチェーン[14]の区分ごとに分析したり，経営資源に注目して，ヒト，モノ，カネ，時間などに区分して分析し，組織・オペレーションの実態把握を行っている。さらに，事業ごとの収益の源泉を把握するとともに，経営者の資質についても分析している。

対象企業によっては，システムの効率性や有効性の評価，土壌汚染等をはじめとする環境関連のリスクの評価，人事制度・人件費項目のレビューを重要なポイントとして深掘りすることもある。

2）企業価値評価

企業価値評価については，主に類似会社比準法と DCF 法を採用している。
このうち類似会社比準法では，EBITDA と PER をよく使っている。特に，

比較に適した競合企業がある場合にはこの方法を利用することが多い。また，業種によっては，EBITDA と PER 以外の数字をもとにした比準法を採用することもある。例えば，規模の経済が比較的存在する業種では，売上高や施設の面積などを乗数の基準としたり，油田の所有がビジネスの中核となっている石油会社では埋蔵量を基準にしたり，コンビニエンスストアでは，フランチャイズの数を基準にしたりすることもある。さらに，ホテルの場合には，所在地域が重要であるため，地域的な価値をもとに，過去の実績にとらわれず，あるブランドのホテルがこの地域でホテルを運営したらどの程度の稼働率や単価設定が可能か，という観点で評価をしていくこともある。

(4) 実行後の段階における業務内容

コンサルティングサービス部隊が中心となって，統合後の戦略の再設定，経営資源の統合，業務プロセスの統合といった面からクライアント支援を行っている。また，M&A 実行後の初日である DAY 1 に実行すべき事項を網羅した計画の立案と実行の支援をすることもある。

(5) BSC 戦略マネジメントシステムの活用状況

このように，監査法人トーマツの M&A に関する支援業務の中では，BSC と戦略マップからなる BSC 戦略マネジメントシステムそのものは活用されていない。しかし，実質的に BSC 戦略マネジメントシステムの全部または一部と考えられるものを活用し，それが M&A の成功に貢献していると考えられるポイントは見受けられる。ここでは，そのようなポイントについてまとめていく。

1) **実質的に BSC 戦略マネジメントシステムと考えられるものを活用し，それが M&A の成功に貢献していると考えられるポイント**

a) ビジネス・デューデリジェンスの調査の対象分野
　⇒ビジネス・デューデリジェンスの中での，BSC の 4 つ視点とかなり重なり合う点についての調査

監査法人トーマツでは，ビジネス・デューデリジェンスに関して，外部環境分析として 3 C 分析や 5 Forces 分析といったフレームワークを利用し，内部環境分析については，バリューチェーンをもとにしたプロセスごとの分析や，経

営資源に注目して組織・オペレーションの把握などを行っている。その中で，人事制度や人件費項目のレビューなども行っている。

このうち外部環境分析の中には，顧客（competitor）や買い手の交渉力といった顧客の視点に関連するようなポイントが挙げられており，また内部環境分析の中には，バリューチェーンといった内部ビジネスプロセスの視点に関連するようなポイントや，組織や人事制度といった学習と成長に関連するようなポイントが挙げられている。逆に4つの視点に含まれていないものは外部環境に関連する部分であり，結果としてみると，ビジネス・デューデリジェンスの対象分野は基本的に4つの視点と重なり合っていると考えられる。

このような4つの視点と重なり合うポイントを対象にすることによって，効率的に焦点を絞ったビジネス・デューデリジェンスが可能となり，それがM&Aの成功に貢献していると考えられる。

b）買収金額の評価における，事業において重要な評価指標の活用
　⇒買収金額の評価において，実質的に評価指標と考えられるものを活用

監査法人トーマツでは，買収金額の評価にあたり，主に類似会社比準法とDCF法を採用している。

そのうち類似会社比準法については，例えば規模の経済が比較的存在する業種では，売上高や施設の面積を基準に計算したり，石油会社では埋蔵量を基準に計算したり，コンビニエンスストアでは，フランチャイズの数を基準に計算したりすることもある。さらに，ホテルの場合には，地域的な価値をもとに，あるブランドのホテルがこの地域でホテルを運営したら，どの程度の稼働率，単価設定が可能か，という観点で評価をしていくこともある。これは，それぞれの業界において重要な評価指標を乗数として，株価を推定していくものである。このように，買収金額の評価において，実質的に評価指標と考えられるものを活用することによって，評価の精度が高まり，それがM&Aの成功に貢献していると考えられる。

3．アビームコンサルティング[15]の岡氏

以下の内容は，2003年12月に，アビームコンサルティングの岡俊子氏に対して行ったインタビューに基づいてまとめている[16]。

(1) M&A に関連して行っている業務

M&A の実行段階から実行後に至るまで，幅広く M&A に関連する業務を担当している。具体的に担当する業務は，実行前の段階では戦略立案や対象企業の選別，実行段階ではビジネス・デューデリジェンスや買収価額の評価，実行後の段階ではビジネスプロセスの統合や人事管理システムの導入などである。

その中で，外資系企業が日本企業を買収するような案件においては，実行段階と実行後の段階の業務を担当する場合が多くなっている。特に最近は企業再生に関連するような業務も多く，その場合には，資産の売却，費用の削減，間接部門の見直しなどが主要な課題になることが多い。

(2) 実行前の段階における業務内容

M&A の実行前の段階で戦略を立案する場合には，社内で共有されている戦略を立案するための7つのフレームワークを利用している。この7つのフレームワークの中には，外部環境分析の5つの力に類似したもの，内部環境分析のためのバリューチェーンに類似したものなどが含まれている。

さらに，戦略の立案の際には，①網羅的に行うこと，②ビジネスの KFS を抑えること，③企業再生の場合は株主をはじめとするステークホルダーの意向を十分考えること，という3つを特に重視している。

(3) 実行段階における業務内容

1）ビジネス・デューデリジェンス

具体的には，外部環境分析を踏まえた上で，バリューチェーンの現在の状況を徹底して分析し，その上で，そのバリューチェーンをもとに将来どの程度の業績を生み出せそうか，という観点から買収金額の評価に結びつけている。

最近は，M&A の経験をもつ企業が増えてきたので，対象分野を絞り狭く深く調査を行う，といったオーダーメード型[17]が多くなってきている。この場合は，最初は仮説作りからはじめていく。外部の者が行うと3日程度はかかるが，同業などの場合はすでに仮説をもっている場合が多い。その上で，問題となりそうなところを，集中的にチェックしていく。

デューデリジェンス[18]と企業評価は非常に関連性が高く，一気通貫で行う方

が望ましいと考えている。しかし，実際には両方とも担当する場合もあるが，大型案件など片方しか依頼がないため，片方のみしか担当しない場合もある。

(4) 実行後の段階における業務内容

M&A 実行後の段階の統合については，通常は，情報システムや経理，営業などの業務面の統合，人材面での統合，人事制度などをはじめとする制度面の統合の3つについて，支援することが多い。

また M&A の中では，統合の段階が最も難しく，その中でもチェンジマネジメント，つまり従業員をはじめとする人の気持ちをいかに変えられるか，またその結果として企業文化をどのように変えられるか，という点が重要であると考えている。また，そのためのキーとなるのがリーダーである。

(5) BSC 戦略マネジメントシステムの活用状況

このように，アビームコンサルティングの M&A に関する支援業務の中では，BSC と戦略マップからなる BSC 戦略マネジメントシステムそのものは活用されていない。しかし，実質的に BSC 戦略マネジメントシステムの一部と考えられるものを活用し，それが M&A の成功に貢献していると考えられるポイントは見受けられる。以下，そのようなポイントについてまとめていく。

1）実質的に BSC 戦略マネジメントシステムと考えられるものを活用し，それが M&A の成功に貢献していると考えられるポイント

　a）戦略立案のためのフレームワーク
　　⇒M&A の戦略との整合性の検討のために，実質的に戦略マップと重なり合うフレームワークを活用

アビームコンサルティングが戦略立案のために利用しているフレームワークには，5つの力に類似した外部環境分析のツール，バリューチェーンに類似した内部環境分析のツールなどが含まれている。さらに，網羅的にすることと KFS を抑えることが，重視すべきポイントとして挙げられている。

これらは，戦略マップとの直接的な関連性はないが，5つの力の中には，買い手の交渉力として顧客の視点に関連するポイントが含まれており，バリューチェーンは，内部ビジネスプロセスの視点とある程度重なり合っている。ま

た，網羅的に会社の状況を把握するという面では，戦略マップの4つの視点は網羅的なものであり，さらに BSC 戦略マネジメントシステムは戦略の達成に向けて組織全体を方向付けるものであるとすると，KFS を反映して設定しなければならない。そう考えると，戦略立案のためにフレームワークを活用することは，戦略との整合性を確認するために，実質的に戦略マップと重なり合うフレームワークを活用しているものと考えることができ，これが M&A の成功に貢献していると考えることができる。

4．税理士法人トーマツの畠山氏

以下の内容は，2003年11月に，税理士法人トーマツの畠山直子氏に対して行ったインタビューに対する回答と，畠山氏のビジネス・デューデリジェンスについての論文（畠山，2002，pp.40-47）に基づいてまとめている[19]。

(1) M&A に関連して行っている業務

M&A の実行段階から実行後に至るまで，幅広く M&A に関連する業務を担当している。具体的には，実行前の段階では戦略立案や対象企業の選別の支援，実行段階ではビジネス・デューデリジェンスや買収金額の評価の支援，実行後の段階では統合のためのマーケティング，管理体制構築，人事評価などの支援をそれぞれ行っている。

(2) 実行段階における業務内容

1）ビジネス・デューデリジェンス

一般に，デューデリジェンスはあまり時間もなくインタビューの内容も限られるので，かなり限定的な調査になる。したがって問題点をある程度明確にして，実行後の段階でそれを解決するための方向性を確認し，また現在の経営者の能力を判断することがポイントになる。

また畠山氏は，ビジネス・デューデリジェンスの目的は，ターゲット企業の将来収益の継続的な確保について，可能性と問題点を明確にすることである，と述べ，その具体的なポイントと内容について，以下のように述べている。

「経営の全体の把握が重要であり，経営資源の基本である4つ，人・もの・

金・プロセスの各要素と，その要素の統合能力がそのポイントになる。また，各要素の意味するものは以下のとおりである。人は人的資源のことである。ものは販売している商品のことであり，顧客の分析と競合分析につながっていく。金は資本市場あるいは金融機関から調達する力を意味している。主な内容は，財務面のデューデリジェンスから入手している。プロセスは，材料の購入から販売・維持・廃棄するまでのすべてのプロセスのことであり，そのプロセスを確保する組織や社外のアライアンスも含まれ，ITが重要な役割を果たしている場合が多い。さらに，4つの要素の統合能力は，取締役会を頂点とする本社機能のことであり，ビジョンを含めて本社が機能しているかどうか，また逆にリスクを把握して対応可能な状態になっているかどうかを意味している」（畠山，2002，pp.40-41）。

さらに，その中で，既存の経営陣の独裁性や判断能力が重要な判断のポイントになる，と述べている。

そして，このような5つのポイントをもとに，ビジネス・デューデリジェンスのポイントを，客の視点（売上高に関する情報），資本の視点（調達コストに関する情報），人的資源の視点（人件費，知識資本に関する情報），組織プロ

表8-3　畠山氏のビジネス・デューデリジェンスの視点とチェック項目リスト

5つの視点	チェックの内容
客の視点	業界全体，市場の魅力度，顧客における認知，自社のコアコンピタンス
資本の視点	資本市場または株主に関する情報，格付け情報，IR関係の能力，金融機関との関係
人的資源の視点	企業文化，コミュニケーション，帰属意識，人事制度，給与推移，離職率，年齢・職務別構成，重要な人材の人数，M&Aの実行後における優秀な人材の確保方法，労組の状況，訴訟関係，M&Aの実行段階に必要な人材とターゲット企業に残る人材の見極め情報，帰属意識，社内のモラル
組織・プロセスの視点	社外のアライアンス，納入業者及びその調達コスト，社内のプロセス状況，ITの状況
統合力・決定力とガバナンスの視点	取締役会における決定プロセス，取締役及びその給与の決定プロセス，投資・撤退基準，リスク管理体制，トップ経営者の経営能力

出典：畠山（2002, pp.40-41）と畠山氏の回答をもとに著者作成。

セスの視点（人件費以外のコスト情報）統合力・決定力とガバナンスの視点（統合する能力）の5つに分けて提示している。それをまとめたものが，表8-3である。

2）買収金額の評価

買収金額の評価については，DCF法を一般的に使っている。また，それをデューデリジェンスと連携させ，業界の成長性，戦略の妥当性，業界のM&Aの流れといったポイントについてシミュレーションを行うこともある。

例えば，シナリオ別（現状を継続した場合，投資した場合，一部撤退した場合など）に，売上高，費用，人件費，キャッシュフロー，設備投資をもとにフリーキャッシュフローを生み出すメカニズムをまとめることで，リスクの所在を明確にしている。これによって，デューデリジェンスとDCF法を使った買収金額の評価とが結びついていく。また，評価は，最悪・ベース・アップサイドの最低3つについて行っており，最悪シナリオの場合のリスクを管理できるような仕組みの構築を支援している。

(3) 実行後の段階における業務内容

ターゲット企業の中心的な人材に対してインタビューを行い，その能力を評価し，彼の意見を聞きながら分析を行っていく。具体的には，①経営陣に対するインタビュー，②顧客・従業員・サプライヤーの調査，③市場分析，④プロセス分析（バリューチェーン，経理・人事・総務等の管理機能などを対象）など，ビジネス・デューデリジェンスで実施できなかった調査を中心に行っていく。

その上で出てきた問題点について，それを改善するための営業・製造・人事・管理会計などのプロジェクトを立ち上げ，次期経営者になるような人材と問題の解決策を策定し，経営者に提案していく。その後，必要に応じてその解決策の実行支援を行っている。

(4) BSC戦略マネジメントシステムの活用状況

このように，税理士法人トーマツの畠山氏が行っているM&Aに関する支援業務の中では，BSCと戦略マップからなるBSC戦略マネジメントシステムそ

のものは活用されていない。しかし，BSC 戦略マネジメントシステムの一部と考えられるものを活用し，それが M&A の成功に貢献していると考えられるポイントは見受けられる。以下，そのようなポイントについてまとめていく。

1）**実質的に BSC 戦略マネジメントシステムと考えられるものを活用し，それが M&A の成功に貢献していると考えられるポイント**

a）ビジネス・デューデリジェンスの調査の対象分野

⇒ビジネス・デューデリジェンスの中での，BSC の 4 つ視点と重なり合う点についての調査

税理士法人トーマツの畠山氏は，ビジネス・デューデリジェンスの対象として，客の視点，資本の視点，人的資源の視点，組織・プロセスの視点，統合力・決定力とガバナンスの視点の 5 つを挙げている。さらに，統合の段階では，これらのポイントについて，ビジネス・デューデリジェンスの中でできなかった調査を行っている。

これらの視点は，BSC の 4 つの視点とかなり重なり合っている。つまり，資本の視点は財務の視点に，次に客の視点が顧客の視点，組織プロセスの視点が内部ビジネスプロセスの視点，人的資源の視点が学習と成長の視点に，それぞれ対応していると考えられる。最後の統合力・決定力とガバナンスの視点は，4 つの視点と直接対応していないが，一部内部ビジネスプロセスの視点あるいは学習と成長の視点に対応していると考えることができる。

このような，4 つの視点と重なり合うポイントを対象にすることによって，効率的に焦点を絞ったビジネス・デューデリジェンスが可能となり，このことが M&A の成功に貢献していると考えられる。

第 3 節 調査結果の検討と BSC 戦略マネジメントシステムの活用状況

本章で取り上げた外部専門家 4 社の業務の中では，BSC 戦略マネジメントシステムそのものは活用されてはいなかった。しかし，実質的に BSC 戦略マネジメントシステムの一部と考えられるものを活用し，それが M&A の成功

貢献していると考えられるポイントと，その効果を高めると考えられる支援システムは見受けられる。以下，そのようなポイントについてまとめていく。

1）**実質的に BSC 戦略マネジメントシステムと考えられるものを活用し，それが M&A の成功に貢献していると考えられるポイント**

a）戦略概要書の作成および戦略立案のためのフレームワークの活用
　　⇒M&A の戦略との整合性の検討のために，実質的に戦略マップと重なり合うフレームワークを活用

中央青山監査法人とアビームコンサルティングは M&A の戦略上の目的と意義を明確にしていく過程の中で，実質的に戦略マップと重なり合うようなフレームワークを活用している。

具体的には，2社ともあくまでも無意識ではあるが，中央青山監査法人は戦略概要書によって，またアビームコンサルティングは戦略立案のためのフレームワークを通して，実質的に戦略マップのようなフレームワークをもとに M&A の戦略上の意義や目的を検討している。特に中央青山監査法人では，戦略概要書の上で，戦略目標の達成可能性を因果関係にそって検討し，その中で既存の経営資源だけでは達成することが難しい部分について，M&A という手法を選択肢として挙げる，という検討を行っている。これは，実質的に戦略マップを使って各視点間の因果関係にそって戦略との整合性を検討しているものと考えられる。このような2社のシステムは，戦略上の目的と意義の明確化を通じて，M&A の成功に貢献していると考えられる。

b）ビジネス・デューデリジェンスにおける4つの対象分野とキー・バリュー・ドライバーの調査
　　⇒ビジネス・デューデリジェンスの中で，4つ視点における評価指標と考えられるものを活用

このポイントは，中央青山監査法人，監査法人トーマツ，税理士法人トーマツの3社の業務の中に見受けられる。まず中央青山監査法人は，ビジネス・デューデリジェンスの対象分野として，マーケット，オペレーション（会計プロセスを含む），IT，人的資源の4つを挙げている。これらの4つの点は，BSC の財務の視点を除く4つの視点と重なり合っている。つまり，マーケットが顧客の視点，オペレーションが内部ビジネスプロセスの視点，IT と人的資源が

学習と成長の視点、とそれぞれ重なり合っていると考えられる。

次に、監査法人トーマツの外部環境に関連する部分を除いたデューデリジェンスの対象分野も、BSCの4つの視点と比較的重なり合っている。

さらに、税理士法人トーマツの場合も、畠山氏がビジネス・デューデリジェンスの対象として挙げている5つの視点のうち、統合力・決定力とガバナンスの視点を除く客の視点、資本の視点、人的資源の視点、組織・プロセスの視点、の4つは、以下のようにBSCの4つの視点とかなり重なり合っている。つまり、資本の視点は財務の視点に、次に客の視点が顧客の視点、組織プロセスの視点が内部ビジネスプロセスの視点、人的資源の視点が学習と成長の視点に、それぞれ対応していると考えられる。

さらに、中央青山監査法人は、BSCとかなり重なり合うポイントについてキー・バリュー・ドライバーに注目した調査を行っている。第9章で述べるようにバリュー・ドライバーは戦略との関連づけは行われていないものの、BSCにおける評価指標とかなり重なり合うものと考えられる。

このように、4つの視点と重なり合うポイントを対象にし、戦略との関連づけを明確にすることによってBSCにおける評価指標へ発展できる可能性があるバリュー・ドライバーを活用することによって、効率的に焦点を絞ったビジネス・デューデリジェンスが可能となり、これがM&Aの成功に貢献していると考えられる。

　c) 買収金額の評価におけるバリュー・ドライバー及び事業における重要な評価指標の活用

　　⇒買収金額の評価において、実質的に評価指標と考えられるものを活用

中央青山監査法人と監査法人トーマツでは、買収金額の評価の際に、バリュー・ドライバーあるいは事業における重要な評価指標を活用している。

具体的には、まず類似会社比準法に関して、中央青山監査法人では、ホテルや病院については稼働率と部屋数、コールセンターについては従業員数、ケーブルテレビにおいては世帯数と普及率などのバリュー・ドライバーを乗数の基準として使っている。一方で、監査法人トーマツでは、石油会社については埋蔵量、コンビニエンスストアではフランチャイズの数、ホテルでは稼働率や単価設定などを乗数の基準として使っている。これらは、いずれも各業界の重要

表8-4 外部専門家のM&A支援業務の中でのBSC戦略マネジメントシステムの活用状況

BSC戦略マネジメントシステムの活用可能性があるM&Aのステップ	ビジネス面のM&A支援を行う外部専門家			
	中央青山監査法人	監査法人トーマツFASグループ	アビームコンサルティング（岡俊子氏）	税理士法人トーマツ（畠山直子氏）
全段階を通して				
M&Aの方針	○（実質的な戦略マップの活用）		○（実質的な戦略マップの活用）	
M&A実行前の段階				
ターゲット企業の選択				
M&A実行段階				
デューデリジェンス	○（4つの視点を対象，実質的な戦略マップの活用）	○（4つの視点を対象）		○（4つの視点を対象）
買収金額の評価	○（実質的な評価指標の活用）	○（実質的な評価指標の活用）		
M&A実行後の段階				
統合				
経営管理システム	○（実質的な評価指標の活用）			
人材の維持・管理				

注：○実質的にBSCと戦略マップからなるBSC戦略マネジメントシステムの全部または一部を活用目的に合わせて活用していると考えられる箇所。

な評価指標と考えられるものを乗数として買収金額の評価の精度を高めるために活用しているものと考えられる。

また，中央青山監査法人では，DCF法の中で，フリーキャッシュフローの将来予測においてシナリオを作成する際に，バリュー・ドライバーを基準にシナリオを作成し，さらにそれをベンチマーク企業と比較している。

バリュー・ドライバーは戦略との関連づけは行われていないものの，BSCにおける評価指標とかなり重なり合うものと考えられる。つまり，戦略と関連付けることによってBSCにおける評価指標へ発展できる可能性があるバリ

ュー・ドライバーを，企業評価の精度を高めるために評価指標として活用しているものと考えられる。

　このような2社のシステムは，買収金額の評価の精度を高めることを通じて，M&Aの成功に貢献していると考えられる。

　d）モニタリング指標の設定と管理，およびBSCと考えられるシステムの導入
　　　⇒経営管理システムとして実質的に評価指標あるいはBSCと考えられるものを活用

　中央青山監査法人では，M&Aによるシナジーの実現可能性が高い部分に関して数値目標を設定し，それを評価指標として展開し，現場レベルでの目標となるサブ目標へとブレークダウンしている。さらにこの指標を，目標の共有化を実現し，企業全体のベクトルをM&Aの成功に向けるために活用している。これは，基本的には企業価値の上昇を中心とした仕組みと考えられる。この中央青山監査法人の評価指標は，戦略との関連付けは行われていないものの，BSCにおける評価指標とかなり重なり合うものと考えられる。つまり，戦略と関連付けることによってBSCにおける評価指標へ発展できる可能性があるバリュー・ドライバーを，経営管理システムとして実質的に活用しているものと考えられる。これによって，目標が明確になり，効果的な経営管理を行うことができ，それがM&Aの成功に貢献していると考えられる。

　2）1)の効果を高める支援システム

　a）100日プランの作成

　中央青山監査法人では，100日プランを作成する支援を行っている。これは，M&A実行後の100日間で実行すべき事象についてのプランであり，M&Aによって実現できると考えられるシナジーに優先順位をつけ，それにより効果的に企業価値の増大を図っていくことを目的としたものである。これにより，実施すべきことが明確になり，実行後の段階において，評価指標と考えられるものを経営管理システムとして導入する際に，その導入をスムーズに行い，またその効果を早くスムーズに生み出すことの支援となっていると考えられる。

注

1) このインタビューを実施する前に，外資系の投資銀行や日本の金融機関のM&A部門担当者，M&A部門担当者，M&A専門のコンサルティング会社の担当者など約5名にヒアリングを行っている。これはその結果に基づく結論である。
2) 残り2つの大手監査法人のうち，新日本監査法人については，M&Aコンサルティング部長の星野氏とインタビューをさせていただいた。しかし，会計財務関連の支援業務が中心で，ビジネス面での支援は行っていないということであり，ヒアリング結果も本研究に直接関係がなかったため，ここでは取り上げないこととした。また，あずさ監査法人については，2004年1月時点ではまだ合併後間もない状況であり，また広報の関係で対応が難しいという回答であったため，調査の対象から除外することとした。
3) このインタビューは，2004年2月23日に，中央青山監査法人の東京オフィスで行っている。回答者は，代表社員・公認会計士の村上勝氏，マネジャーの近藤嘉剛氏，米国公認会計士の八木幸司氏（いずれもインタビュー実施時点）の3氏である。なお，3名のうち村上氏は全体の総括を担当し，近藤氏は主に統合段階でのコンサルティングを担当し，八木氏は主に企業価値評価を担当している。
4) 戦略概要書の事例として，給食会社の事例を挙げていた。その企業では食材費がバリュー・ドライバーとなっており，その食材費を引き下げるためには，量の拡大が有効であると判断し，大量購買と食材の製造効率の上昇によるコスト削減を目的として，外部給食会社のM&Aが具体策として挙げられることになった。
5) バリュー・ドライバーは，コープランドら（Copeland et al., 2000, p.27）によると，戦略的な視点に立った，各事業の価値創造に大きな影響を及ぼす指標と定義されている。
6) ここで挙げられている5つのシナジーの源泉は，エクレスら（Eccles et al., 1999, pp.141-143）がシナジーの源泉として挙げている，コスト削減，売上の増加，業務プロセスの改善，金融工学，節税の5つと重なり合っている。
7) 100日統合計画という名称は，GEがM&A実行後の100日間で，スムーズに素早く統合を行うための計画である「100日プラン」（Ashkenas et al., 1998, pp.175-177）と類似している。しかし，内容的には，中央青山監査法人のものは企業価値の上昇を中心に考えたものとなっており，やや相違している。
8) 中央青山監査法人の3氏は，実際に100日統合計画を利用することによって企業価値を増大させることができた事例として，①同業種のメーカーが拠点の閉鎖，人員の削減，営業プロセスの変更などによりコスト削減を図ることを目的に合併した案件，②クロスセリングによる売上の増加を目的に，メーカーがサービス業者に対してM&Aを行った案件，という2つを挙げている。
9) バリュー・ベースト・マネジメントは，多くの研究者によってさまざまに定義されているが，その共通項から考えると，企業価値あるいは株主価値は，資本コスト以上のリターンを確保できるような事業を行うことによって高められることを，企業全体で理解し，それに向かって行動していけるように，企業経営を行っていくことを意味していると考えられる。
10) このような，中央青山監査法人のトランザクション・サービス部が提示した方法は，以

前の提携先である PriceWaterhouse Coopers のノウハウと，案件を担当する中で積み上げたノウハウをもとに，独自に作り上げてきたものである。

11) このインタビューは，2004年3月8日に，監査法人トーマツ FAS グループの東京丸の内オフィスにおいて行っている。回答者は，トーマツターンアラウンドサポート㈱の常務執行役員の桐明幸弘氏，監査法人トーマツコーポレートファイナンスの社員・公認会計士の西浩明氏，トーマツコンサルティング㈱パートナー兼監査法人トーマツ参与パートナーの今泉順理氏（いずれもインタビュー実施時点）の3氏である。ファイナンシャル・アドバイザリー・サービスグループは，監査法人トーマツとそのグループ会社であるトーマツターンアラウンドサポート㈱とデロイトトーマツコーポレートファイナンス㈱の3組織から構成されている。なお，3名のうち，桐明氏は主に案件の全体コーディネートを担当し，西氏は主にデューデリジェンスと企業評価を担当し，今泉氏は主にビジネス・デューデリジェンスと統合段階でのコンサルティングを担当している。

12) 3C分析とは，企業の環境分析の考え方で，Customer（顧客や市場），Competitor（競合企業），Company（自社）という3つの観点から分析を行うものである。

13) 5 Forces（5つの力）分析とは業界構造を分析する考え方である。具体的には，各業界を，売り手の交渉力（供給業者との関係），買い手の交渉力（顧客との関係），業界内での敵対関係の強さ（業界内での競合企業との関係），新規参入の脅威（参入のしやすさ），代替品の脅威（代替製品の出現のしやすさ）といった5つの観点から分析を行うものである。

14) バリューチェーン（価値連鎖）とは，事業単位を活動の集合体と考え，企業はこれをもとに競争していると考えるポーター教授が提唱している考え方である。価値活動は，9つに分類されている。そのうち，主活動として，購買物流，製造，出荷物流，販売・マーケティング，サービスの5つが挙げられており，支援活動として，全般管理，人事労務管理，技術開発，調達活動の4つが挙げられている（Porter, 1987, p.54）。

15) アビームコンサルティングは，もともとデロイト・トーマツ・コンサルティングという名称の，監査法人トーマツグループのコンサルティング会社であった。しかし，米国のエンロン事件によって，米国で監査法人がコンサルティング会社との関係を解消することが求められたため，日本国内でも監査法人トーマツとの関係を解消することとなった。それに伴って監査法人トーマツから分離独立し，名称をブラクストンへと変更した。その後2003年11月に，ブラクストンの商標権保有者であった米国法人がデロイト・トーマツ・コンサルティングに残ることになり，日本法人はアビームコンサルティングへと名称を変更している。

16) このインタビューは，2003年12月24日に，アビームコンサルティングのオフィスにおいて行っている。岡俊子氏は，戦略＆ファイナンス事業部のプリンシパル（インタビュー実施時点）である。岡氏は，以前監査法人トーマツグループのコンサルティング会社に所属していたが，一時所属グループの再編に伴い，アーサーアンダーセンのコンサルティング会社に移り，その後，デロイト・トーマツ・コンサルティング（現在のアビームコンサルティング）に戻っている。業務としては一貫して戦略関連のコンサルティングの分野を担当しているが，その中で，M&A に関連する業務も担当している。

17) 岡氏は，実際に担当しているデューデリジェンスを，調査分析の対象範囲の広さと，分

析内容の深さという2つの観点から4つに区分して整理し，狭く深く実施するオーダーメイド型以外にも，以下のような3つの形態があると述べている。

① 狭く浅く実施する―チェック型

　アカウンタビリティーを担保するだけのために実施する意味合いが強い。網羅的に行う必要があるので，マニュアルもある。チェック項目をひたすらチェックするだけなので，3日程度の非常に短い期間で終わることも多い。

② 広く浅く実施する―汎用型

　ポイントになりそうなところを一通り網羅的にチェックするケースであり，どのような場合も適用可能であるが，大きな問題があるかどうかを確認するために実施する意味合いが強い。

③ 広く深く実施する―包括型

　網羅的に徹底して実施する。ただ，コストと時間が非常にかかるので，最近では実際にはあまり多くはない。

18) 岡氏は，デューデリジェンスと企業価値評価について，過去と未来，原因と結果でマトリックスを作って整理している。そのうち過去＆結果は，財務データであり，まさに財務面のデューデリジェンスの対象となる。次に，過去＆原因はバリューチェーンのメカニズムで，ここがビジネス・デューデリジェンスの対象となる。将来の原因は，洞察力により予測できる部分であり，これもビジネス・デューデリジェンスの対象と考えられる。最後の将来の結果は，まさにバリュエーションを意味している。

19) このインタビューは2003年11月25日に，メールによって行われたものである。回答者である畠山氏は，1975年に米国のコンサルティング会社（後に監査法人に買収される）に所属している時期からM&A関連の戦略支援のプロジェクトを経験し，監査法人トーマツのグループ会社であるデロイト・トーマツ・コンサルティング（その後アビームコンサルティング）でも一貫して戦略関連のコンサルティングの分野を担当してきた。その後再生業務を主に担当するということで，税理士法人トーマツへ移っている（インタビュー実施時点）。戦略コンサルティングの一部として，M&Aに関連する業務を数多く担当している。

第9章
M&Aを成功に導くBSC活用モデル

　第5章において，BSCの意義や活用目的などをまとめた上で，BSCと戦略マップからなるBSC戦略マネジメントシステムの全部または一部を，M&Aのステップの中でその活用目的にあわせて活用することが，M&Aの課題を解消しM&Aの成功に貢献する，という仮説を設定した。

　その上で，その仮説を検証するために，第6章から第8章にかけての3つの章において，日本企業及び投資ファンド運営会社のM&A，GEのM&A実施状況，M&Aにおけるビジネス面での外部専門家の支援状況についての事例研究を行った。

　その結果，BSC戦略マネジメントシステムそのものを活用している事例はなかったが，実質的にその全部または一部と考えられるものを活用し，それがM&Aの成功に貢献していると考えられる事例を抽出することができた。その結果から考えると，第5章において設定した仮説のほとんどは，それらを裏付けるような事例によって，完全ではないものの検証されたと考えられる。

　そこで，本章では，まず第5章において設定した仮説と，第6章から第8章にかけて取り上げた事例との関係をまとめていく。その上でそれらの事例を参考にしながら，BSCと戦略マップからなるBSC戦略マネジメントシステムをM&Aの課題解消に活用し成功に導いていく，M&Aを成功に導くBSC活用モデルを，構築し提示していく。さらに，そのモデルの効果を高めると考えられる支援システムも提示していく。

　なお，提示するBSC活用モデルは，買収側企業とターゲット企業の双方が，BSCと戦略マップが戦略的マネジメントシステムとして一体となったBSC

戦略マネジメントシステムを導入していることを前提にしている。その上で，それを構成する戦略マップ，BSC，評価指標の3つを，単独あるいは組み合わせることで，M&Aのステップの中で，それ以外の活用目的にも並行して活用していくモデルである。

第1節　第6章から第8章の事例による，第5章の仮説の検証結果

　第5章において，前述のような仮説を設定し図5-8としてまとめてみた。一方で，第6章から第8章にかけて，その仮説の検証につながるような事例を抽出してきた。本節では，そのような事例による仮説の検証結果をまとめていく。まず，抽出した事例と仮説の関係をまとめると，表9-1のようになる。

　この表からも分かるように，第5章において設定した具体的な6つの仮説のうち5つについては，それぞれに対応する事例を抽出することができた。さらに，第5章において設定した仮説とは関係のない追加の活用法として，BSCの構成要素である評価指標と考えられるものを買収金額の評価に活用している事例も抽出することができた。

1．第5章において設定した仮説のうち一定の検証を行うことができたもの
(1) 実行前の段階を中心に，戦略マップをM&A案件の戦略との整合性を検討するためのフレームワークとして活用することができる。

　これは，M&A実行前の段階を中心に，ターゲット企業のM&Aによって得られる効果を，買収側企業の戦略マップ上で確認することによって，M&Aの戦略上の意義や目的を明確にし，受身で目的や意義が不明確なまま実行してしまうことを避けるための仕組みとして機能させていくことである。

　この仮説と対応するシステムを採用し，それがM&Aの成功に貢献していると考えられる事例としては，第6章の花王によるキュレル事業のM&A，テルモによる人工心肺事業のM&A，旭硝子による欧州硝子事業のM&A，第8章の中央青山監査法人，アビームコンサルティングの事例が挙げられる。これら

表9-1　第5章で設定した仮説の第6章～第8章で抽出した事例による検証結果

第5章における日本企業のM&Aの6つの課題と各課題の解消に貢献すると考えられるBSC活用目的	第6章				第7章	第8章			
	花王	テルモ	旭硝子	パートナーズアドバンテッジ	GE	中央青山監査法人	監査法人トーマツ	アビーム	税理士法人トーマツ
1　戦略との整合性がなくても実行									
戦略マップの活用	○	○	○			○		○	
2　ターゲット企業選択基準が不明確									
評価指標をベンチマークとして活用	○			○					
3　ビジネスデューデリジェンスが不十分									
評価指標をベンチマークとして活用	○			○		○	○		○
4　統合をスムーズに進める体制が不十分									
コミュニケーションツールとして活用									
5　計画のモニター・経営管理体制が不十分									
戦略的マネジメントシステムとしての活用	○			○	○				
6　インセンティブなどの人材の維持・管理が不十分									
業績管理システムとしての活用	○				○				
6つの課題と関連しない活用例									
買収金額の評価のための活用						○	○		

注：○実質的にBSCと戦略マップからなるBSC戦略マネジメントシステムの全部または一部を活用目的に合わせて活用していると考えられる箇所。

の事例では，いずれもM&Aの実務の中で戦略マップそのものを活用しているわけではない。しかし，無意識に戦略マップのようなフレームワークの中で戦略テーマを明確にし，それをもとに戦略目標の達成可能性を，各視点と重なり合うポイントの因果関係に着目して検討している。その上で，既存の経営資源だけで達成が難しいケースにおいて，該当するM&A案件を選択肢として採用するという方針をとっており，戦略との整合性をとるための仕組みとして機能させている。

(2) 実行前の段階において，評価指標のベンチマーク分析の結果をターゲット企業の選択基準として活用し，客観的な評価を効率的に行うためのシステムとして機能させることができる。

　これは，実行前の段階でターゲット企業の財務あるいは非財務の評価指標を，財務諸表や顧客・マーケティング調査会社などからの外部公表資料および外部情報をもとに入手し，またそれが難しい場合は，その水準を定性情報などをもとに可能な範囲で推測していく。その上で，自社あるいは同業他社の数値とベンチマークして比較することによって，ターゲット企業をスクリーニングする選択基準として活用し，それを補強するシステムとして機能させていくことである。これは，事業が重なり合っていると採用する評価指標も重なり合う可能性が高いことを前提としたものである。さらに評価指標は，事業の中の重要な業務の実施水準などを反映する可能性が高い数値データであるため，その比較分析によって，ターゲット企業に対する事前評価の精度が高まることが期待できる。

　この仮説と対応するシステムを採用し，それがM&Aの成功に貢献していると考えられる事例としては，第6章の花王によるキュレル事業のM&A，アドバンテッジ・パートナーズ，第8章の中央青山監査法人の事例が挙げられる。これらの事例では，実行前の段階で，ターゲット企業のいくつかの評価指標と考えられるものの数値データを，財務諸表や顧客・マーケティング調査会社などの外部公表資料及び外部情報をもとに入手し，また場合によっては一部を可能な範囲で推測している。その上で，その水準を自社の評価指標の数値データと比較分析することによって，ターゲット企業の事前評価を行い，ターゲット企業の選択基準を補強するシステムとして機能させている。

(3) 実行段階のビジネス・デューデリジェンスの中で，評価指標のベンチマーク分析を行うことによって，それを，焦点を絞って効率的に行うためのシステムとして機能させることができる。

　これは，実行段階のデューデリジェンスの中で，ターゲット企業の評価指標の採用の有無，評価指標の定義や計算方法の自社との類似性の確認，さらに目標値あるいは実績値の自社あるいは同業他社とのベンチマーク比較を行うこと

によって，デューデリジェンスを補強するシステムとして機能させていくことである。これによって，評価基準の採用の有無をもとに経営管理体制のレベルを評価したり，自社の評価指標の定義や計算方法との類似性をもとに，事業統合の方針の検討や経営管理体制のレベルの高さの評価に活かすことができる。さらに，評価指標の目標値あるいは実績値を自社あるいは同業他社の数値と比較分析することによって，業務水準の評価やベストプラクティスの特定を行い，実行後の段階での業務改善やベストプラクティスの移転の方向性と可能性の検討に活用することもできる。

　この仮説と対応するシステムを採用し，それが M&A の成功に貢献していると考えられる事例としては，第6章の花王によるキュレル事業の M&A，アドバンテッジ・パートナーズ，第7章の GE の M&A の実施状況，第8章の中央青山監査法人の事例が挙げられる。これらの事例においては，評価指標の有無，評価指標の定義や計算方法の確認，さらには自社とターゲット企業の評価指標の水準比較の結果を，経営管理のレベルの評価や実行後の課題や施策の検討に活用している。

　さらに，ターゲット企業のビジネス・デューデリジェンスを行う際に，BSC の4つの視点についてそれぞれ関連する評価指標を調査の中心に据えることによって，企業の全体像をある程度網羅した調査を行えることが期待できる。このように，BSC の4つの視点とおおむね重なり合うポイントをデューデリジェンスの対象としている事例としては，第8章において取り上げた監査法人トーマツ FAS グループと税理士法人トーマツの事例が挙げられる。これらの事例では，評価指標そのものを活用しているわけではないが，4つの視点と重なり合うポイントをデューデリジェンスの対象としている。

　このような4つの視点と重なり合うポイントを対象にすることによって，効率的に焦点を絞ったビジネス・デューデリジェンスを行うことが可能になると考えられる。

(4) 実行後の段階において，BSC と戦略マップからなる BSC 戦略マネジメントシステムを経営管理システムとして活用し，計画の達成を促し，効果的な経営管理を行うためのシステムとして機能させることができる。

　これは，BSC 戦略マネジメントシステムを，実行後の段階において本来の活用目的の１つである戦略的マネジメントシステムとして活用することである。

　この仮説と一部対応する事例としては，M&A の実行後の段階の経営管理システムとして，実質的に評価指標と考えられるものを活用している，第６章の花王によるキュレル事業の M&A，アドバンテッジ・パートナーズ，第７章のGE の M&A の実施状況，第８章の中央青山監査法人の事例を挙げることができる。

　そのうち花王によるキュレル事業の M&A，アドバンテッジ・パートナーズ，中央青山監査法人の３つの事例は，VBM と重なり合うようなシステムとなっているため，評価指標は基本的に企業価値と関連づけられており，直接戦略の達成と結びつけられているわけではない。しかし，戦略との関連性をもとに評価指標を再設定することによって，BSC へと発展させることはできるものと考えられる。

　また，キャプランとノートン（Kaplan and Norton, 2000b）が第３バージョン B で挙げているケミカル・リーテイル・バンクの事例も，M&A の実行後の段階で BSC を活用しているという面で，この仮説と重なり合う事例と考えられる。この事例では，M&A 実行後に，効率化と並行させて新しい戦略を組織に浸透させ，その実現を目指す戦略的マネジメントシステムとして BSC を活用している。

(5) 実行後の段階において，BSC を業績管理システムとして活用し，インセンティブと結びつけることにより，人材の維持・管理を促すシステムとして機能させることができる。

　これは，BSC を，実行後の段階において，それが生み出された当初の活用目的である業績管理システムとして活用し，公平で明確なインセンティブシステムの構築につなげ，さらにそれを人材の維持に結びつけるためのシステムとして機能させることである。

```
BSC戦略マネジメントシステムの
一般的な活用目的                                    日本企業のM＆Aの課題

┌──────────────────────────┐        仮説①  ┌──────────────────────────────┐
│戦略的マネジメントシステムとしての│               │戦略との整合性がなくても，実行する場合│
│活用                              │               │がある                            │
│  ┌────────────────────────┐│        仮説②  ├──────────────────────────────┤
│  │戦略志向の組織体の構築      ││               │ターゲット企業の選択基準が明確になって│
│  ├────────────────────────┤│               │いない                            │
│  │戦略マップによる戦略の検証  ││        仮説③  ├──────────────────────────────┤
│  └────────────────────────┘│               │ビジネスデューデリジェンスが十分に行わ│
├──────────────────────────┤               │れていない。                      │
│業績管理システムとしての活用      │        仮説④  ├──────────────────────────────┤
│  ┌────────────────────────┐│               │統合をスムーズに行うための体制が不十分│
│  │評価指標のベンチマーク      ││               │である                            │
│  │としての活用                ││        仮説⑤  ├──────────────────────────────┤
│  └────────────────────────┘│               │実行段階の計画をモニターする体制や経営│
├──────────────────────────┤               │管理の仕組みが不十分である。      │
│IR目的としての活用                │        仮説⑥  ├──────────────────────────────┤
├──────────────────────────┤               │インセンティブの付与などの人材の維持・│
│コミュニケーションのツールとしての│               │管理が不十分である                │
│活用                              │               └──────────────────────────────┘
└──────────────────────────┘
```

注：―― 第6章～第9章において，対応する活用事例が確認できたもの。
　　--- 第6章～第9章において，対応する活用事例が確認できなかったもの。

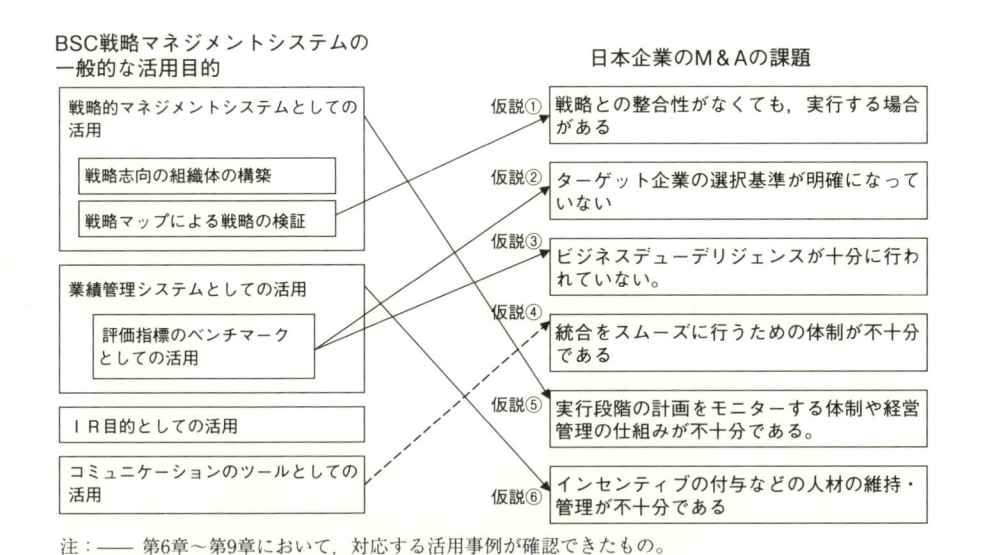

図9-1　「BSC戦略マネジメントシステム」の活用目的が日本企業のM&Aの課題へ貢献する可能性に関する，第6章～第8章の事例による検証結果

　この仮説と対応するシステムを採用し，それがM&Aの成功に貢献していると考えられる事例としては，第6章の花王によるキュレル事業のM&A，アドバンテッジ・パートナーズ，第7章のGEのM&Aの実施状況の事例を挙げることができる。これらの事例においては，基本的に実行後の業績管理システムの中で，BSCの構成要素である評価指標と考えられるものを活用し，それを人事評価さらに報酬の基準としても活用している。

　このように，第5章で設定した仮説は，第6章から第8章にかけて検討した事例によってある程度成り立ちうることが検証されたと考えることができる。その状況を図5-8のフォームにしたがって示すと，図9-1のようになる。

2．第5章で挙げたBSC活用目的とは関連しない活用事例：「評価指標を買収金額の評価において活用する」事例

　第6章から第8章にかけて取り上げた事例から抽出された，実質的にBSC戦略マネジメントシステムの一部を活用していると考えられる事例の中で，第

5章で挙げた仮説とは関連しない活用事例としては，買収金額の評価において評価指標を活用した事例が挙げられる。

　具体的には，DCF法による評価の際に，フリーキャッシュフローの将来予測において，評価指標の因果関係に着目して予測の精度を高め，さらに評価指標を基準にシナリオ分析を行っていく。また，類似会社比準法による評価を行う際にも，評価指標を株価あるいは企業価値と比較する乗数の基準として採用していくことである。これによって，事業の根幹にかかわる数値データをもとに評価が行えることになり，評価の精度が高まっていく。

　このような評価指標の活用を行っている事例としては，第8章の中央青山監査法人，監査法人トーマツという2つの事例を挙げることができる。このうち中央青山監査法人の事例では，DCF法による評価の際に，フリーキャッシュフローのシナリオ分析をそれと関連の深い評価指標を基準に行っている。また類似会社比準法による評価の際にも，ホテルや病院については稼働率と部屋数，コールセンターについては従業員数，ケーブルテレビにおいては世帯数と普及率などの評価指標を，乗数の基準として使っている。さらに監査法人トーマツの事例でも，規模の経済が比較的存在する業種では売上高や施設の面積，石油会社では埋蔵量，コンビニエンスストアではフランチャイズの数，さらに，所在地域が重要なホテルの場合には，仮にあるブランドのホテルがこの地域でホテルを運営したらどの程度の稼働率・単価設定が可能か，という評価指標を活用した評価を行っている。

　このように評価指標を買収金額の評価に活用することによって，その精度を高めることができると考えられる。

第2節　M&Aを成功に導くBSC活用モデル

　第1節では，第5章で設定した仮説の検証状況についてまとめてきた。本節ではその結果を参考にしながら，それに理論的な考察を加えて，M&Aを成功に導くBSC活用モデルとして構築し，提示していく。なお，ここでは，モデルをM&Aの実務のステップにそって具体的に説明するために，第2章で述べ

たM&Aの3つのステップに区分してまとめていくこととする。

なお，提示するBSC活用モデルは，買収側企業とターゲット企業の双方が，BSCと戦略マップが戦略的マネジメントシステムとして一体となったBSC戦略マネジメントシステムを導入していることを前提にしている。その上で，それを構成する戦略マップ，BSC，BSCの構成要素である評価指標の3つを，単独あるいは組み合わせることで，M&Aのステップの中で，それ以外の活用目的，つまり業績管理システムとしての活用，評価指標のベンチマークとしての活用，コミュニケーションのツールとしての活用という活用目的にも，並行して活用していくことを前提としたものである。

1．M&A実行前の段階での活用

M&A実行前の段階では，以下の2つの点でBSC戦略マネジメントシステムを活用していく。

(1) M&Aの戦略上の目的と意義の明確化のために，戦略マップをM&Aの必要部分の特定やその効果を検討するフレームワークとして活用する。

これは，戦略マップを，戦略テーマを明確にし，その達成のために，各視点の因果関係から考えて既存の経営資源だけでは不充分な部分を特定し，その部分をM&Aの対象として考えていくためのフレームワークとして活用していくことである。また，逆に戦略マップを，検討対象となっているM&A案件の戦略上の目的や意義，またその必要性を検討するフレームワークとして活用していくことでもある。さらにその際に，自らの直接投資と比較して，M&Aを活用する方が，早期に達成できるか，シナジー[1]などを含めより大きな効果が期待できるか，という観点からの検討も加えていく。

これによって，M&Aの戦略上の意義や目的をしっかりと検討することができ，結果として，意義や目的が不明確なまま受身でM&Aを実行してしまうことを排除することができる。

このような活用法に対応する事例は，第6章の花王によるキュレル事業のM&A，テルモによる3Mの人工心肺事業のM&A，旭硝子によるPPGのヨーロッパ硝子部門のM&A，第8章の中央青山監査法人，アビームコンサルティ

ングの事例の中で確認されている。

(2) **ターゲット企業の評価や選択にあたって，BSCの構成要素である評価指標の数値データを，外部公表資料や外部から入手できる情報をもとに入手・推測し，自社・同業他社の数値との比較分析に活用する。**

　これは，ターゲット企業の評価や選択にあたって，ターゲット企業の事業において重要な財務あるいは非財務の評価指標を，財務諸表や顧客・マーケティングなどの調査会社などからの外部公表資料をもとに入手し，それが難しい場合は外部から入手できる情報をもとに可能な範囲で推測していく[2]。それを自社あるいは同業他社の評価指標の数値とベンチマークして比較することによって，ターゲット企業の業務の状況や戦略達成の状況の評価に活用し，ビジネス面からの選択基準の参考資料として活用していく。その上でM&A候補企業の選択を行い，そのリストの作成に結びつけていく。

　さらに，このような実行前の段階での仮説的な評価を，実行段階での本格的なデューデリジェンスのポイントの絞り込みや買収金額の評価の参考として活用していくのである。

　このような活用法に対応する事例は，第6章の花王によるキュレル事業のM&A，アドバンテッジ・パートナーズの事例において確認されている。

　なお実行前の段階では，ターゲット企業と直接接点をもつことは難しいため，その本物のBSC戦略マネジメントシステム，またそれに含まれる評価指標も入手することはできない。しかし，ターゲット企業の事業が買収側企業の事業と同一あるいは類似している場合には，評価指標もある程度重なり合う可能性が高いと考えられる。また，評価指標のうち財務指標のもととなる財務数値は，上場公開企業であれば有価証券報告書からかなり入手可能であり，また，顧客に関連する指標の実績値も，顧客に対する調査やマーケティング調査などによってある程度入手することは可能である。一方で，内部ビジネスプロセスや学習と成長に関連する指標の実績値は，基本的に内部データであるため，その入手は難しい可能性が高い。ただ，ターゲット企業が小売業やサービス業などの場合には，企業の業務が外部から観察しやすく，また数多くの顧客と接点があることが多いため，店舗や従業員の様子やそれらに対する一般顧客の反応

や評価などから，指標の実績値の水準をおおまかに推測することは可能である。このように，実行前の段階でも，評価指標について一定の情報を入手し，一部推測も加えながらその評価を行うことは，ある程度可能と考えられる。

2．M&A実行段階での活用

M&A実行段階では，以下の3つの点からBSC戦略マネジメントシステムを，その構成要素である評価指標を中心に活用していく。

(1) **デューデリジェンスの中で，評価指標の採用の有無，その定義や計算方法，また自社の評価指標との類似性，さらにその目標値と実績値の過去の推移を調査し，業務・経営管理体制の水準の評価を行い，文化や業務などの統合のしやすさの評価，さらにベストプラクティスの発見と移転の可能性の検討，また実行後の段階での施策の参考にしていく。**

これは，デューデリジェンスの中で，ターゲット企業が評価指標を採用しているか，また採用している場合は評価指標の定義と具体的な計算方法はどうなっているのか，さらに自社の評価指標とどの程度類似しているか，また評価指標の目標値と実績値の過去の推移はどうか，といった点を調査の対象にしていくことである。そのうち，ターゲット企業の評価指標の採用の有無は，その企業の経営管理体制のレベルを評価する1つの判断材料として活用していく。

次に，評価指標を採用していた場合には，その定義や具体的な計算方法を確認し，それを自社と比較することによって，経営管理体制のレベルを評価する1つの判断資料として活用していく。また，自社の評価指標との類似性から，組織文化や業務の類似性を評価し，統合のしやすさを判断するための資料として活用していく。

さらに，評価指標の目標値と実績値の過去の推移が入手できた場合には，それを自社の評価指標の実績値と比較することによって，ターゲット企業の戦略達成状況や業務の実施状況，さらに経営管理体制のレベルを評価する判断資料として活用していく。また，その結果を，実行後の段階における課題の把握やそれに対する対応策の検討，さらにターゲット企業の業務におけるベストプラクティスの発見やその移転の可能性，あるいは自社のベストプラクティスの移

転の必要性を検討する基礎資料としても活用していく。

　さらに，デューデリジェンスの段階でターゲット企業のBSCが入手できた場合には，財務の視点，顧客の視点，内部ビジネスプロセスの視点，学習と成長の視点の4つの視点それぞれについて，戦略のロジックから展開した戦略目標，戦略目標の達成状況を測定するための評価指標，評価指標についての目標値，目標値を達成するための具体的な計画である実施項目の内容をそれぞれ確認していく。それに基づいてターゲット企業の戦略やその達成状況を把握し[3]，それを自社のものと比較分析することによって，M&A実行後の段階における統合のしやすさの判断資料，あるいは具体的な統合方針についての参考資料としても活用していく。

　このような活用法に対応する事例は，第6章の花王によるキュレル事業のM&A，アドバンテッジ・パートナーズ，第7章のGEのM&Aの実施状況，第8章の中央青山監査法人の事例において確認されている。

　さらに，第8章において事例として取り上げた中央青山監査法人，監査法人トーマツFASグループ，税理士法人トーマツの3つの事例において，外部専門家が実際にデューデリジェンスの対象としているポイントは，BSCの4つの視点とかなり重なり合っている。したがって，BSCの4つの視点を中心にデューデリジェンスを行っていくことは，網羅性をある程度確保することにも貢献すると考えられる。

(2) **買収金額の評価において，財務・非財務及び先行・遅行それぞれの評価指標の因果関係をもとに，評価指標をDCF法の基礎となる財務予測の精度を上昇させるための基礎データ，あるいは類似会社比準法における乗数の基礎データとして活用していく。**

　これは，DCF法や類似会社比準法によって買収金額の評価を行う際に，評価指標を活用していくことである。

　キャプランとノートン（Kaplan and Norton, 1992, p.77）は，「DCF法は，将来に焦点をあてているものの，キャッシュフローそのものをベースにしており，そのキャッシュフローを生み出すもととなるアクションプロセスに焦点を当てているわけではない」と述べている。これは，キャッシュフローを生み出

す本当の源泉は，顧客との関連性やそれをささえるビジネスプロセスのしくみなどである，という主張だと考えられる。したがって，BSCの財務の視点と関連する評価指標と，顧客の視点や内部ビジネスプロセスの視点と関連するような非財務の評価指標との間の因果関係に着目し，それを将来の財務予測の精度を高めていくことに活用していくのである。

なお，このBSCの各指標間の因果関係について，キャプランとノートン（Kaplan and Norton, 1996a, pp.84-85）は，「短期的には，マネジャーの戦略面に与えた影響を評価するには，主観的，もしくは定性的評価に頼らなければならないかもしれない。しかし，時間がたち，より多くの証拠が蓄積されるにつれて，より客観的証拠に基づいて，因果関係を予測できるようになっていく」と述べ，過去のデータの蓄積により，因果関係がある程度客観的に把握できるようになると指摘している。

具体的にはDCF法においては，その計算の前提として将来の財務予測を行う際に，財務の視点と関連するような評価指標とその他の3つの視点と関連するような評価指標との因果関係，さらに先行指標を意味するパフォーマンス・ドライバーと成果指標との因果関係に注目し，過去あるいは現在の評価指標の数値をもとに，将来の財務数値の予測の精度を高めていくことによって，DCF法の評価そのものの精度を高めていくのである。

一方で，類似会社比準法においても，各事業において重要性の高い評価指標を選択し，それと企業価値との比率をもとにPERと同じような乗数法によって，ターゲット企業の評価を行っていくのである。

さらに，自社とターゲット企業の共通する評価指標の水準を比較することによって，ベストプラクティスの特定とその移転によるシナジー効果の評価を行うことができる。このシナジーの源泉についてエクレスら（Eccles et al., 1999, pp.136-146）は，第2章で述べたように，コスト削減，売上の増加，業務プロセスの改善，金融工学，節税の5つを挙げている。このようなシナジーのうち業務プロセスの改善を中心に，自社とターゲット企業との間でベストプラクティスを特定し，その移転により生み出せる価値を測定するために評価指標を活用していくのである。

このような活用法に対応する事例は，第8章の中央青山監査法人，監査法人

トーマツ FAS グループの事例において確認されている。

(3) DCF 法による買収金額の評価の前提となった財務予測を事業計画と連携させ，また事業計画の中に評価指標の目標設定も含めていく。

　これは，(2)の中で挙げた DCF 法による買収金額の評価の前提となる財務予測において評価指標を活用していくことの延長上で，将来の事業計画の立案に評価指標を活用していくことである。具体的には(2)で述べたように，各視点と関連する評価指標の間での因果関係，さらに先行指標と成果指標との因果関係に注目し，過去あるいは現在の評価指標の数値をもとに，将来の財務予測の精度を高めていく。その上でこの財務予測を，将来の財務的な事業計画と連携させ，その精度を高めることにも活用していくのである。さらに，事業計画の中に主要な評価指標の目標も含めることによって，M&A 実行後の段階において，BSC 戦略マネジメントシステムを経営管理システムとしてスムーズに導入することにつなげていくのである。

　このような活用法に対応する事例は，第 7 章の GE の M&A 実施状況の中で，支援システムとしてデューデリジェンスの結果を実行後の段階で活用する仕組み，及び買収金額の評価と実行後の段階での業績管理を連携させる仕組みとして挙げたものの中で確認されている。これらは，第 7 章では支援システムとして位置づけていたが，そのうち事業計画に関連する部分は活用モデルの中に取り込むことができ，それが実行後の段階との連携という意味で意義が大きいと考え，1 つの活用法として位置付けることとした。

3．M&A 実行後の段階での活用

　M&A 実行後の段階では，以下のような 3 つの点から，BSC 戦略マネジメントシステムを活用していく。

(1) 買収側企業とターゲット企業が，双方の戦略，目標，管理体制を相互に理解するためのコミュニケーションツールとして，BSC 戦略マネジメントシステムの全体を活用していく。

　これは，買収側企業とターゲット企業の双方が，BSC と戦略マップからな

るBSC戦略マネジメントシステムの全体を，統合段階でお互いの戦略の方向性とそれを達成するための具体的な戦略目標，さらに管理体制を理解するためのコミュニケーションツールとして活用していくことである。

具体的には，戦略マップを，どのような財務的な目標が掲げられ，それを実現するためにどのような戦略テーマが採用され，さらにそれを実現するために内部ビジネスプロセスや学習と成長の視点においてどのような戦略目標が採用されているか，といった戦略の全体像を俯瞰し，それを相互に理解するためのツールとして活用していくのである。

また，BSCについても，戦略のロジックから展開された戦略目標，戦略目標の達成状況を測定するための評価指標，評価指標についての目標値，目標値を達成するための具体的な計画である実施項目などをもとに，戦略達成のため

買収側企業のBSC戦略マネジメントシステム	実行前の段階		実行段階			実行後の段階		
	戦略マップ					戦略マップ		
		B S C					B S C	
		評 価 指 標					評 価 指 標	
	1 戦略マップを，M&A案件の戦略との整合性確認のフレームワークとして活用する。	2 ターゲット企業の評価指標数値を，外部公表資料や外部情報から入手・推測し，買収側企業・同業他社と比較分析し，ターゲット企業の評価と選別を行う。	3 デューデリジェンスの中で，評価指標の有無，定義や計算方法の比較，その類似性の確認，目標値や実績値の比較分析を行い，業務・経営管理体制の評価・文化の比較を行う。	4 買収金額の評価の中で，評価指標を活用し，精度を高める。	5 買収金額の評価の中で，財務予測に注目して評価指標を因果関係をもとに設定した事業計画と連携させる。	6 BSC戦略マネジメントシステム，戦略・目標・管理体制などの相互理解のためのツールとして，活用する。	7 買収側企業のものを参考に，BSC戦略マネジメントシステム，つまり戦略マップとBSCを修正・作成し，戦略的マネジメントシステムとして導入する。	8 BSCを業績管理システムとして導入する。
ターゲット企業のBSC戦略マネジメントシステム	評価指標 BSC この段階では，本物は入手不能なので，一部入手，推測していく。		評価指標 BSC			評価指標 B S C		
			戦略マップ			戦略マップ		

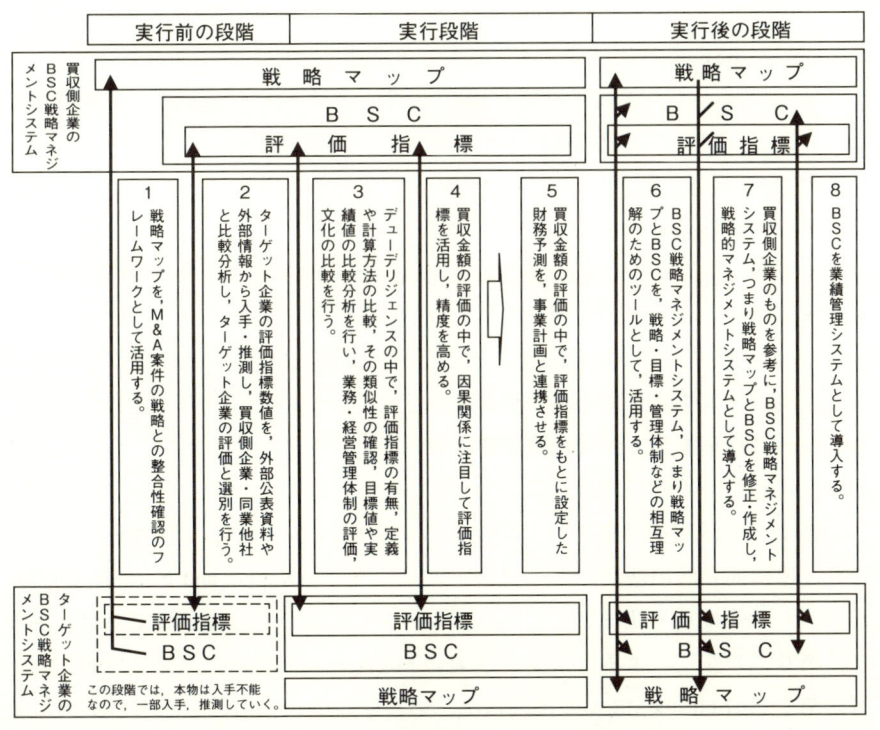

図9-2　M&Aを成功に導くBSC活用モデル

の具体的な目標管理の状況やその達成状況を相互に理解するためのツールとして活用していくのである。

このような活用法は，第6章から第8章において取り上げた事例からは抽出することはできなかった。しかし，これは，第5章で述べたように，日本企業のM&Aにおける6つの課題のうち，統合をスムーズに行うための体制が不十分である，という課題の解消に貢献する可能性が高い，コミュニケーションツールとしての活用，という活用目的そのものであり，理論上は十分に活用できると考えられる。したがって，活用法の1つとして位置づけることとした。

(2) 経営管理システムとしてBSC戦略マネジメントシステムの全体を活用する。

これは，BSCと戦略マップからなるBSC戦略マネジメントシステムの全体を，新しい戦略をもとに戦略志向の組織を作り上げるための戦略的マネジメントシステムとして活用していくことである。このような活用法は，第5章第1節で述べたBSCの第3バージョンにおける活用法そのものである。

具体的には，まず買収側企業のBSC戦略マネジメントシステムを参考にしながら，ターゲット企業の目指すべき戦略的方向性を明確にして，ターゲット企業のBSC戦略マネジメントシステムを作成あるいは修正していく。その上で，その作成あるいは修正したBSC戦略マネジメントシステムを，新しい戦略をターゲット企業の組織に浸透させ組織を活性化させるための戦略的マネジメントシステムとして，活用していくのである。さらにその上で，ターゲット企業が企業グループに含まれることを前提に，買収側企業のBSC戦略マネジメントシステムを修正する必要があるかどうかについても検討し，必要に応じてそれらに修正を加え，買収側企業においても戦略的マネジメントシステムとして活用していくのである。

このような活用法は第3バージョンBあるいはCにおける活用法であり，それとほぼ同じ活用法が，キャプランとノートン（Kaplan and Norton, 2000b）が挙げたケミカル・リーテイル・バンクの事例において確認されている。さらに，第6章の花王によるキュレル事業のM&A，アドバンテッジ・パートナーズ，第7章のGEのM&Aの実施状況，第8章の中央青山監査法人の事例においても，その一部に対応する事例が確認されている。

(3) 業績評価システムとしてBSCを活用する。

　これは，BSCを業績管理システムとして活用し，それを人事評価，さらに報酬とも結びつけ，M&A実行後のターゲット企業の人材に対するインセンティブシステムとして活用していくことである。このような活用法は，第5章第1節で述べた第1バージョンにおける活用法そのものであり，これとほぼ同じ活用法は，キャプランとノートン（Kaplan and Norton, 1993, pp. 135-140）が挙げた，2つの異なった組織の合併の結果出来上がった企業であるロックウォーター社の事例[4]においても確認されている。さらに，第6章の花王によるキュレル事業のM&A，第7章のGEのM&Aの実施状況の事例においても，この活用法の一部に対応する事例が確認されている。

4．M&A実行後の段階において設定する評価指標について

　BSCをM&Aの実行後の段階において活用する場合，設定する評価指標について，以下のような点を考慮することが望ましいと考える。

　M&A実行後の段階では，統合を加速させ，またM&Aによって期待されるシナジー効果を予定通り生み出していくことが重要である。したがって，その達成状況を測定する指標は，通常の状態での戦略の実行や実現をモニターする指標とはやや違ったものになる可能性が高い。

　つまり，M&A実行後の統合段階でBSCを活用する場合には，4つの視点の中に，戦略の実行や実現をモニターするような通常活用される評価指標に加えて，統合の進行状況，つまりリストラクチャリングの進行状況やシナジー効果の発現をモニターできるような指標を加えることが望ましいと考えられる。その上で，それらについての初期の目標がある程度達成された時点で，統合に関連する指標をBSCから削除し，戦略の実行や実現をモニターするための指標をベースとした通常のBSCに戻していくのである。

　またM&A実行後の段階では，ターゲット企業の事業の見直しを行う中で，どちらかというと効率向上が重視され，リストラクチャリングを促進することに関連するような，見方によってはややネガティブな指標が求められる傾向がある。さらに，そのような指標を活用すると，顧客の視点に含まれる可能性が高い顧客満足度などの指標や，学習と成長の視点に含まれる可能性が高い組織

表 9-2　M&A 実行後の段階における BSC の評価指標の区分

実行後の段階で利用する評価指標を，以下の3つに区分して設定していく。 1　リストラクチャリングに関連する評価指標 　　リストラクチャリングの目標がどの程度達成されているのかを測定する評価指標 2　シナジーに関連する評価指標 　　買収側企業とターゲット企業の間でのシナジーの目標がどの程度達成されているのかを測定する評価指標 3　通常の BSC における評価指標 　　通常の BSC で採用される戦略的マネジメントシステムの中で採用される評価指標 　このうち1は1～2年程度の一定期間だけ採用し，2はやや長めに採用し，3は継続して採用していく。

のモチベーションに関連する指標に，悪影響が出てくる可能性がある。したがって，そのような負の相関関係によって，企業本来の戦略を達成するために重要な指標の数値が悪化しないようにモニターしていくことも重要だと考えられる。

　このように，M&A の成果を早期に実現するためには，実行後の段階で，不要な事業や資源あるいはプロセスのリストラクチャリングを早めに実行し，既存の事業との間でシナジー効果を早めに実現させていくことが必要になる。それを組織全体として強く意識し，促進していくためには，ターゲット企業の BSC の作成にあたって，評価指標を目的にあわせて明確に区分して設定することも有効である。つまり，リストラクチャリングとシナジーの2つを早期に達成することを意識させるために，評価指標の選択にあたって，リストラクチャリングの推進に関連する評価指標，シナジーの発生に関連する評価指標の2つを，本来の戦略達成に関連するものから意識的に区分して設定していくのである。

　具体的には，例えば表9-2にまとめたように，リストラクチャリングの目標がどの程度達成されているのかを測定する評価指標をリストラクチャリング

に関連する評価指標として設定し，次に，買収側企業とターゲット企業のシナジーの目標がどの程度達成されているのかを測定する評価指標をシナジーに関連する評価指標として設定し，通常の戦略の実行や実現をモニターするためのそれ以外の評価指標である通常のBSCにおける評価指標と区分していくのである。

第3節 BSC活用モデル導入の効果と前提

本節では，第2節で提示したM&Aを成功に導くBSC活用モデルを導入することによって期待される効果と導入する場合の前提についてまとめていく。

1．BSC活用モデル導入の効果

BSC活用モデルは，M&Aの各ステップにおいて以下のように活用することが想定されている。

まずM&Aの実行前の段階で，M&Aの戦略上の目的と意義の明確化のために戦略マップを活用し，またターゲット企業の評価や選択にあたって，BSCの構成要素である評価指標を活用していく。次にM&A実行段階では，デューデリジェンスの対象として評価指標を加え，さらに買収金額の評価や事業計画立案にあたって評価指標を活用していく。また，M&A実行後の段階では，統合段階でM&A当事者双方が戦略・目標・管理体制についての理解を促進するためのコミュニケーションツールとしてBSCと戦略マップが一体となったBSC戦略マネジメントシステムを全体として活用していく。さらに自社のBSC戦略マネジメントシステムを参考にして，ターゲット企業のBSC戦略マネジメントシステムを作成あるいは修正し，ターゲット企業を戦略志向の組織体とするための経営管理システム，あるいは業績評価システムとしても活用していく。また，ターゲット企業が企業グループに入ったことを前提にして，逆に買収側企業のBSC戦略マネジメントシステムの見直しを行い，必要に応じてその修正も行っていくのである。

それではここで，このモデルを導入し活用することによって期待できる効果

を，第4章において抽出した日本企業のM&Aにおける6つの課題に対する効果と，モデルの活用によって期待できる一般的な効果とに区分してまとめていく。

(1) 日本企業のM&Aにおける6つの課題に対する効果

1)「戦略との整合性がなくても実行する場合がある」という課題に対する効果

この課題に関しては，BSC活用モデルの中で，M&A実行前の段階において戦略マップをもとにM&Aの戦略との整合性を検討することによって，戦略との整合性をより深く厳密に検討することができる，という効果を生み出すと考えられる。

さらに，BSC活用モデルの中では，実行前の段階におけるターゲット企業の選別や実行段階におけるデューデリジェンスにおいて，戦略の達成と因果関係がある評価指標を活用することによって，戦略の達成可能性に比重を置いたターゲット企業の評価を行うことになる。これも間接的ではあるが，戦略との整合性を検討することにつながるという効果を生み出すと考えられる。

2)「ターゲット企業の選択基準が明確になっていない」という課題に対する効果

ターゲット企業の選択基準には，買収可能な持株比率の水準や財務・コンプライアンスの問題の有無など，さまざまなものが考えられる。このうちBSC活用モデルは，ビジネス面からの選択基準として活用できる可能性がある。具体的には，戦略達成や財務目標と密接な因果関係をもっている評価指標の実績値の比較分析の結果を，ターゲット企業の事前評価と選別に活用することによって，戦略の達成や企業価値の上昇という観点から精度の高い評価を行うことができ，さらにその作業の効率を高めることができるという効果を生み出すと考えられる。

3)「ビジネス・デューデリジェンスが十分に行われていない」という課題に対する効果

この課題に関しては，BSC活用モデルによって，デューデリジェンスの中で，BSCや評価指標の採用の有無，評価指標の定義や計算方法，さらに評価指標の目標値及び実績値の自社データとの比較を調査対象とすることによって，戦略達成や企業価値の増大という面から，焦点を絞った客観的なビジネ

BSC活用モデルの具体的活用法	日本企業のM&Aの課題
実行前の段階 戦略マップを，M&A案件の戦略との整合性確認のフレームワークとして活用する。	戦略との整合性がなくても，実行する場合がある。
ターゲット企業の評価指数値を外部公表資料や外部情報から入手・推測し，買収例企業・同業他社と比較分析し，ターゲット企業の評価と選別を行う。	ターゲット企業の選択基準が明確になっていない。
実行段階 デューデリジェンスの中で，評価指標の有無，定義や計算方法の比較，目標値や実績値の比較分析を行い，業務・経営管理体制の評価を行う。	ビジネス・デューデリジェンスが十分に行われていない。
買収金額の評価の中で，因果関係に注目して評価指標を活用し，精度を高める。	
買収金額の評価の中で，評価指標をもとに設定した財務予測を，事業計画と連携させる。	統合をスムーズに行うための体制が不十分である。
実行後の段階 BSCと戦略マップからなるBSC戦略マネジメントシステムを，戦略・目標・管理体制などの相互理解のためのツールとして活用する。	実行段階の計画をモニターする体制や経営管理の仕組みが不十分である。
買収例企業のものを参考に，BSCと戦略マップからなるBSC戦略マネジメントシステムを修正・作成し，戦略的マネジメントシステムとして導入する。	
BSCを業績管理システムとして導入する。	インセンティブの付与などの人材の維持・管理が不十分である。

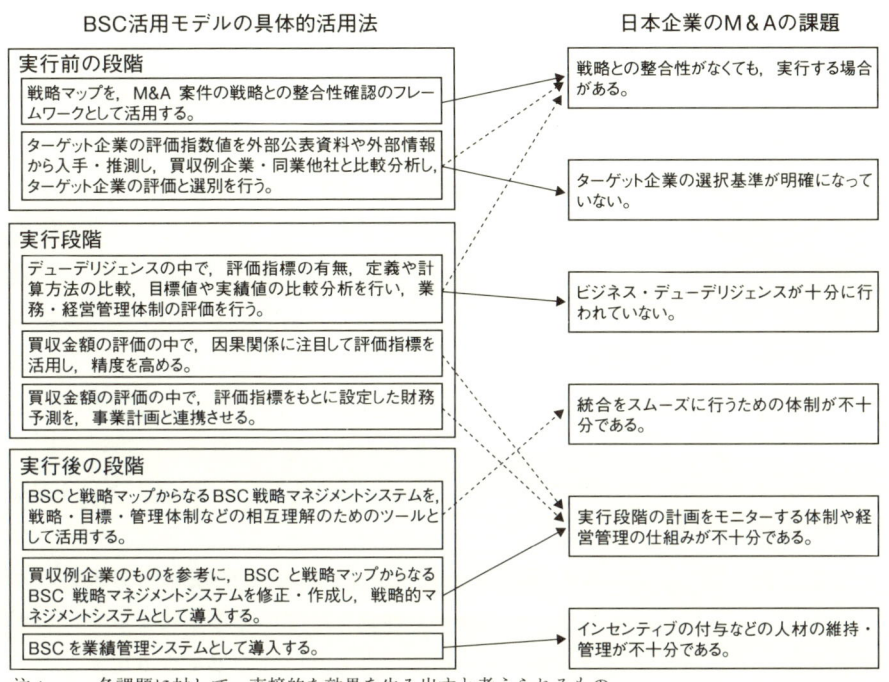

注：── 各課題に対して，直接的な効果を生み出すと考えられるもの。
　　---　各課題に対して，間接的な効果を生み出すと考えられるもの。

図9-3　BSC活用モデルの具体的活用法の日本企業のM&Aにおける課題への効果

ス・デューデリジェンスを行うことができる，という効果を生み出すと考えられる。さらに，時間的な制約があることが多いデューデリジェンスの作業を効率的に進められるという効果も期待できる。

4）「統合をスムーズに行うための体制が不十分である」という課題に対する効果

この課題に関しては，BSC活用モデルによって，統合前後の段階で買収側企業とターゲット企業双方が，お互いの戦略やそれを実現するための戦略テーマや戦略目標を理解するためのコミュニケーションツールとしてBSC戦略マネジメントシステムの全体を活用することによって，相互理解が促進され，統合をスムーズに進めることができるという，やや間接的な効果を生み出すと考えられる。

5）「実行段階の計画をモニターする体制や経営管理の仕組みが不十分である」という課題に対する効果

　この課題に関しては，BSC活用モデルによって，実行後の段階で，買収側企業のBSC戦略マネジメントシステムを参考に，ターゲット企業のBSC戦略マネジメントシステムを作成あるいは修正し，それを戦略的マネジメントシステムとして導入することによって，効果的な計画のモニターあるいは経営管理が行えるようになるという効果を生み出すと考えられる。

　さらに，間接的ではあるが，実行段階において評価指標を活用することによって買収金額の評価の精度を高め，さらにその前提となる財務予測を事業計画として活用することによって，計画の精度が高まり，モニターや経営管理がより適切に行えるようになるという効果を生み出すと考えられる。

6）「インセンティブの付与などの人材の維持・管理が不十分である」という課題に対する効果

　この課題に関しては，BSC活用モデルの中で，BSCを業績評価システムとしても導入し，人事評価あるいは報酬とも連動させていくことによって，公平で効果的なインセンティブシステムが構築できるという効果を生み出すと考えられる。さらにそのようなシステムを採用することによって，間接的ではあるが，優秀な人材の維持が促進されるという効果も期待できる。

(2) BSC活用モデルの活用により期待できる一般的な効果

　BSC活用モデルの活用により期待できる一般的な効果としては，以下の6つの点が挙げられる。

1）ターゲット企業の分析結果を「点」のままではなく，戦略との関連性から総合的に「面」で把握し，評価することができる。

　BSC活用モデルでは，実行前の段階から実行段階において，買収側企業の戦略マップをもとにして，BSCや評価指標に着目した評価を行っていく。また，実行後の段階においても，ターゲット企業が傘下に入ったことを前提に，買収側企業のBSC戦略マネジメントシステムに必要に応じて検討を加え，修正していく。その上で，ターゲット企業のBSC戦略マネジメントシステムを作成し，導入していく。

このように，M&A のステップの中で BSC 戦略マネジメントシステムの全部または一部を活用していくことによって，ターゲット企業の分析や評価結果を買収側企業の戦略への貢献という「面」で捉え，さらに，実行後の段階での経営管理においても，組織全体を戦略志向にしていくことが可能となる。このように，ともするとばらばらになりがちな評価結果や作業を，BSC と戦略マップからなる BSC 戦略マネジメントシステムを使って「面」で捉えることによって，M&A の戦略的意義，ターゲット企業の状況の評価，実行後の経営管理が有機的に結びつくという効果を生み出すと考えられる。

　2）戦略達成のために重要なポイントに着目した調査や評価を行うことができる。

　BSC 活用モデルでは，実行前のターゲット企業の評価の段階や実行段階のデューデリジェンスや買収金額の評価の段階において評価指標を活用していく。評価指標は戦略達成と因果関係が深い指標であり，その実績値の水準の比較分析やそれを活用した買収金額の評価を行うことによって，戦略達成のために重要なポイントに着目した調査や評価を行うことができる，という効果を生み出すと考えられる。

　3）調査や評価を均質に行うことができる。

　BSC 活用モデルでは，戦略的な整合性を戦略マップの上で確認したり，実行前のターゲット企業の評価の段階，さらに実行段階のデューデリジェンスや買収金額の評価の段階において，評価指標を活用していく。このように，戦略マップや BSC の構成要素である評価指標という同一のフレームワークを使って，ターゲット企業の M&A の意義や目的の確認，さらにはその調査や評価を行うことができると，それらの作業が一定の質あるいは基準で行えるという効果を生み出すと考えられる。特にビジネス面の事前評価やデューデリジェンスに関して，全社ベースで一定のフレームワークをもち，一定の担当者を中心に実施しているケースは少ないようであり，その面からも，BSC 活用モデルによって均質な調査や評価を行えるという意義は大きいといえる。

　4）M&A に関連するデータの蓄積が促進される。

　BSC 活用モデルでは，実行前の段階のターゲット企業の評価，さらに実行段階のデューデリジェンスや買収金額の評価において，評価指標を活用していく。その中で，評価指標の実績値を社内に蓄積し，M&A 実行後においても評

価指標として採用したものについては，その実績値の推移をモニターしていく。それによって，そのようなデータを将来のM&A案件の選別や評価のベンチマークなどの参考資料として活用することができる。

　5）将来を見据えた評価や調査を行うことができる。

　BSC活用モデルでは，戦略的な整合性を戦略マップの上で確認したり，実行前のターゲット企業の評価の段階，さらに実行段階のデューデリジェンスや買収金額の評価の段階において，評価指標を活用していく。このように，戦略マップや評価指標を活用することによって，財務の視点だけではなく，将来の財務業績と因果関係がある，顧客，内部ビジネスプロセス，学習と成長，という視点から，ターゲット企業のM&Aの意義や目的の確認や評価を行える，という効果を生み出すと考えられる。

　6）戦略達成を中心にM&Aに関する活動の一貫性が高まる。

　BSC活用モデルでは，戦略マップとBSC，さらにその構成要素である評価指標の全部または一部を，実行前の段階での戦略との整合性の検討やターゲット企業の評価，実行段階でのデューデリジェンスや買収金額の評価，さらに実行後の段階の統合や経営管理及び人材管理に至るまで一貫して活用していく。このように同じフレームワークを一貫して活用することによって，M&Aの各段階での作業が，戦略の達成を中心に一貫性をもって行われるようになり，また前の段階において把握された課題が次の段階に引き継がれていく。さらに，M&A実行後に本格的に経営管理システムあるいは業績管理システムとして導入していくBSC戦略マネジメントシステムの全部または一部を，M&A実行前の段階及びM&A実行段階においてもある程度活用しておくことによって，実行後の段階でのBSCと戦略マップからなるBSC戦略マネジメントシステムの構築がスムーズに行われ，さらにその成果も早期に，またより大きく出てくる可能性が高まるという効果を生み出すと考えられる。これは，第3章第3節の複数の先行研究に共通するM&Aの成功要因の中で，10の先行研究においてM&Aの全段階を通じて重要だとされた，戦略にそって目的を明確にして実行すべきである，という点に対応する効果であり，BSC活用モデルの中心的な効果の1つと考えられる。

2．BSC 活用モデル導入の前提

　第2節において提示してきたBSC活用モデルを効果的に活用するためには，いくつかの前提が必要になると考えられる。ここでは，BSC活用モデルを実際に活用し効果を生み出していくための前提についてまとめていく。

(1) 事前に社内で導入しておく。

　BSCと戦略マップからなるBSC戦略マネジメントシステムをM&Aの中で活用するためには，まず社内で導入しておくことが必要である。その理由は2つある。

　1つめの理由は，自社のBSC戦略マネジメントシステムがないと，第2節で挙げたような活用法のうち，自社の戦略マップやBSC，評価指標をもとにした活用法が難しくなってしまうからである。具体的には，M&A実行前の段階での戦略マップをもとにした戦略との整合性の確認や，評価指標によるターゲット企業の評価や選択，M&A実行段階のデューデリジェンスの中での自社とターゲット企業の評価指標の実績値の比較，さらにM&A実行後の段階でのBSC戦略マネジメントシステムによるM&A当事者企業同士のコミュニケーションや，ターゲット企業がBSC戦略マネジメントシステムを構築する際の参考として自社のBSC戦略マネジメントシステムを活用することなどが不可能になってしまうからである。

　2つめの理由は，ターゲット企業がBSC戦略マネジメントシステムを導入しておりその情報が入手できても，自社で導入していないと，BSC戦略マネジメントシステムの意義やその中身についての理解が浅く，貴重な情報を十分に使いこなせない可能性が高くなると考えられるからである。

(2) 事業分野ごとに重要な評価指標を特定し，因果関係のツリーを作成しておく。

　自社でBSC戦略マネジメントシステムを作成している場合にも，事業分野ごとのBSC戦略マネジメントシステムまで作成し，その上で各事業分野において重要だと考えられる普遍的な評価指標を特定し，それをもとにBSCの4つの視点にそって各評価指標の因果関係を明確にしたツリーを作成しておく。

　そのようなツリーを事前に作成しておくことによって，事業分野ごとに，M

&A を実行する前の段階での外部公表資料をもとにしたターゲット企業の評価やビジネス・デューデリジェンス，さらに買収金額の評価の中で，入手し評価の中心とすべき評価指標が明確になる。それによって，限られた時間の中で行わなければならない M&A の業務がスムーズに進むことが期待できる。さらに，実行後の段階での本格的な BSC 戦略マネジメントシステムの構築と採用の際にも，参考にすることができる。

　また，選択する評価指標は，各業界の事業業績と深い因果関係のあるものでなければならないことはもちろんであるが，実行前の段階でも外部公表資料などからある程度入手可能であるものの方がより望ましい。なぜなら，そうであれば実行前の段階でも活用できるため，早期にある程度の評価ができるからである。

　これと同じような状況となっているのが，第6章で取り上げたアドバンテッジ・パートナーズの事例である。アドバンテッジ・パートナーズでは，M&A の候補企業ごとに企業価値の増大を評価指標である KPI に分解した収益ツリーを作成し，それを，事前評価とデューデリジェンスの段階で業務水準や改善可能性の評価に活用している。さらに，第7章で取り上げた GE でも，自社で活用している評価指標について，デューデリジェンスの段階でターゲット企業の数値を入手し，業務水準や改善可能性の評価に活用している。

(3) 評価指標の実績値を高水準のベンチマークとなる水準まで高めておく。

　自社で BSC 戦略マネジメントシステムを導入している場合も，評価指標の実績値の水準をできるだけ高めておくことが望ましい。そうすると，ターゲット企業との比較の際に自社の評価指標の実績値を高水準のベンチマークとして活用することによって，ターゲット企業の評価や自社の業務プロセスをはじめとするベストプラクティスの特定が行いやすくなるのである。

　これと同じような状況となっているのが，第7章で取り上げた GE である。GE では，BSC における評価指標へ発展できる可能性がある評価指標の実績値をもとに，業務プロセスのベストプラクティスを特定し，それをターゲット企業の評価指標の実績値と比較することによってターゲット企業の評価にも活用し，さらに実行後の段階では，特定したベストプラクティスをターゲット企業

に移転することによって，早期に M&A の成果を生み出すことにつなげているのである。

第4節 BSC 活用モデルの効果を高めるための支援システム

　第2節において，M&A を成功に導くための BSC 活用モデルを提示した。しかし，単に BSC 戦略マネジメントシステムをベースにした活用モデルを活用するだけでは M&A におけるすべての課題が解消され，M&A が成功するわけではない。実際に第6章から第8章にかけて取り上げた事例の中で抽出した，M&A の成功に貢献すると考えられるシステムのうち，BSC 活用モデルと直接的関係はないと考えられるものもいくつか存在している。本節では，そのようなシステムの中から，M&A において BSC 活用モデルを機能させるために併用すると効果があると考えられる支援システムを抽出し，それらについてまとめていく。

1. ターゲット企業の選択基準の設定とリストの作成

　これは，ターゲット企業の選択にあたり，例えば既存事業の強化につながるような事業を行っている企業であること，事前に良く情報が得られている企業であること，一定以上の持株比率の株を購入できるような企業であること，といった基準を設定し，必要に応じてそれ以外の基準も加味して，ターゲット企業の候補リストを作成することである。そのうち，まず既存事業の強化という点については，既存事業と類似する事業やその周辺の事業であれば，事前に業界やターゲット企業に関するさまざまな情報が入手できる可能性が高く，それをもとに事前評価やビジネス・デューデリジェンスもポイントを絞ってより深く行える可能性が高くなり，評価指標も重なり合う可能性が高くなるため，その比較もしやすくなるといったメリットが考えられる。さらに，事前に良く知っている企業であると，事前に業界やターゲット企業に関するさまざまな情報を入手できる可能性が高まるため，事前評価やデューデリジェンスを効率よ

く，ポイントを絞って行いやすくなるというメリットが期待できる。また，一方で，80％以上といったかなり高い持株比率の獲得が望ましいという条件を設定することによって，間接的ではあるが組織の一体化が図りやすくなり，実行後の段階でBSC戦略マネジメントシステムの導入が行いやすくなることが期待できる。

　これは，第6章で取り上げた，花王，テルモ，旭硝子の3社のターゲット企業の選択基準の中から抽出されたポイントである。

　その上で，それ以外に必要な基準を加味してM&A専門部門ないしはM&A担当部門においてM&Aのターゲット企業の候補リストを作成し，それを定期的に更新していく。それによって，上記の仕組みがシステムとしてもより機能するようになる。

　このようなリストは，日本企業でも第6章で取り上げた花王やテルモ，また第7章で取り上げたGEにおいて作成されている。ただ，日本企業の中には作成していない企業もまだ多くあるようであり，そのような企業では作成することが望ましい。

　また，それとともに，業務提携などの資本関係をともなわないアライアンスを積極的に行うことによって，さまざまな企業と関係をもち，それを通じていろいろな企業の情報を日ごろから入手しておくことも有効であると考えられる。

2．本社主導でのデューデリジェンスチームの編成と，ビジネス・デューデリジェンスのリード

　これは，ビジネス・デューデリジェンスを行う際に，本社においてビジネスの各分野に精通している業務担当者の中から，ある程度固定したメンバーを選別して，プロジェクトチームを編成し，そのチームにリードさせることである。これによって，特定のメンバーが継続して担当することになるため，デューデリジェンスが均質に，また効率良く実施できるようになり，またM&Aの実施についての知識や経験の蓄積が進み，評価指標などを活用したターゲット企業の評価をより適切に行えるようになると考えられる。

　これは，第7章のGEの事例の中で抽出したポイントである。

なお，日本企業は，第4章第2節の日本企業3社のM&A実施状況についての独自調査において抽出したように，ビジネス・デューデリジェンスに関しては現場の事業部に任せてしまっている場合が多い。そのため，ポイントを絞って均質に行うような体制となっておらず，また過去の経験の蓄積もあまり行われていない。したがって，このような施策を採用する意味はかなりあると考えられる。

3．買収金額の評価に対する規律の設定

　これは，買収金額の評価の担当者や買収金額の決定者に，できるだけ厳密な評価をしてもらうための規律を設定することである。具体的には，買収金額の評価の基礎として作成した事業計画を，M&A実行後の計画としても活用し，さらに実行後一定期間の事業計画の達成について，事業計画の作成担当者に責任を持たせる，という規律を課すことが考えられる。

　買収金額の評価について規律を設定することは，評価の精度を高め，事業の投資効率を維持するための1つの方策と考えられる。また，このような規律の設定によって，間接的ではあるが，実行後の段階において財務的な目標が明確かつ厳密になるため，それと因果関係のあるBSCの非財務指標を含めた目標の明確化につながるとともに，その達成へのモチベーションも高められると考えられる。

　このような規律は，第7章のGEの事例において採用されている。

　このような規律についてエクレスら（Eccles et al., 1999, pp. 137-138）は，「ある企業を買収する際の成功のかぎは，支払うことのできる上限金額を知ることと，1銭も高い金額を支払わないような規律を持つことである」と述べている。さらにエクレスら（Eccles et al., 1999, pp. 143-146）は，過去15年間に400以上の買収を行った，広告とマーケティングコミュニケーション事業を行っているIPG（The Interpublic Group of Companies）が，①買収後5～7年で少なくとも12％の投資利益率を確保すること，②事業部門長は5年以内に事業の目標を達成すること，という2つの目標を達成できなかった場合には，幹部が受け取る長期のインセンティブ報酬が大きく低下する，という規律を設定している事例を挙げている。

また，カリナンら（Cullinan et al., 2004, p. 104）は，このような規律に関して以下のような事例を紹介している。

　ラジオ，看板広告，ライブ・エンタテイメント会社のクリア・チャンネルでは，事業部長の報酬は，ターゲット企業のキャッシュフローも含めた担当部門の予想キャッシュフローと連動する仕組みになっている。また，同社のM&Aチームの報酬も，ターゲット企業がどれくらい同社の業績に貢献したかによって変動する。年度末が近づくと，事業部長とM&AチームはCFOを交えて，過去3年間に買収したターゲット企業をすべて検討し，予想キャッシュフローを達成できたかどうかを確認し，自分たちの報酬を見直している。

4．インテグレーションマネジャーと100日プランの採用

　これは，M&A実行後の段階において統合プロセスの責任者であるインテグレーションマネジャーを任命し，また，M&A実行後における統合のための計画である100日プランを作成することである。このように，M&Aの案件ごとにインテグレーションマネジャーを任命し，100日プランを作成し実行していくことによって，統合がより早く，よりスムーズに行われていく可能性が高まることになる。またこのような施策は，間接的ではあるが実行後の段階でBSC戦略マネジメントシステムを経営管理システムあるいは業績管理システムとして導入する際にも，抵抗感を和らげ，理解を促進するという面で意義があると考えられる。

　インテグレーションマネジャーは，第4章で取り上げたB社と第7章で取り上げたGEにおいて採用されている。また100日プランは，第7章のGEと第8章の中央青山監査法人において採用されている。

(1) インテグレーションマネジャー

　インテグレーションマネジャーは，統合をスムーズに行うために，買収側企業とターゲット企業の間に入ってコミュニケーションを促進する業務を担当する者である。第4章で取り上げたB社では，各M&Aの案件について専任の統合担当者を決め，彼を中心に統合委員会を設置し，さまざまな統合のための作業を行う体制を採用している。また，第7章で取り上げたGEでは，統合を

スムーズに進めるために，専任のインテグレーションマネジャーを各案件ごとに決めている。さらに，本社の専任の担当者が各 M&A 案件の統合の進捗状況を定期的にチェックする体制をとっている。

アシュケナスら（Ashkenas et al., 2000, pp. 114-116）は，インテグレーションマネジャーと彼らと行動をともにする人に対するインタビューに基づいて，彼らの業務についてまとめている。

彼らによると，インテグレーションマネジャーの業務は，①企業統合のスピードを上げる，②異なる文化をもった組織の統合が促される構造をつくる，③組織間の人間関係を調整する，④業績に反映するような短期的な実績をサポートする，という4つである。また，インテグレーションマネジャーがそのような目標を果たすために満たすべき条件として，①親会社に関する造詣が深い，②縁の下の力持ちに徹する，③混沌にも安らぎを見出せる，④責任ある自主性をもつ，⑤感情面でも文化面でも理性的に対応できる，という5つを挙げている。

また，アシュケナスら（Ashkenas et al., 1998, pp. 169-172）は，GE キャピタルサービスに対する調査をもとに，インテグレーションマネジャーの役割と適する人材について以下のようにまとめている。

「GE キャピタルにおけるインテグレーションマネジャーは，損益計算書に対してではなく，統合計画の策定とその計画の目標達成に責任を負っており，目標達成のためにまさにコンサルタントのような役割を果たしている。GE キャピタルにおいて，物事がどう動きどんな経営資源があってどう動かせばよいのかを被買収企業（ターゲット企業）の従業員が知るためには，基本的な質問ができて自由に話し合える相手，あるいは新しい組織文化への案内役として，GE キャピタルとの掛け橋になる人が重要であり，その役割を担うのがインテグレーションマネジャーである。また，インテグレーションマネジャーは，フルタイムで取り組むべき仕事であり，オペレーション，マーケティング，ファイナンス等と同様の，れっきとした1つの職能として考えられるべきである」。

その上で，GE キャピタルにおけるインテグレーションマネジャーを2通りのタイプに分けている。

① 素質のあるもの

　これは，経験は浅いが，担当業務では能力を発揮しており，将来の事業リーダーと目されている人物のことである。小規模で単純な案件か，複雑でも組織構造がはっきりしている案件において広く登用されている。

② 経験豊富なもの

　これは，GEキャピタルのことをよく知っており，経営能力を証明済みの人物のことである。より複雑な案件や，複数の事業に関わる案件において登用されている。

(2) 100日プラン

　100日プランは，前述のように，M&A実行後の段階の統合をスムーズに進めていくために，実行後の一定期間内に行っていくべきことをまとめた計画である。ただ，第7章で取り上げたGEが作成しているものと，第8章で取り上げた中央青山監査法人が作成を提唱しているものとには，やや内容に違いがある。

　まずGEが作成しているものは，統合をスムーズに行うための具体的な施策の計画であり，具体的にはM&A実行後の100日間に，新会社をGEに組み入れることを目的として，業務プロセスや人事制度，顧客対応方針などの統合を図るためのものである。またGEの計画には，人々を刺激し，その時点での重要課題に取り組んでいるというやりがいを感じさせ，企業統治に熱意と活力を吹き込む，というモチベーションなどの企業文化的な意義も与えられている。一方で，中央青山監査法人が提唱しているものは，ビジネスを中心に企業価値を増大させるための具体的な施策の計画であり，具体的には社内で行うべきアクションについて，責任者，達成期限，必要かつ利用可能な経営資源とアクションプランなどをまとめたものである。

　このように，2社の100日プランについての位置づけは違っている。しかし，どちらのタイプの100日プランを作成するにしても，実行段階のデューデリジェンスによって浮かび上がった業務改善などの実行スケジュールを，100日プランの中に設定しておくことによって，早期の実現を促すことになると考えられる。また，100日プランの中にBSC戦略マネジメントシステムを導入す

るための計画を入れ込むことによって，BSC戦略マネジメントシステムの理解が促進され，そのスムーズな導入が図られると考えられるのである。

5．強力なリーダーによる案件の一貫した担当

　これは，ターゲット企業の事業と類似した事業を行っている事業部門の担当でM&Aについて経験のある経営幹部が，実行前の段階から実行後の段階までリーダーシップをしっかりとって案件を遂行していくことである。さらに，その経営幹部は，社長ではなくターゲット企業の事業を担当する経営幹部であることが望ましい。これは，事業部門を担当する経営幹部の方がM&A案件に時間を割くことができるとともに，事業の理解も深く，また逆に社長がM&A案件から少し距離をおくことによって，冷静な視点で判断できるようになると考えられるからである。また，このようなリーダーが一貫して担当することによって，実行前の段階での戦略上の確認や実行段階でのデューデリジェンスや買収金額の評価の結果をその後の段階に引継ぎ，一貫した方針のもとで洩れのない作業を行うことができ，さらにトラブルにも柔軟に対応できると考えられる。

　これは第6章の花王・テルモ・旭硝子の事例において共通していたポイントでもある。具体的には，花王と旭硝子では米国・欧州の現地法人の社長が，一方でテルモでは本社の事業担当役員が，それぞれ各社のM&A案件の遂行をリードしていた。

6．支援システムにより期待される効果

　以上で述べたように，支援するシステムとしては，①ターゲット企業の選択基準の設定とリストの作成，②本社主導でのデューデリジェンスチームの組織化とビジネス・デューデリジェンスのリード，③買収金額の評価に対する規律の設定，④インテグレーションマネジャーと100日プランの採用，⑤強力なリーダーによる案件の一貫した担当，という5つを挙げることができる。このようなシステムを並行して導入することは，第4章でまとめた6つの日本企業のM&Aにおける課題の解消にも一定の効果を生み出すと考えられる。
具体的には，①は「ターゲット企業の選択基準が明確になっていない」という

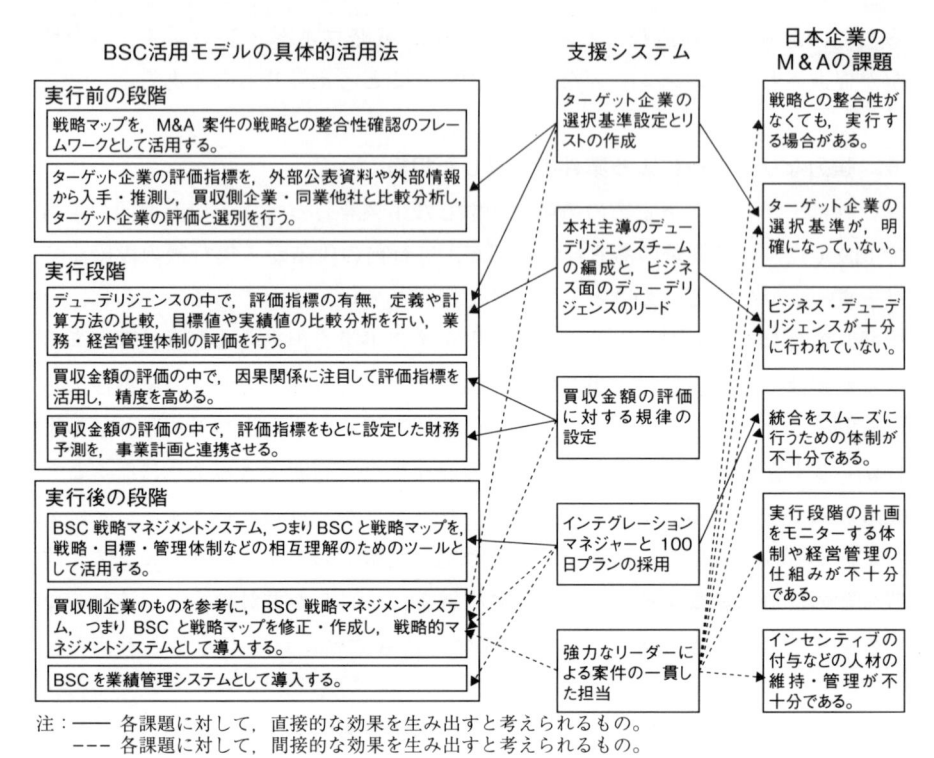

図9-4 BSC活用モデルの支援システムの，BSC活用モデルと日本企業のM&Aにおける課題への効果

BSC活用モデルの具体的活用法	支援システム	日本企業のM&Aの課題
実行前の段階 ・戦略マップを，M&A案件の戦略との整合性確認のフレームワークとして活用する。 ・ターゲット企業の評価指標を，外部公表資料や外部情報から入手・推測し，買収側企業・同業他社と比較分析し，ターゲット企業の評価と選別を行う。	ターゲット企業の選択基準設定とリストの作成	戦略との整合性がなくても，実行する場合がある。 ターゲット企業の選択基準が，明確になっていない。
実行段階 ・デューデリジェンスの中で，評価指標の有無，定義や計算方法の比較，目標値や実績値の比較分析を行い，業務・経営管理体制の評価を行う。 ・買収金額の評価の中で，因果関係に注目して評価指標を活用し，精度を高める。 ・買収金額の評価の中で，評価指標をもとに設定した財務予測を，事業計画と連携させる。	本社主導のデューデリジェンスチームの編成と，ビジネス面のデューデリジェンスのリード 買収金額の評価に対する規律の設定	ビジネス・デューデリジェンスが十分に行われていない。 統合をスムーズに行うための体制が不十分である。
実行後の段階 ・BSC戦略マネジメントシステム，つまりBSCと戦略マップを，戦略・目標・管理体制などの相互理解のためのツールとして活用する。 ・買収側企業のものを参考に，BSC戦略マネジメントシステム，つまりBSCと戦略マップを修正・作成し，戦略的マネジメントシステムとして導入する。 ・BSCを業績管理システムとして導入する。	インテグレーションマネジャーと100日プランの採用 強力なリーダーによる案件の一貫した担当	実行段階の計画をモニターする体制や経営管理の仕組みが不十分である。 インセンティブの付与などの人材の維持・管理が不十分である。

注：―― 各課題に対して，直接的な効果を生み出すと考えられるもの。
　　--- 各課題に対して，間接的な効果を生み出すと考えられるもの。

課題の解消につながると考えられる。②は「ビジネス・デューデリジェンスが十分に行われていない」という課題の解消につながると考えられる。④は，「統合をスムーズに行うための体制が不十分である」という課題の解消につながると考えられる。さらに⑤は，間接的ではあるが，全体の課題を解消することに少なからず関連すると考えられるのである。

　このような関係と，支援システムのBSC活用モデルに対する貢献の状況をまとめたものが，図9-4である。

注

1) 服部（1999, pp. 127-128）は，シナジーについて以下のように述べている。「M&Aにおいては，買い手が対象会社の支配権株式を取得する場合には，原則としてDCF法による価値が基本になるが，これにシナジー価値（の一部）を上乗せする場合が多い。対象会社を買収しようとする者は，その会社を自分が所有することによって，経営をより合理化する自信があったり自分の事業とのシナジー効果でコストダウンができる等の，何らかのメリットがあると考えるから買収しようとするのが普通である。その結果，最も高いシナジー効果を実現できる買い手が最も高い値段でその会社を買収することになる。このように，M&Aにおける会社の価値は，買い手によって異なることが分かる」。

2) キャプランとノートン（Kaplan and Norton, 1993, pp. 135-140）が，BSCをマネジメントシステムとして活用した事例として取り上げたロックウォーター社の業績評価指標の中にも，企業の外部からでも確認可能な業績評価指標がいくつか含まれている。具体的には，顧客の視点の指標である，独立した組織が競合他社と比較して顧客からどのように認識されているのかを評価した，顧客ランキング調査，顧客満足度指数，マーケットシェアや，革新と学習の視点の指標である，社員のコミットメントと研修プログラムの効果を測定するための社員1人当たりの売上高などである。これらの指標は，調査会社のデータなどによって外部からでも入手が可能な指標であり，BSCにおいて実際に採用されている業績評価指標を特定することは外部からは難しいものの，各視点で採用されている可能性が高い一部の指標は外部からも入手できることを示していると考えられる。

3) BSCから戦略を推定する，という点について，櫻井（2001b）は，「BSCの評価指標は，売上高のドライバーが何であるかを意味しており，評価指標から論理的に可視的な形でターゲット企業の売り上げ増大へ向けた戦略を推測することが可能となる。具体的には，目標とする顧客が誰であるが可視化され，さらに顧客への価値提案をどのように行い，顧客との関係を改善するための内部ビジネスプロセスをどう改善しているか，といったことが推測できるため，売上の増大へ向けた企業の活動の理解に役立つのである」と述べている。

4) ロックウォーター社では，社員は異なった企業文化に親しみ，異なった言語を話し，異なった業務経験とバックグラウンドをもっていた。しかしBSCのおかげで業界のリーダーになるために何に秀でる必要があるのかに焦点を絞ることができたのである（Kaplan and Norton, 1993, pp. 135-140）。

第10章 本研究の成果・限界と今後の課題

　最後に，本研究のまとめとして，本研究の成果，本研究及び提示したモデルの限界とともに，今後の展望について述べていくこととする。

第1節　本研究の成果

　本研究の成果としては，以下の4つを挙げることができる。
① M&Aの成功確率の上昇に貢献するような，BSCと戦略マップからなるBSC戦略マネジメントシステムを活用していくモデルを構築したこと

　これは，主に今後の日本企業のM&Aにおける実務への貢献という意味での成果である。

　前述のように，本研究の目的は，M&Aの成功に貢献する経営管理のモデルを構築することであった。そして本研究の第9章において，さまざまな調査や研究をもとに，BSC活用モデルの構築を行っている。

　このように，M&Aのステップの中で，BSCと戦略マップが戦略的マネジメントシステムとして一体となった，BSC戦略マネジメントシステムを，活用目的に合わせて活用していくことによって，日本企業のM&Aにおける課題を解消し，成功に導いていくというモデルは，著者の知る限り過去提示されてはいない。あくまでも1つのモデルではあるが，M&Aを成功させるための一貫した経営管理のモデルの1例を構築することができたという点で，今後の日本企業のM&Aにおける実務への貢献という面から，一定の成果を生み出せたのではないかと考えている。

② BSCの活用方法を整理し、M&Aのステップの中での新たな活用方法を提示したこと

これは、主にBSCの研究に関連する学術的な面での貢献という意味での成果である。

本書の第5章において、キャプランとノートンのBSCについての研究をもとに、櫻井のBSCの活用目的に関する見解を参考にして、BSCの活用目的をその発展の経緯もふまえて整理した。その上で、M&Aの各ステップの中で、適合する活用目的に合わせて、BSC戦略マネジメントシステムの全部または一部を活用することによって、日本企業のM&Aにおける一般的な6つの課題が解消できると考えられるBSC活用モデルを構築した。このモデルにおける、M&A実行後の段階での戦略的マネジメントシステム及び業績評価システムとしてのBSCの活用は、以前から提唱されているものと基本的には重なり合うものである。しかし、実行前段階における戦略マップ上でのM&Aの戦略的意義の確認や事前評価段階での評価指標の活用、M&A実行段階におけるデューデリジェスや買収金額の評価での評価指標の活用などは、著者が確認している範囲では、これまで提示されてきていないものである。このように、BSCの活用目的を整理し、M&Aの中でのBSCの新たな活用法を提示できたという点で、BSCの研究に関連する学術的な面での貢献という面から一定の成果生み出せたのではないかと考えている。

③ 日本企業、米国企業、外部専門家の具体的なM&Aの実施状況や支援状況をもとに、M&Aの成功に貢献すると考えられる手法や仕組みを抽出することができたこと

これは、実務及び学術両面での貢献という意味での成果である。

本書の第6章から第8章にかけて、M&A案件を成功させたと考えられる日本企業3社、PEファンド運営会社であるアドバンテッジ・パートナーズ、General Electric社、またM&Aの支援を行っている外部専門家の企業4社に対するインタビュー調査の結果をまとめている。この中で、日本企業のM&Aにおける課題の解消に貢献し、結果としてM&Aの成功に貢献すると考えられる事例を抽出しまとめてきた。

このように、具体的なM&Aの実施状況について、ある程度踏み込んで調査

を行い，その結果を公表している資料は，著者の知る限りではあまり存在しない。これは，インタビューに応じてくれた企業の御協力と御理解によるものである。このように，調査時点におけるM&Aの実施状況，またM&Aの成果につながるようなシステムの実例をまとめて公表することができたことも，実務においては日本企業が今後M&Aを実行する場合の参考資料を提示できたという意味で，また学術的にもM&Aの実務についての研究の参考資料を提示できたという意味で，1つの成果ではないかと考えている。

④ 日本企業のM&Aの実施状況についての現状と課題についてまとめることができたこと

これは，実務及び学術両面での貢献という意味での成果である。

本書の第4章と第6章において，それぞれ3社ずつ，合計6社の日本企業におけるM&Aの実施状況についてのインタビュー調査の結果をまとめている。インタビューの対象企業は，日本企業の中でも，数多くM&Aを実行している企業とM&Aを成功させてきた企業であり，日本企業の中でもM&Aの経験や実績がある企業である。

このような日本企業のM&Aの具体的な実施状況について定性的な面からまとめた資料は，著者の知る限りあまりない。これも，インタビューに応じてくれた企業の御協力と御理解によるものである。このように，調査時点において，M&Aの経験や実績が豊富な日本企業のM&Aの実施状況をまとめて公表することができたことも，実務においては日本企業が今後M&Aを実行する場合の参考資料を提示できたという意味で，また学術的にもM&Aの実務についての研究の参考資料を提示できたという意味で，1つの成果ではないかと考えている。

第2節 本研究の限界と今後の課題

本研究にはいくつかの限界があると考えている。ここでは，本研究の研究方法についての限界と，研究の結果として構築し提示したBSC活用モデルについての限界の2つに区分して，今後の課題にもふれながらまとめることとす

る。

1．本研究の研究方法についての限界

　①　インタビュー調査を中心としたことによる限界

　本研究では，調査方法として主にインタビューを採用している。インタビュー調査を採用した理由は，M&Aを成功に導くようなモデル構築を目的として，その参考になるような実例を抽出するためには，定型的な質問ではなくオープン・エンド式のインタビューが有効であると考えたからである。調査の実施にあたっては，目的を明確にし，対象企業などの選択もできる限り厳密に行い，インタビュー内容についてもよく検討したつもりである。しかし，成功の定義とその判断基準の設定の難しさをはじめ，目的に適合する方針の下で，適切な手法によって適正な結果が得られているかという点からすると，やや心もとない点もある。さらに，オープン・エンドの形のインタビューを採用したために，定量的な分析や検証は行っていない。

　これについては，今後の調査研究の中で，アンケート調査の導入など別のアプローチを採用し補強していくことを検討していきたい。

　②　モデルとして成り立ちうることの検証が中心となっており，十分な有効
　　　性の検証までは至っていないことによる限界

　本研究においては，最終的な結論として，M&Aを成功に導くBSC活用モデルの構築と提示を行っている。しかし，そのモデルの有効性の検証は，実質的にBSCと戦略マップからなるBSC戦略マネジメントシステムと考えられるものをM&Aのステップの中で活用し，それがM&Aの成功に貢献していると考えられる事例によってかなり可能であると考えられるものの，モデル全体についての有効性の完全な検証には至っていない。これは，今回提示したようなモデルのような経営管理のシステムを，一部でも構築し活用している企業の数が少ないことが背景にある。

　この点についても，今後の調査研究の中で，構築したモデルと同一ないしは重なり合うモデルを採用している企業に対する調査などをもとに，有効性の検証を行っていきたいと考えている。

③ 仮説の検証のために行ったインタビュー調査の対象企業の数が限定されていることによる限界

　本研究では，前述のように，いくつかのインタビュー調査の結果をもとに結論を導いている。しかし，調査対象とした企業数は，第6章においては日本企業4社，第7章ではGeneral Electric社1社，第8章においては外部専門家4社であり，合計しても9社となっている。インタビュー調査の対象の選択は，目的に合わせて基準を設定し厳密に行ったつもりではあるが，対象企業数からするとあまり多くはないことは否めない。

　このように対象企業の数があまり多くならなかったのは，M&Aが多くの企業にとって機密事項の1つとなっており，秘密保持のためにインタビューに応じられない，あるいは一部の内容しか回答できないい，名前は公表できない，といったケースが多く，調査対象候補の母集団が限定されてしまったこと，日本企業の中でM&Aを数多く実行している企業はまだあまり多くはないこと，調査対象となった時期の一部があまり日本の経済情勢がよくない時期と重なったため，成功したM&Aを抽出することが難しかったこと，といったことが理由である。このことも，モデルの構築までは至ったものの，その有効性を十分に検証することまではできなかったことの1つの理由となっている。

　この点についても，今後の調査研究の中で，調査対象企業を増やすことによってモデルをより磨き上げ，さらにその有効性の検証につなげていきたいと考えている。

2．BSC活用モデルについての限界

　次に，本研究によって構築し提示した，BSC活用モデルについての限界についてまとめていく。

① BSC，さらに戦略マップまで含めたBSC戦略マネジメントシステムを導入している企業が少ないことによる限界

　本研究で構築したBSC活用モデルを活用していくためには，買収側企業とターゲット企業の双方が，BSC戦略マネジメントシステムを経営管理システムとして導入していることが必要である。しかし，第5章第1節でまとめたBSCの導入状況の調査によると，BSCを導入している企業は，米国において

は過半数に達しているという調査結果もあるが，日本では増加している傾向にはあるものの，まだ採用している企業は限られている状況である。したがって，M&Aの実行前の段階や実行段階で活用しようと思っても，双方あるいは片方が作成していないために，活用できないケースも多いと考えられる。このようにBSCあるいはBSC戦略マネジメントシステムの導入があまり進まず十分に活用できないことが，モデルの活用についての限界の1つと考えられる。

② ターゲット企業が，BSC戦略マネジメントシステムを実行段階で公開しない可能性があることによる限界

ターゲット企業がBSC戦略マネジメントシステムを作成していても，企業戦略の根幹に関わる企業機密と位置づけている企業も多いため，M&Aを実行することがまだ決まっていないデューデリジェンスの段階などでは公開しない可能性もある。このように，ターゲット企業がBSC戦略マネジメントシステムの公開に消極的になり活用できなくなってしまうことも，このモデルの活用についての限界の1つと考えられる。

③ 既存事業と類似性が低い事業のM&Aにおいては有効性が限定される可能性が高くなることによる限界

本研究で提示したモデルは，既存事業と類似性が低い場合には有効性が限定的になる可能性が高い。つまり，事業の類似性が低い多角化と位置づけられるようなM&Aの場合は，評価指標も重なり合う可能性が低くなり，自社のBSC戦略マネジメントシステムにおいて採用している評価指標がベンチマークとして活用できる可能性も低くなる。したがって，BSC戦略マネジメントシステムの概念は十分に把握していても，比較が難しくなるため，結果として自社で導入していないのと同じような状況となってしまうことも考えられる。さらに，社内のベストプラクティスのターゲット企業への移転もかなり難しくなってしまうことも考えられる。このように，多角化のようなM&Aにおいて有効性が限定されることも，このモデルの1つの限界であると考えられる。

④ 外部環境が不安定な業界のM&Aにおいて有効性が限定される可能性が高くなることによる限界

本研究で提示したモデルは，外部環境が不安定な業界のM&Aにおいては，やや有効性が限定的になる可能性が高い。このような場合は，外部環境の変化

によって，経営戦略を比較的高い頻度で微調整あるいは変更していくことが求められる可能性が高い。そうすると，戦略の変更にともなって，BSC戦略マネジメントシステムも変更を余儀なくされ，結果として社内にBSC戦略マネジメントシステムをベースにしたノウハウの蓄積が進まないことになる。その結果としてBSC戦略マネジメントシステムの活用も，それ自体が変化してしまうために，比較をはじめとした一部の活用がかなり難しくなってしまう。このように，環境変化が激しい業界のM&Aにおいて有効性が限定されることも，このモデルの1つの限界であると考えられる。

⑤ 敵対的M&Aにおいて有効性が限定される可能性が高くなることによる限界

本書で提示したモデルは，敵対的なM&Aにおいては，やや有効性が限定的になる可能性が高い。まず敵対的なM&Aの場合でも，実行前の段階においては，自社の戦略マップの上でのM&Aの目的や意義の検討や外部公表資料や外部情報によるターゲット企業の評価が中心となるため，モデルの活用は可能である。また，M&A実行後の段階においても，M&A実行後であれば，ターゲット企業は買収側企業の傘下にすでに入っているため，買収側企業の判断でBSC戦略マネジメントシステムを統合段階でのコミュニケーションのツール，あるいは経営管理・業績管理システムとして活用していくことは十分に可能である。しかし，実行段階でのデューデリジェンスや買収金額の評価に関しては，敵対的M&Aの場合には，ターゲット企業のBSCや評価指標の情報を入手することは基本的に不可能であり，モデルの活用はかなり困難になる。このように，敵対的M&Aにおいては実行段階での活用に関して有効性が限定されることも，このモデルの1つの限界であると考えられる。

このようなモデルの活用についての限界は，基本的にモデルの活用のインフラに関連するものと，一部のM&Aについての有効性に関連するものであり，実務での活用可能性を含め，モデルの有効性を完全に否定するようなものではない。しかし，今後はこのような限界についても解消できるように，BSC戦略マネジメントシステムを採用する企業が増加するように啓蒙活動を行ったり，また調査研究を継続して，モデルを進化させていきたいと考えている。

おわりに

　本研究では，日本企業のM&Aの実施状況における現状に関する調査とそれに基づいた課題の抽出を出発点として，BSCと戦略マップからなるBSC戦略マネジメントシステムの全部または一部を，M&Aのステップの中で活用することが，M&Aの課題を解消しM&Aの成功に貢献する，という仮説を設定し，それを検証するための活用事例を，企業や外部専門家の具体的な業務の中から抽出した。その上で，その結果をもとに，M&Aを成功に導くBSC活用モデルを構築し，その支援システムとともに提示している。

　本研究で提示したBSC活用モデルを，M&Aの全ステップにおける経営管理システムとして導入することによって，戦略を中心に一貫した方針の中で網羅的にステップを実行することができ，結果としてM&Aのかなりの課題が解消され，成功する可能性が高まると考えられる。このように，微々たるものかもしれないが，1つのモデルを構築したという意味で，一定の貢献はできたのではないかと考えている。

　ところで，以前，数多くのM&Aの支援をしてきた外部専門家の方から，「M&Aを成就し成功させるためには，経営者や当事者が情熱を持つことと，行うべきことを適切に実行し冷静に判断することが重要である」という話を聞いたことがある。確かに，M&Aを実行し成功させるためには，そもそも実行しない方がリスクもなく安定した状況が維持できるといった保守的な考えを抑えたり，M&Aのステップの中で発生するさまざまなハードルを乗り越えることが必要である。そして，そのためには，経営者あるいは当事者が，かなりの情熱を持ってそれに対応していく必要がある。しかし，一方で情熱が強すぎると，ステップの中でのさまざまな作業に甘さが出たり冷静な判断が難しくなってしまう面もある。したがって，情熱を持つことと同時に，M&Aのステップにそって，ターゲットの選択やデューデリジェンス，買収金額の評価，交渉，統合などの場面において，行うべきことを適切に実行し冷静に判断していくこ

とも重要となる。

　このように，M&A を成功させるためには，情熱と冷静さのバランスが重要と考えられるが，そのうち冷静さを支える仕組みとして，本研究で提示したモデルが活用できる余地があると考える。

参考文献

〈和文文献〉

青木章通 (2002)「サービス産業におけるバランスト・スコアカードの課題」(櫻井通晴『企業価値創造のための ABC とバランスト・スコアカード』同文舘出版, pp. 297-309)。

浅田孝幸 (2002)「非財務測定尺度の意義：バランストスコアカードについて」『国民経済雑誌』第186巻第1号, pp. 29-50。

粟野洋雄・大前研一 (1981)「米国における企業買収, その実態と成功へのステップ」『DIAMOND ハーバード・ビジネス』第6巻第4号, pp. 46-55。

飯塚勲 (1998)「業績指標と戦略の管理会計」『會計』第154巻第4号, pp. 54-75。

市村昭三 (2001)「買収防衛策と自己株式取得」(松村司叙編著『M&A21世紀Ⅰ企業評価の理論と技法』中央経済社, pp. 81-112)。

伊藤克容 (2001)「花王㈱における EVA 経営の展開」『企業会計』中央経済社, 第53巻第2号, pp. 35-41。

伊藤嘉博 (2002)「デザイン・ツー・パフォーマンス—BSC 導入企業に見るその可能性と課題—」『国民経済雑誌』第186巻第1号, pp. 51-69。

伊藤嘉博 (2003a)「BSC をめぐる主な論点」『會計』第163巻第3号, pp. 42-58。

伊藤嘉博 (2003b)「経営品質と BSC」『企業会計』第55巻第5号, pp. 40-46。

伊藤嘉博・小林啓孝 (2001)『ネオ・バランスト・スコアカード経営』中央経済社。

伊藤嘉博・清水孝・長谷川惠一 (2001)『バランスト・スコアカード 理論と導入—事例に学ぶ実践手法—』ダイヤモンド社。

大楠泰治・川北英隆 (1998)「日本型コーポレート・ガバナンス構造の崩壊」『DIAMOND ハーバード・ビジネス』第23巻第3号, pp. 46-53。

大前研一 (1981)「買収による海外進出の光と陰」『週刊ダイヤモンド』第69巻第13号, pp. 38-45。

大前研一 (1990)「今, 日本企業の『将来の禍根』を撃つ」『プレジデント』1990年12月, pp. 248-250, pp. 424-431。

奥島孝康 (1999)「独占禁止法の沿革」(正田彬・実方謙二編『独占禁止法を学ぶ 経済憲法入門 第4版』有斐閣, pp. 41-50)。

加登豊・河合隆治 (2002)「管理会計における非財務的情報の活用」『国民経済雑誌』第186巻第1号, pp. 70-88。

川北英隆（1997）『証券市場読本』東洋経済新報社。

川野克典（2001）「第5章 事業統合と統合後の評価」（アンダーセン『統合的M&A戦略』ダイヤモンド社, pp.119-147）。

監査法人トーマツコーポレートファイナンス, デロイトトーマツコンサルティング（2001）「M&Aを成功させるために企業は何をするべきか―世界540社調査結果にみる日本企業の課題―」『M&A Review』第15巻第3号, pp.6-10。

北地達明・鳥野仁（1999）『M&A入門』日本経済新聞社。

グロービス（2004）『[新版]MBAアカウンティング』ダイヤモンド社。

小林哲夫（2000）「BSCと戦略的マネジメント」『會計』第158巻第5号, pp.1-13。

小林啓孝（1998）「管理会計変貌の視点」『會計』第153巻第3号, pp.58-70。

近藤嘉剛（2003）「M&Aにおけるモニタリングの進め方」『経理情報』No.1036, pp.53-56。

櫻井通晴（2000a）『管理会計 第二版』同文舘出版。

櫻井通晴（2000b）「バランスト・スコアカードの生成・沿革とその特徴」『産業経理』第60巻第2号, pp.2-10。

櫻井通晴（2001a）「企業価値創造に役立つ管理会計の役割」『企業会計』第53巻第2号, pp.18-26。

櫻井通晴（2001b）「バランスト・スコアカードとEVA, ABCの統合」『企業会計』第53巻第9号, pp.4-12。

櫻井通晴（2003）『バランスト・スコアカード―理論とケース・スタディー―』同文舘出版。

柴山慎一・正岡幸伸・森沢徹・藤中英雄（2001）『実践 バランス・スコアカード』日本経済新聞社。

清水孝（1998）「因果連鎖を組み込んだマネジメント・コントロールシステムの展開」『早稲田商學』第376号, 早稲田商學同攻會, pp.61-86。

清水孝（2004）『戦略マネジメント・システム』東洋経済新報社。

神頭大治（2003）「実施プロセスの実態と失敗からの教訓」『経理情報』No.1036, pp.46-50。

鈴木貞彦（1993）『日本企業による欧米企業の買収と経営』慶応通信。

高宇知敏彦（1999）「欧米におけるM&Aに関する議論」『国際調査部研究リポート』富士総合研究所, pp.3-9。

田中隆雄（1999）「EVAの理論的基礎および実務における有用性」『會計』第155巻第1号, p.109。

田中隆雄（2001）「ソニー㈱における企業価値経営―EVAの導入と新報酬システム」『企業会計』第53巻第2号, pp.27-34。

田村次朗（1999）「アメリカの独占禁止法制」（正田彬・実方謙二編『独占禁止法を

学ぶ　経済憲法入門　第4版』有斐閣, pp. 67-74)。
通商産業省産業政策局 (1991)『米欧とここが違う日本のM&A─制度面からの考察
　　─』ダイヤモンド社。
長尾厚 (2003)「M&Aの成否は統合段階で決まる」『経理情報』No. 1036, pp. 50-53。
中島済・能勢幸嗣 (2002)「M&A成功のための企業統合マネジメント」『知的資産創
　　造』第10巻第3号, pp. 44-55。
西山茂 (1997)「迫り来るグローバル・スタンダード時代の経営思考」『DIAMOND
　　ハーバード・ビジネス』第22巻第5号, pp. 66-78。
西山茂 (1998a)「新たな成長を実現する株式公開・買収・合併戦略」(西山茂・田中
　　宏和・浜田由朗『会社が生き返る』日本経済新聞社, pp. 220-246)。
西山茂 (1998b)「国際会計基準で表面化する企業会計の弱点」『DIAMOND ハーバー
　　ド・ビジネス』第23巻第3号, pp. 54-62。
西山茂 (2001)『企業分析シナリオ』東洋経済新報社。
西山茂 (2002a)「EVAと株主価値創造への課題」(櫻井通晴編著『企業価値創造のた
　　めのABCとバランスト・スコアカード』同文舘出版, pp. 339-355)。
西山茂 (2002b)「戦略会計入門　戦略を確認・検証する」『Think』No. 2, pp. 129-
　　140。
西山茂 (2002c)「戦略会計入門　戦略を強化する」『Think』No. 3, pp. 145-156。
西山茂 (2002d)「バランスト・スコアカードのM&Aへの利用可能性」(櫻井通晴編
　　著『企業価値創造のためのABCとバランスト・スコアカード』同文舘出版,
　　pp. 285-295)。
西山茂 (2002e)「日本企業のコーポレート・ガバナンスの現状と課題」『クオリティ
　　マネジメント』財団法人日本科学技術連盟, Vol. 53, No. 3, pp. 21-24。
西山茂 (2003a)「M&Aの定義と歴史」『国際経営・システム科学研究』第34号,
　　pp. 1-18。
西山茂 (2003b)「M&Aの先行研究をもとにした, M&Aの成功要因についての提言
　　─定性的な成功失敗要因についての研究を対象として─」『国際経営・システム
　　科学研究』第34号, pp. 29-48。
日本経営品質賞委員会 (2003)『2003年度版　日本経営品質賞アセスメント基準書』
　　日本経営品質賞委員会。
根岸哲・舟田正之 (2000)『独占禁止法概説』有斐閣。
橋本基美 (2001)「M&A&D コーポレート・ガバナンス」(松村司叙編著『M&A21世
　　紀Ⅰ企業評価の理論と技法』中央経済社, pp. 227-263)。
長谷川惠一 (2001)「バランスト・スコアカードの意義─KaplanとNortonの所説の再
　　検討─」『早稲田商學』第388号, 早稲田商學同攻會, pp. 55-97。
長谷川惠一・清水孝 (2001)「バランスト・スコアカード経営における戦略マップの

意義」『企業会計』第53巻第2号,pp.42-49。
畠山直子（2002）「ビジネス・デューデリジェンスの実務」『JICPAジャーナル』2002年11月,Vol.14, No.11, pp.40-47。
服部暢達（1999）『M&A成長の戦略』東洋経済新報社。
花堂靖仁（1999a）「IASC連結会計基準とわが国連結会計基準」（野村健太郎編著『連結会計基準の国際的調和』白桃書房, pp.26-33）。
花堂靖仁（1999b）「IASC連結会計基準の最近の動向」（野村健太郎編著『連結会計基準の国際的調和』白桃書房, pp.34-49）。
花堂靖仁（2000）「公開企業のIR活動の現状と課題」『地方債月報』第255号, pp.21-26。
フーター F.P.・R.リトル（1999），「EVAすべてのステークホルダーの満足を追求する」『DIAMONDハーバードビジネス』第24巻第6号, pp.52-62。
本田桂子（2002）「企業価値創造経営（Value-Based Management）」早稲田大学大学院西山ゼミにおける発表資料。
松田修一（1975）「企業買収の意思決定」（青木茂男編『関係会社の管理と会計』税務研究会出版局, pp.45-63）。
松田修一（1983）『経営監査の理論と実務』中央経済社。
松田修一（1992）『変革日本型経営―グローバル時代の生き残り戦略―』第一法規出版。
松田修一（1998）『最新版 入門の経営 会社の仕組み』日本実業出版社。
松田修一（1999）『ビジネス・ゼミナール 会社の読み方入門 第2版』日本経済新聞社。
松原恭司郎（2000）『バランス・スコアカード経営』日刊工業新聞社。
松原恭司郎（2003）「日本企業におけるBSC導入の概況」『企業会計』第55巻第5号, pp.54-59。
松村司叙（1987）『合併・買収と企業評価』同文舘出版。
松村司叙（1989）「企業買収のプランニング」（松村司叙監修『企業合併・買収ハンドブック』日本工業技術振興協会, pp.30-38）。
松村司叙（1995）『フィールド・スタディ日本のM&A』中央経済社。
松村司叙・宮本順二朗（1999）『企業リストラクチャリングとM&A』同文舘出版。
彌園豊一（2003）「関西電力における経営管理システム改革とBSC」『企業会計』第55巻第5号, pp.66-71。
森沢徹（2001）「バランスト・スコアカードを活用した経営改革の実際」『企業会計』第53巻第2号, pp.50-60。
森沢徹・宮田久也・黒崎浩（2005）『バランス・スコアカードの経営』日本経済新聞社。
安田隆二（1998）「GEキャピタルのポートフォリオ・マネジメント」『DIAMONDハーバード・ビジネス・レビュー』第23巻第3号, pp.96-101。

山本哲三（1997）『M&Aの経済理論』中央経済社。
横山禎徳・本田桂子（1998）『マッキンゼー合従連衡戦略』東洋経済新報社。
吉川武夫（2001）「戦略経営を支援するバランス・スコアカード」『企業会計』第53巻第5号，pp.34-39。
㈱レコフ（2002）「マーケットを読む・2001年の回顧」『M&A専門誌マール2002年1月号』p.12。
㈱レコフ（2004）『マール』2004年8月。
㈱レコフ（2005）『マール』2005年2月。
㈱レコフ（2006）『マール』2006年3月。
㈱レコフ（2007）『マール』2007年2月。
渡辺一樹（2001）「M&A取引のプロセス」（松村司叙編著『M&A21世紀Ⅰ企業評価の理論と技法』中央経済社，pp.1-42）。
渡辺茂・山本功（1992）「日本企業のコーポレート・ガバナンス」『財界観測』Vol.57, No.9, pp.2-25。

〈欧文文献〉

Aiello, R.J. and M.D. Watkins（2000）, The Fine Art of Friendly Acquisition, *Harvard Business Review*, Vol.78, No.6, pp.99-107（有賀裕子訳(2001)「友好的買収を失敗させない5つのフェーズ」『DIAMONDハーバード・ビジネス』第26巻第2号，pp.110-121）.

Anslinger, P.L. and T.E. Copeland（1996）, Growth through Acquisitions: A Fresh Look, *The Mckinsey Quarterly*, No.2, pp.96-109.

Anthony, R.N. and V. Govindarajan（2000）, *Management Contorol System*, 10th ed., Irwin.

Ashkenas, R.N., L.J. Demonaco and S.C. Francis（1998）, Making the Deal Real, *Harvard Business Review*, Vol.76, No.1, pp.165-178（山本真士・青山信一訳(1998)「GEキャピタルが実践する事業統合のマネジメント」『DIAMONDハーバード・ビジネス・レビュー』第23巻第3号，pp.104-117）.

Ashkenas, R.N. and S.C. Francis（2000）, Integration Managers, *Harvard Business Review*, Vol.78, No.6, pp.108-116（スコフィールド素子訳(2001)「インテグレーション・マネジャーの要件」『DIAMONDハーバード・ビジネス・レビュー』第26巻第2号，pp.70-83）.

Baker, P.G. and D.G. Smith（1998）, *The New Financial Capitalists: Kohlberg Kravis Roberts and the Creation of Corporate*, Cambridge University Press（岩村充監訳，日本債券信用銀行・金融技法研究会訳（2000）『レバレッジド・バイアウト』東洋経済新報社）.

Banker, R.D., G. Potter and D. Srinviasan（2000）, An Empirical Investigation of an Incentive Plan that Includes Nonfinancial Measures, *The Accounting Review*, Vol.75, No.1, pp.65–92.

Berthold, J.R.(1987), The Failure of Strategic Planning, *Stanford Business School Magazine*,Summer, pp.16–17.

Chow, C. W., K. M. Haddad and J.E. Williamson (1997), Applying the Balanced Scorecard to Small Companies, *Management Accounting* (IMA), Vol.79, No.2, pp.21–27.

Contrada, M.(2000), Using the Balanced Scorecard to Manage Value in Your Business, *Balanced Scorecard : Insight, Experience & Ideas for Strategy-Focused Organization*, Harvard Business School Publishing, Vol.2, No.1, pp.11–14.

Copeland, T., T. Koller and J. Murrin (2000), *Valuation : Measuring and Managing the Value of Companies*, 3rd ed, Willy (マッキンゼー・コーポレートファイナンス・グループ訳 (2002)『企業価値評価』ダイヤモンド社).

Cullinan, G., J. Le Roux and R. Weddigen (2004), When to Walk Away from a Deal, *Harvard Business Review*, Vol.82, No.4, pp.96–104 (マクドナルド京子訳 (2005)「プライベート・エクイティ・ファンドに学ぶデュー・ディリジェンスの真実」『DIAMOND ハーバード・ビジネス』第30巻第2号, pp.102–114).

Deloitte Consulting (2000), *Solving the Merger Mystery : Maximizing the Payoff of Mergers and Acquisitions*, October.

Drucker, P.F.(1981), The Five Rules of Successful Acquisition, *The Wall Street Journal*, October 15, p.28.

Dyer, J.H., P. Kale and H. Singh(2004), When to Ally and When to Acquire, *Harvard Business Review*, Vol.82, No.7–8, pp.108–115 (鈴木泰雄訳 (2005)「提携すべき時, 買収すべき時」『DIAMOND ハーバード・ビジネス』第30巻第2号, pp.64–75).

Eccles, R. G., K. L. Lanes and T. C.Wilson (1999), Are You Paying Too Much for that Acquisition ? *Harvard Business Review*, Vol.77, No.4, pp.136–146.

Edvinsson, L. and M. S. Malone(1997), *Intellectual Capital*, Harper Collins Publishers, Inc (高橋透訳 (1999)『インタレクチャル・キャピタル』日本能率協会マネジメントセンター).

Ehrbar, Al (1998), *EVA : The Real Key to Creating Wealth*, John Wiley and Sons, Inc.

Francis, G. and C. Minchington (2000), Value-Based Metrics as Divisional Performance Measures (Arnold G. and D. Matt, *Value-Based Management : Context and Application*, John Wiley & Sons, Ltd, pp.151–162).

Frigo, M. L.(2001), The State of Strategic Performance Measurement : The IMA 2001 Survey, *Balanced Scorecard : Insight, Experience & Ideas for Strategy-Focused Organization*, Harvard Business School Publishing, Vol.3, No.6, pp.15–16.

Frigo, M. L. and K. R. Krumwiede (2000), The Balanced Scorecard, A Winning Performance Measurement System, *Strategic Finance*, Vol.81, No.7, pp.50-54.

Glen, A.(2000), Tracing the Development of Value-Based Management(Glen, A. and D. Matt, *Value-Based Management : Context and Application*, John Wiley & Sons, Ltd, pp.7-35).

Bing G.(1996), *Due Diligence Technique and Analysis*, Greenwood Publishing Group, Inc (佐藤寿・田中眞彌・山本御稔訳(2000)『デュー・デリジェンス成功戦略』東洋経済新報社).

Jarrell, G. A. and A.B. Paulsen (1989),The Return to Acquiring Firms in Tender Offers : Evidence from Three Decades, *Financial Management*, Vol.18, No.3, pp.12-19.

Jensen, M.C. and R.S. Ruback (1983), The Market for Corporate Control : The Scientific Evidence, *Journal of Financial Economics*, Vol.11, No.1-4, pp.5-50.

Kaplan, R. S.(2001), Integrating Shareholder Value and Activity-Based Costing with the Balanced Scorecard, *Balanced Scorecard : Insight, Experience & Ideas for Strategy-Focused Organization*, Harvard Business School Publishing, Article Reprint No.B0101 C, pp.1-6.(Web-site Paper)

Kaplan, R. S. and D. P. Norton (1992), The Balanced Scorecard : Mesures that Drive Perforemence,*Harvard Business Review*, Vol.70, No.1, pp.71-79 (本田桂子訳 (1992)「新しい経営指標"バランスド・スコアカード"」『DIAMONDハーバード・ビジネス』第17巻第3号, pp.81-90).

Kaplan, R. S. and D. P. Norton (1993), Putting the Balanced Scorecard to Work, *Harvard Business Review*, Vol.71, No.5, pp.134-147 (鈴木一功・森本博行訳 (1994)「実践バランスト・スコアカードによる企業変革」『DIAMONDハーバード・ビジネス』第19巻第1号, pp.94-109).

Kaplan, R. S. and D. P. Norton (1996a), Using the Balanced Scorecard as a Strategic Management System, *Harvard Business Review*, Vol.74, No.1, pp.75-85 (鈴木一功訳 (1997)「バランス・スコアカードによる戦略的マネジメントの構築『DIAMONDハーバード・ビジネス』第22巻第2号, pp.92-105).

Kaplan, R. S. and D. P. Norton (1996b), *The Balanced Scorecard : Translating Strategy into Action*, Harvard Business School Press (吉川武男訳 (1997)『戦略バランス・スコアカード―新しい経営指標による企業変革―』生産性出版).

Kaplan, R. S. and D. P. Norton (1999), Building a Strategy-Focused Organization,*Balanced Scorecard : Insight, Experience & Ideas for Strategy-Focused Organization*, Harvard Business School Publishing, Vol.1, No.1, pp.1-5.

Kaplan, R. S. and D. P. Norton (2000a), Having Trouble with Your Strategy? Then Map It, *Harvard Business Review*, Vol.78, No.5, pp.167-176 (伊藤嘉博監訳, 村井章子訳 (2001)「バランス・スコアカードの実践ツール―ストラテジー・マップ―」

『DIAMOND ハーバード・ビジネス・レビュー』第26巻第2号, pp.28-41).

Kaplan, R. S. and D. P. Norton (2000b), *The Strategy-Forcused Organization, How Balanced Scorecard Companies Thrive in the New Business Environment*, Harvard Business School Press (櫻井通晴監訳 (2001)『戦略バランスト・スコアカード』東洋経済新報社).

Kaplan, R. S. and D. P. Norton (2004a), Measuring the Strategic Readiness of Intangible Assets, *Harvard Business Review*, Vol.82, No.2, pp.52-63 (スコフィールド素子訳 (2004)「バランス・スコアカードによる無形資産の価値評価」『DIAMOND ハーバード・ビジネス・レビュー』第29巻第5号, pp.129-142).

Kaplan, R. S. and D. P. Norton (2004b), *Strategy Maps : Converting Intangible Assets into Tangible Outcomes*, Harvard Business School Publishing (櫻井通晴・伊藤和憲・長谷川惠一監訳 (2005)『戦略マップ』ランダムハウス講談社).

Keasey, K., S. Thompson and M. Wright (1997), Introduction : The Corporate Governance Problem-Competing Diagnosis and Solutions, *Corporate Governance : Economic and Financial Issues*, Oxford University Press.

Kitiching, J.(1967), Why do Mergers Miscarry ? *Harvard Business Review*, Vol.45, No.6, pp.84-101.

Knight, J. A.(1998), *Value-Based Management*, McGraw-Hill.

Manne, H.G.(1965), Mergers and the Market for Corporate Control, *Journal of Political Economy*, 73, pp.110-120.

Merrel, D. W.(1985), Playing Hardball on a Mergers and Acquisitions Team, *Personnel*, October, pp.22-25.

MF (1990), High Cross-Border M&A Success Rate, *Corporate Finance*, October, p.11.

Norton, D. P.(2000a),When a Scorecard is Not a Scorecard, *Balanced Scorecard : Insight, Experience & Ideas for Strategy-Focused Organization*, Harvard Business School Publishing, Vol.2, No.1, pp.15-16.

Norton, D. P.(2000b), BEAWRE : The Unbalanced Scorecard, *Balanced Scorecard : Insight, Experience & Ideas for Strategy-Focused Organization*, Harvard Business School Publishing, Vol.2, No.2, pp.14-15.

Norton, D. P.(2002), The First Balanced Scorecard, *Balanced Scorecard : Insight, Experience & Ideas for Strategy-Focused Organization*, Harvard Business School Publishing, Vol.4, No.2, pp.15-16.

Nørreklit, Hanne (2000), The Balance on the Balanced Scorecard : A Critical Analysis of Some of Its Assumptions, *Management Accounting Research*, Vol.11, No.1, pp.65-88.

Olve, N.-G., J. Roy and M. Wetter (1997), *Performance Drivers : A Practical Guide to Using the Balanced Scorecard*, Wiley (吉川武男訳 (2000)『戦略的バランス・スコア

カード—競争力・成長力をつけるマネジメント・システム—』生産性出版).

Pettway, R.H. and T.Yamada (1986), Mergers in Japan and Their Impacts upon Stockholders' Wealth, *Financial Management*, Vol.15, No.4, pp.43-52.

Porter, M.E. (1985), *Competitive Advantage*, The Free Press, pp.33-61 (土岐坤・中辻萬治・小野寺武夫訳 (1985)『競争優位の戦略』ダイヤモンド社, pp.45-77).

Porter, M.E. (1987), From Competitive Advantage to Corporate Strategy, *Harvard Business Review*, Vol.65, No.3, pp.43-59 (土岐坤訳 (1987)「競争優位戦略から総合戦略へ」『Diamond ハーバード・ビジネス』第12巻第5号, pp.69-91).

Rappaport, A. (1986), *Creating Shareholder Value*, The Free Press.

Rappaport, A. and L.M. Sirower (1999), Stock or Cash? The Trade-Offs for Buyers and Sellers in Mergers and Acquisitions, *Harvard Business Review*, Vol.77, No.6, pp.148-156.

Ross, S. A., R.W. Westerfield and B.D. Jordan (1991), *Fundamentals of Corporate Finance*, Irwin, pp.674-678.

Silk, Scott (1998), Automating the Balance Scorecard, *Management Accounting (IMA)*, Vol.79, No.11, pp.38-40, 42-44.

Singh, H. (1993), Challenges in Researching Corporate Restructuring, *Journal of Management Studies*, Vol.30, No.1, pp.147-172.

Solomons, D. (1965), *Divisional Performance : Measurement and Control*, Financial Executive Research Foundation Inc., pp.284-286.

Stewart, Ⅲ, G. B. (1991), *The Quest for Value*, Harper Collins Publishers, Inc.(日興リサーチセンター・河田剛・長掛良介・須藤亜里訳 (1998)『EVA 創造の経営』東洋経済新報社).

Stewart, Ⅲ, G. B. (1998), Becoming an EVA Company (Ehrbar, Al (1998), *EVA : The Real Key to Creating Wealth*, John Wiley and Sons, Inc., pp.197-223).

Weston, J.F. (1994), Divestures : Mistakes or Learning (Gaughan, P.A., *Readings in Mergers and Acquisitions*, Blackwell, pp.271-283).

Young, S. D. and F. S. O'Byrne (2000), *EVA and Value-Based Management*, McGraw-Hill.

ウェブサイト

http://www.chuoaoyama.or.jp/saihen/trend/中央青山監査法人トランザクションサービス部 (2003)「M&A に関する調査結果」2003年10月.

http://www.nri.co.jp,NRI 野村総合研究所 (2001)「日本企業の M&A に関する調査」2001年8月.

人名索引

あ行

青木章通 ················100
粟野洋雄 ······45, 46, 50, 51
伊藤嘉博 ······82, 101, 104
大楠泰治 ················24
大前研一 ······45, 46, 48, 50, 51
奥島孝康 ················25

か行

烏野仁 ················14
川北英隆 ················24
監査法人トーマツ・コーポレートファイナンス ······54
北地達明 ················14
黒崎浩 ················93
小林啓孝 ················97
小林哲夫 ············98, 99
近藤嘉剛 ················198

さ行

櫻井通晴 ······91, 97, 100, 103, 104, 110-112, 186
佐藤寿 ················15
清水孝 ············90, 91, 113
鈴木貞彦 ················13

た行

高宇知敏彦 ················24
田村次朗 ················20
中央青山監査法人トランザクションサービス部 ······56
通商産業省産業政策局 ···20, 27
デロイト トーマツ コンサルティング ················54

な行

西山茂 ············31, 33
根岸哲 ············20, 26
㈱野村総合研究所 ········55

は行

橋本基美 ············26, 31
長谷川惠一 ······88, 91, 97, 98

畠山直子 ················207
服部暢達 ················18
舟田正之 ············20, 26
本田桂子 ············13, 19

ま行

松田修一 ······10, 26, 44, 50, 51
松原恭司郎 ············82, 97
松村司叙 ······10, 16, 22-24, 26
宮田久也 ················93
宮本順次郎 ······10, 22, 23
森沢徹 ················93

や行

安田隆二 ················171
山本功 ············22-24
山本哲三 ··········9, 20, 21
横山禎徳 ············13, 19
吉川武夫 ················100

ら行

㈱レコフ ······10, 28, 32, 59

わ行

渡辺一樹 ················14
渡辺茂 ················22-24

A

Aiello, R.J. ······41, 42, 50, 153
Anslinger, P.L. ···12, 40, 41, 50, 51, 153
Ashkenas, R.N. ···171, 180, 249

B・C

Banker, R.D. ················98
Berthold, J.R. ················40
Chow, C.W. ················101
Copeland, T.E. ···12, 40, 41, 50, 51, 153
Cullinan, G. ············17, 248

D・E・F

Deloitte Consulting ······1, 43, 50, 51, 54
Drucker, P.F. ············37, 51
Dyer, J.H. ················171
Eccles, R.G. ······16, 231, 247
Edvinsson, L. ················101
Frigo, M.L. ············96, 103

H・J・K

Hackett Group ················96
Jarrell, G.A. ················11
Kaplan, R.S. ···2, 81-88, 90, 91, 93, 94, 96, 101-103, 105-108, 110, 117, 224, 230, 231, 234, 235
Kitching, J. ······12, 37, 50, 51
Krumwiede, K.R. ············103

M・N

Malone, M.S. ················101
Manne, H.G. ················9
Merrel, D.W ············38, 51
MF ············12, 44, 50, 51
Nørreklit, R.D. ················98
Norton, D.P. ···2, 81, 82-88, 90, 91, 93, 94, 96, 99, 101-103, 105-108, 110, 117, 187, 224, 230, 231, 234, 235

O・P

Olve, N.G. ················101
Paulsen, A.B. ················11
Pettway, R.H. ················11
Porter, M.E. ············1, 39, 50

S・W・Y

Silk, S. ················96
Singh, H. ················39
Solomons, D. ················186
Watkins, M.D. ···41, 42, 50, 153

275

Weston, J.F. ....39 | Yamada, T. 11

事項索引

あ行

案件の組成 …………………175
イベント・スタディ …………11
因果連鎖 ………………………89
インテグレーションマネジャー …………………180, 248
営業譲渡 ………………………10
エイボンレター ………………24
オープンオークション ………18

か行

会社支配権 ……………………9
会社支配権市場 ………………9
外部のアドバイザー …………62
学習と成長の視点 ……………88
革新と学習の視点 ……………83
合併 …………………………9, 10
企業買収 ………………………10
基本合意書 ………………14, 15
業績評価システム ……………82
クロージング ………………175
経済的付加価値 ………………31
構成者スコアカード ………100
顧客の視点 ………………83, 88
国際会計基準委員会 …………32
国際財務報告基準 ……………32
コングロマリット ……………22
コングロマリット・ディスカウント ………………………31

さ行

財務面のデューデリジェンス …………………………15
財務の視点 ………………83, 88
3×3のマトリックス …………62
3C分析 ………………………202
時価純資産法 …………………62
実行後の段階 …………………17
実行段階 ………………………15
実行前の段階 …………………14
実施項目 ………………………88
シナジー ………………………16
シナリオ分析 …………………62
資本参加 ………………………10

ジャンクボンド ………………23
出資拡大 ………………………10
乗数法 ………………………196
情報資本 ………………………94
ショートリスト ……………175
人的資本 ………………………94
水平統合 ………………………20
成果指標 ………………………89
先行指標 ………………………89
戦略志向の組織体 ……………90
戦略スコアカード …………100
戦略テーマ ……………………93
戦略的マネジメント・システム ………………………86
戦略マップ ……………………91
戦略目標 ………………………88
組織資本 ………………………94

た行

ダイベストメント ……………10
縦の因果連鎖 …………………90
遅行指標 ………………………89
ディールブレーカー ………158
デューデリジェンス …………15
投資ファンド運営会社 ……153
トラスト方式 …………………20

な行

内部ビジネスの視点 …………83
内部ビジネスプロセスの視点 …………………………88
日本経営品質賞 ……………111
入札方式 ………………………18

は行

買収 …………………………9, 10
パフォーマンス・ドライバー …………………………89
バランスト・スコアカード …………………………2
バリューチェーン …………202
バリュー・ドライバー …………………………132, 197
バリュー・ベースト・マネジメント ………………………199

反トラスト法 …………………20
ビジネス・デューデリジェンス …………………………15
100日プラン ………180, 248, 250
評価指標 …………………85, 88
プルーデントマン・ルール …………………………24
プレリミナリー・ビット …………………………18
ポイズンピル …………………24
法務面のデューデリジェンス …………………………16

ま行

マネジメント・システム …………………………85
マルコム・ボルドリッジ国家品質賞 ………………………82

や行

横の因果連鎖 …………………90

ら・わ行

リアルオプション法 …………65
類似会社比準法 ………………16
累積異常収益率 ………………11
レター・オブ・インテント …………………………13
ロングリスト ………………175
割引率 …………………………62

A・B・C

accounting due diligence ……16
Anti-Trust Law ………………20
Balanced Scorecard ……………2
BSC ………………………2, 81
BSC戦略マネジメント・システム ………………………113
BSC活用モデル ……………219
CAR ……………………………11

D・E・F

Day1 …………………………197

索引 277

Day1計画 ……………197
DCF法 ………………16
due diligence …………14

EBIT ……………………62
EBITDA …………………16
EBITDA 倍率法 ………62
Economic Value Added ………31
ESOP ……………………24
EVA™ ……………………31
EVA法 ……………………127

5Forces 分析 ……………202
financial due diligence ………16

I・K

IASC ……………………32
IFRS ……………………32
IN-IN ……………………10
IN-OUT …………………10

International Accounting Standards Committee ………32
International Financial Reporting Standards ………32
KPI ………………………157
KPI スコアカード ………100

L・M

LBO ……………………23
legal due diligence ………16
Letter of Intent ………14, 15
M&A ……………………9, 11
M&A&D …………………10
M&A ストラクチャー ……61
M&A 専門部門 …………70
M&A のステップ ………13
M&A の「成功」…………13
Malcolm Baldridge National Quality Award ………82
Management Buy In ………156
MBI ……………………156
MBO ……………………10
MB賞 ……………………82
Mergers & Acquisitions ………9

O・P・V・W

OUT-IN …………………10
OUT-OUT ………………10
PER ……………………16
Value Based Management …199
VBM ……………………199
WACC ……………………62

▓ 著者紹介

西山　茂（にしやま　しげる）

早稲田大学政治経済学部卒業。米国ペンシルバニア大学ウォートンスクール経営学修士課程（MBA）修了。監査法人トーマツにて会計監査・企業買収・株式公開などの業務を担当したのち，㈱西山アソシエイツを設立し財務コンサルティングに従事。2000年4月より早稲田大学大学院（ビジネススクール）助教授に就任し，現在教授。学術博士（早稲田大学）。

主な著書に，『[新版] MBA アカウンティング』（監修及び共著，ダイヤモンド社），『[新版] 企業分析シナリオ』（東洋経済新報社），『英文会計の基礎知識』（ジャパンタイムズ），『戦略財務会計』『戦略管理会計』（以上ダイヤモンド社）などがある。

▓ M＆Aを成功に導くBSC活用モデル　　〈検印省略〉

▓ 発行日——2007年5月16日　初版発行
▓ 著　者——西山　茂
▓ 発行者——大矢栄一郎
▓ 発行所——株式会社　白桃書房
　　　　　〒101-0021　東京都千代田区外神田5-1-15
　　　　　☎03-3836-4781　℻03-3836-9370　振替00100-4-20192
　　　　　http://www.hakutou.co.jp

▓ 印刷・製本——藤原印刷

Ⓒ Shigeru Nishiyama 2007　　Printed in Japan
ISBN 978-4-561-26462-0 C3034
Ⓡ〈日本複写権センター委託出版物〉
本書の全部または一部を無断で複写複製（コピー）することは，著作権法上での例外を除き，禁じられています。本書からの複写を希望される場合は，日本複写権センター（03-3401-2382）にご連絡ください。
落丁本・乱丁本はおとりかえいたします。

中村公一【著】
M&Aマネジメントと競争優位

近年，M&Aに対する関心が非常に高い。重要な競争戦略として認識されているのである。本書は「M&Aコンピタンス」という新しい概念を提唱し，企業の競争優位との関係を焦点に，M&Aのマネジメントを展開する。

ISBN978-4-561-26392-0　C3034　A5判　320頁　本体3400円

S.H.ペンマン【著】杉本・井上・梶浦【訳】
財務諸表分析と証券評価

M&Aにも対応した豊富な企業ケースを通して「ファイナンスと会計の統合」による企業価値評価の手法を体系的に学ぶための財務戦略書。企業価値評価，ファンダメンタル分析の徹底理解のための定番テキスト。

ISBN978-4-561-36156-5　C3034　A5判　636頁　本体7000円

株式会社　白桃書房

（表示価格には別途消費税がかかります）

須田一幸【著】
財務会計の機能
理論と実証

情報の非対称性に依拠して財務会計の機能を理論的に分析し，意思決定支援機能と契約支援機能を実証。これらの機能を与件とした経営者の裁量行動が示されている。文献サーベイも豊富で大学院のテキストに好適。

ISBN978-4-561-36092-6　C3034　A5判　584頁　本体6000円

H. T. ジョンソン／R. S. キャプラン【著】鳥居宏史【訳】
レレバンス・ロスト
管理会計の盛衰

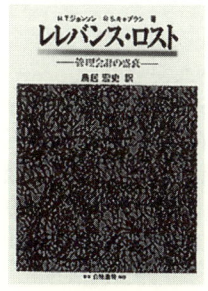

昨今の急激な変化により経営環境に対して適合性を失った管理会計システム。本書はそのシステムを再設計する人々に歴史的コンテクストを与え革新への道を示唆し，学界，実務界で高い評価を得た原書の待望の翻訳書。

ISBN978-4-561-26197-1　C3034　A5判　280頁　本体3500円

株式会社
白桃書房

（表示価格には別途消費税がかかります）

寺本義也【著】
コンテクスト転換のマネジメント
組織ネットワークによる「止揚的融合」と「共進化」に関する研究

知をマネジメントするとはどういうことなのか。本書は，21世紀の知識社会における企業のマネジメントのあり方についての論考であり，知のマネジメントに関わる基本的な考え方とその展開である。知は断絶しないのである。

ISBN978-4-561-26444-6　C3034　A5判　388頁　本体4400円

山田英夫【著】
デファクト・スタンダードの競争戦略

激しい規格競争を勝ち残った14の事例分析から，製品ライフサイクル別の戦略定石を提言。技術規格と競争戦略の関係を探求し，企業が抱える今日的課題に実践的な解を提供するデファクト・スタンダード戦略論の決定版。

ISBN978-4-561-22412-9　C3034　A5判　400頁　本体3800円

株式会社　白桃書房

（表示価格には別途消費税がかかります）